井上達彦
TATSUHIKO INOUE

ゼロからつくる
ビジネスモデル

東洋経済新報社

井上達彦
TATSUHIKO INOUE

模倣の経営学

実践プログラム

東洋経済新報社

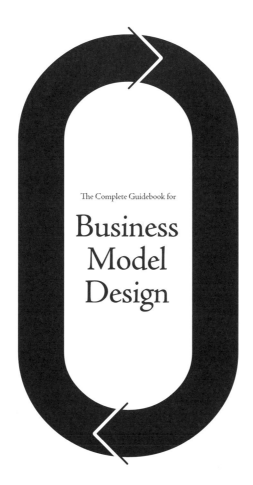

The Complete Guidebook for

# Business Model Design

# まえがき

### 見知らぬ世界へ

　これから見知らぬ世界へと船出するとき、あなたはどのような本や雑誌を手にするでしょうか。遠く離れたところから眺めるだけの情報誌ではないと思います。ましてや、読者の関心ばかりを気にする評論でもないでしょう。実際に大海原に乗り出して成功を収めたパイオニアから学びたいと思うはずです。
　それゆえ、多くの人がパイオニアたちの開拓記を手に取ります。

スティーブ・ジョブズ、マーク・ザッカーバーグ、ジェフ・ベゾス、あるいはイーロン・マスクなど、同じことは起こらないとわかっていても、彼らの経験から学べることはたくさんあるからです。

しかし、パイオニアたちの開拓記には1つの問題があります。個別の体験に終始しているため、汎用性がないということです。そこから何を学べるかは読者次第であるため、多くを学ぶことができる読者もいれば、少ししか学べない読者もいます。

だからこそ、「教科書」というものが重宝されるのです。教科書は個別の体験談を超えた原理原則を伝えてくれます。全体を見渡すことができる立場にある人によって描かれているので、汎用性の高い知識を身につけることができます。ゼロから基礎を学んで、応用することができるのです。

しかし、そのような立場にある人というのは、現場から遠く離れていることが多く、現場の生々しさを体感できません。彼らが記す教科書からは、生きた知識が伝わってこないのです。

## 実践のガイドブック

私は、パイオニアの実践を体系化したガイドブックをつくりたいと思いました。開拓記の良さを残しつつ、開拓記を超えたもの。単に事実として記述するのではなく、視点や方法を織り交ぜて描いたものです。

幸いにも、ビジネスモデルの原理原則については、大学でそれなりに研究してきたので、俯瞰的に見ることはできそうです。立場上、最新の視点は嫌でも耳に入ってきます。そうすると不足しているのは、実際に開拓してきた人の生々しい実践知だということに気づきました。

そこで私は、本書の執筆にあたって、気鋭の経営者や事業担当者に直接お会いし、実務の最前線について伺うことにしました。そこでご本人から、新聞・雑誌やインターネットの記事では読むことのできない、ワクワクするような物語や、ビジネスモデルをつくるための極意などを学ぶことができたのです。

また、世界の先端を行くような教育プログラムにも参加してきました。今、世界では起業家／社内イノベーター向けの教育が体系化されつつあり、その中にビジネスモデル・デザインのためのプログラムなどが準備されています。体験型のアクティブラーニングの第一線で活躍されている講師たちから、お話を伺うことができました。

こうして生まれた本書は、座学のための教科書ではありません。

実践を前提とした「ビジネスモデルのつくり方ガイドブック」です。何が起こるかわからないという状況でも頼りになり、実践者の生きた知識を体系化した一冊。それが「ゼロからつくるビジネスモデル」なのです。

ビジネスモデルというのは、起業家／社内イノベーターのみならず、仕事をしているすべての人にかかわるものです。あなたの仕事の工夫にも、こういった発想が役に立ちます。

## ビジネスモデルへの関心の高まり

ビジネスモデルへの関心は、ますます高くなってきています。一時期は、史上最大のバズワードと呼ばれるようなこともありましたが、今ではすっかり定着し、この言葉を目にしないことはありません。ビジネスモデル・イノベーションを成し遂げた企業が、産業界をリードすることを示した調査や、ビジネスモデル・イノベーションの必要性を実感している従業員の意識調査なども出されています。

実業界のこの関心の高まりを受けて、学会における注目度も高まっています。実は、ビジネスモデルというのは、考慮しなければいけない要素が多く、学術研究の俎上に載せにくいのですが、それでもビジネスモデルを扱った学術記事は、この20年間で着実に伸びています。経営戦略や組織マネジメントの国際学会でも、毎年、活発にビジネスモデルについて議論されています。

実際、インターネットが誕生してからの四半世紀、ビジネスモデルは、さまざまな関心を持って語られてきました。最初はeコマースから始まり、技術経営へと重心を移し、そして戦略経営へと広がりを見せ、今ではスタートアップに不可欠な考え方としてビジネスモデルがクローズアップされています。[1]

- eコマースを成功させる商流と情報流
- 技術を収益化する仕組みづくり
- 競争優位をもたらすビジネスの枠組み
- スタートアップに役立つ発想法

　いずれも重要なトピックであり、ビジネスモデルを扱った本がたくさん出版されるようになりました。

## ビジネスモデルを扱った書籍

　私は、日本がビジネスモデルの実践研究の先進国だと思っています。基本コンセプトにはいち早く注目してきましたし、独自のツールも提唱しています。それにもかかわらず、世界からトップランナーだと認知されていないのは、1つには、英語で海外に発信してこなかったからでしょう。また、初期の研究がビジネスモデルという言葉を使わなかったことにも原因があります。

　たとえば、私の師である加護野忠男先生は、「ビジネスシステムの静かな革命」という論文で、競争の軸が製品・サービスレベルから価値を生み出す仕組みレベルへと移ってきていることを主張しました。これは1993年の論文なので、まさに先駆的だったといえます。同じく、國領二郎さんや根来龍之さんの著作は、先見的な視点から現代のビジネスモデルのあり方を予見していました。

　また、リクルート時代から事業創造に携わってきた板橋悟さんは、日本発のビジネスモデル図解として、2010年に「ピクト図解」を提唱しました。ビジネスモデルを異業種などから移植するというような議論も、日本ではいち早くなされています。細谷功さんの「ア

ナロジー思考」、山田英夫さんの「異業種に学ぶビジネスモデル」などは、その最たる例です。

さらに、海外で訓練を積んできた人たちの活躍にも目を見張るものがあります。堤孝志さんと飯野将人さんは、スティーブ・ブランクさんの下で学び、日本でビジネスモデルの顧客開発プログラムを展開していますし、小山龍介さんは、アレックス・オスターワルダーさんとイヴ・ピニュールさんの『ビジネスモデル・ジェネレーション』の翻訳を通じて、ビジネスモデル・キャンバスの伝道者として活躍されています。

日本にはその他にも、川上昌直さんの実践的な手法や、今枝昌宏さんの博物誌的な紹介、インターネットで話題の近藤哲朗さんなど、世界に誇れる本が数多くあります。

このような取組みから、日本ではビジネスモデルの良書が多く揃っています。しかし、それぞれが視点を定めて議論したり、独自

のフレームワークを提唱しようとしたりしているため、総合的に理解するのは難しい状況です。しかも、ビジネスモデルのつくり方について書かれた本は、意外に少ないようです。それぞれが補完関係にあるのですが、どのように補い合うかまでは説明されていません。

そこで、本書は、「1冊まるまるビジネスモデル」というコンセプトを掲げて、まとめて紹介することにしました。しかも、つくり方にこだわり、実務の最前線で活用されている方法、海外のイノベーション教育プログラム、そして、学術の先端領域から紡ぎ出したのです。

## 本書の構成

本書は、全4部構成（17章）になっています。

まず、第I部では、ビジネスモデルの基本を学びます。ビジネスモデルとは何か、それを学ぶ意義がどこにあるのか。これらの前提を押さえたうえで、フレームワークの使い方や、ビジネスモデルを創造するサイクルについて学んでいただきます。

次に、第II部では、創造サイクルに従い、分析をもとにアイディア発想する方法を紹介します。異業種のビジネスモデルを模倣するアナロジー発想法、同業他社を反面教師にする逆転の発想法、ビジネスの常識を疑うブラケティング発想法、ならびに、過去から未来へのトレンドを書き出す未来洞察法などを紹介します。

第III部では、発想されたアイディアをかたちにして検証するための方法を紹介します。世界で活躍するデザインファームは、どのようにプロトタイプ（試作）をつくり、筋の良さを確かめるのかについて説明します。さらに、グローバルなパートナーとの共創や、研究開発の事業化など、きわめて困難な状況でどのように試作検証す

るのかについても、実際の事例とともに解説します。

　そして、第IV部では、ビジネスモデルの発展学習として、より理想的なビジネスモデルづくりについて学びます。成長する仕組みづくりに向けた好循環のあり方、創造的なアイディアを得るための人脈づくり、サイエンスとアートのバランスを保つことの大切さ、本書で学んだことの学術的な裏づけ、などを紹介します。

　最後に、付録をつけておきました。異業種からビジネスモデルを移植するとき、ビジネスモデルを抽象化されたパターンにする必要があるのですが、そのパターン化の事例集として10の事例を掲載しました。また、発想法についてのワークショップの進め方について、大まかな流れがわかるように、進め方のガイドブックを収録しました。

　日本でも、もっと気軽に、もっと創造的にビジネスモデルがつくれるようになる。本書がそんな環境づくりの一助になれば幸いです。

2019年冬　井上達彦

# CONTENTS

まえがき —————————————— 2

## 第Ⅰ部

# ビジネスモデルの基本

### 第1章 チャンスを見逃すな

1 ビジネスチャンスを認識できない日本人 —— 19
2 発見か創出か ——————————————— 24
3 アイディア発想は技術 ————————— 29

### 第2章 エジソンは何をした人？

1 発明とイノベーション ————————— 33
2 ビジネスモデルのイノベーション ——— 38
3 イノベーションを読み解く ——————— 42
4 技術やノウハウの価値を最大化する —— 47

## 第3章 ビジネスモデルを学ぶ意義

1 なぜ、ビジネスモデルを学ぶのか —————51
2 事例 スノーピーク —————54
3 ビジネスモデルとは何か—————67

## 第4章 フレームワークとうまく付き合う

1 ビジネスモデルの描き方—————77
2 要素に注目する —————78
3 関係に注目する —————88

## 第5章 ビジネスモデルの創造サイクル

1 「分析・発想・試作・検証」のサイクル —————100
2 創造性の論理1 具体と抽象の往復運動 —————105
3 創造性の論理2 論理と思考のタッグ —————110
4 サイクルの重心—————113

# 第II部

# 分析から発想への「飛躍」

## 第6章 良い模倣と悪い模倣

1 ゼロイチは幻想————————————121
2 見えない仕組みが大切————————125
3 事例 KUMONの学習療法——————132
4 模倣の能力はイノベーションに通じる——138
5 守破離のごとく——————————141

## 第7章 反面教師からの良い学び

1 賢者の学び————————————145
2 逆転の発想は有効なのか——————148
3 事例 ドラゴンゲート————————151
4 逆転の発想で価値提案——————161

## 第8章 ビジネスの「当たり前」を疑う

1 観察の心構え——————————167
2 ブラケティング—————————169
3 事例 メルセデス・ベンツ日本————173
4 当たり前を疑う環境づくり—————186

## 第9章 未来を予測して発想する

1 睡眠の大切さ——————————193
2 睡眠の質を測る—————————195
3 エムールの2つのサービス—————197
4 未来予測————————————205
5 分析から発想へ—————————214

# 第Ⅲ部

# 発想をカタチにして検証

## 第10章 肝心なものは描かない
1 デザイナーの流儀 ————————221
2 何を描き出し、何を描き出さないのか——227
3 独特な試作と検証 ————————229

## 第11章 美しい「経験価値」のストーリーをつくる
1 経験価値 ————————237
2 [事例]アンプクア銀行 ————————238
3 美しい経験価値は
  どのようにデザインされたのか ————245
4 「脚本、舞台、役づくり」による試作と検証——250

## 第12章 パートナーと「共創する」
1 共創に向けた試作づくり ————————257
2 [事例]KUMONとBRAC ————————258
3 パートナーとの試作と検証 ————————270
4 共創を成功させるカギ ————————273

## 第13章 技術と市場の「運命の出会い」
1 動物から靭帯を移植する ————————277
2 発想のきっかけ ————————281
3 試作と検証 ————————285
4 複線型の仮説検証 ————————289

# 第IV部

# ビジネスモデルの発展的学習

## 第14章 好循環をつくる

1 急成長の秘訣 —————————————— 299
2 事例 HEROZ ————————————————— 304
3 好循環の論理 —————————————————— 315
4 戦略的な組み手 ————————————————— 319

## 第15章 創造性の神話を超えて

1 正しい理解 ——————————————————— 325
2 事例 JINS MEMEとThink Lab ——————— 327
3 神話との照合 —————————————————— 334

## 第16章 事業創造はサイエンスかアートか

1 その発想は分析か直感か ————————————— 349
2 発言内容から分析する —————————————— 352
3 科学者と芸術家の発想法 ————————————— 355
4 経営者の発想法 ————————————————— 360

## 第17章 ビジネスモデルを学術的に読み解く

1 適切な戦略思考のために ————————————— 371
2 学術に裏づけられたつくり方 ——————————— 381
3 上手な使い分け ————————————————— 389

## 付録1　ビジネスモデルの「型」
### パターン化の事例集

CASE 01　SHOWROOM ———————— 397
CASE 02　ヤクルト ———————————— 404
CASE 03　コマツ —————————————— 408
CASE 04　ファクトリエ ————————— 412
CASE 05　タカヨシ ————————————— 418
CASE 06　スノーピーク ———————— 422
CASE 07　しまむら ————————————— 426
CASE 08　珈琲所コメダ珈琲店 ——— 430
CASE 09　ビズリーチ ———————————— 434
CASE 10　ビジネスモデルの描き方
　　　　　Airbnbを分析してみる ——— 439

## 付録2　発想法のワークショップ

1　遠い世界からの模倣 ———————— 448
2　優れたお手本を反面教師にする —— 454
3　ブラケティングによる観察 ———— 462
4　ストーリーボードによる試作 —— 470

## あとがき ————————————————— 476

注 —————————————————————————— 482

参考文献 ————————————————————— 498

索引 ————————————————————————— 514

第Ⅰ部

# ビジネス
# モデルの
# 基本

An Introduction to
Business Models

ビジネスモデルというのは、いわばビジネスの世界における「型」です。忠実に従うにしても、自らの創意工夫によって破るにしても、それを知らずしてビジネスを成長させることは難しいでしょう。

　プロフェッショナルの世界では、よく「型破りは良くても、型無しでは話にならない」といわれます。ビジネスについても同じことです。顧客に価値をどのように届けるのかがわかっていなければ話になりません。優れた経営者ほど、これを明確に語ることができます。逆に、この型がわかっていなければ、不慮の事態が起きたときに頓挫してしまいます。

　そこで第Ⅰ部では、その型の大切さを本当の意味で理解していただくために、「ビジネスモデルの基本」について説明します。

・なぜ、ビジネスモデルが大切とされるのか？
・ビジネスモデルとは何なのか？
・さまざまなフレームワークが提唱されているが、何か違いはあるのか？
・どうすれば実務に役立てることができるのか？
・ビジネスモデルをつくるための方法とは何か？

　章を追うごとに、ビジネスモデルづくりの具体的なプロセスに踏み込んでいきますが、それに先立って、まず「ビジネスチャンス」を見つける必要があります。第1章では、この点について少し説明しておきましょう。

第1章
———————

# チャンスを見逃すな

「チャンスが来たらやろう」
じゃなくて
「チャンスが来るためにやろう」

医師　吉岡秀人

# 1 ビジネスチャンスを認識できない日本人

「私たちは、チャンスを見逃していないだろうか？」

ここに1つの興味深い統計があります。それは、グローバル・アントレプレナーシップ・モニターと呼ばれる世界規模の実態調査です。この調査は、起業の教育・研究で先頭集団を走るアメリカのバブソン・カレッジの主導で1999年から実施されてきました。この調査において、地域ごとのビジネスチャンス（事業機会）についても質問項目が設けられています。

 「今後6カ月以内に、自分が住む地域に起業に有利なチャンスが訪れると思いますか？」

これに対して、「はい」と答えた日本人は本当に少ないようです。わずか8.09％（2018年）にとどまります。しかし、これは最近に限ったことではありません。2001年から一貫して低く、2004～05年の第3次ベンチャーブームのピークを除いて10％を下回っています。10人いれば9人が「ビジネスチャンスなし」と感じているのです。

一方、アメリカと中国は一貫して高く、同じ期間で30％水準を維持しています。3人に1人は「ビジネスチャンスあり」と見ているのです。特にアメリカでは2018年は約70％に達し、3人に2人以上が「チャンスあり」と感じています。

これが日米中のイノベーションの創出力の差、経済活力の差となって顕れてもおかしくはありません。日本はアジアの近隣と比べ

ても低く、ランキングを見ても、欧・米・中・日で最下位。上がる気配を感じ取れないのです（図1）。

さらに憂慮すべきは、そのチャンスへの認識の差が広がっているという点です。英仏独などのヨーロッパの国々が、リーマンショックという金融危機を乗り越え、「ビジネスチャンスあり」と機会を認識し始めているにもかかわらず、日本だけが高まっていません。

これはとても不思議なことです。アジアの時代が到来しつつある中で、日本は非常に恵まれた地理的・文化的コンテクストに位置しています。それにもかかわらず、なぜチャンスを認識できないのでしょうか。ペンシルベニア大学で起業を研究する教授から、次のよ

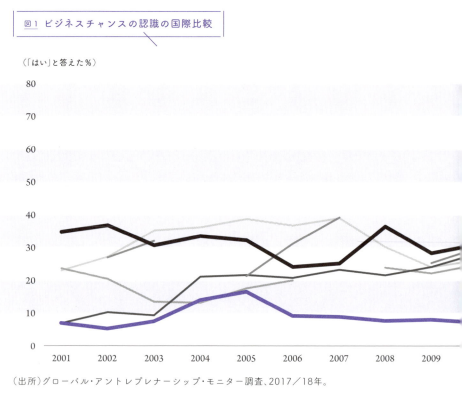

図1 ビジネスチャンスの認識の国際比較

（出所）グローバル・アントレプレナーシップ・モニター調査、2017／18年。

うに指摘されました。

「かつて、安価な労働力を供給する生産拠点であったアジアも、著しい経済発展により財やサービスを消費する市場としても注目されるようになりました。アジアの時代が到来しつつある中で、日本はリーダーシップを発揮できる力がある。歴史的にいろいろとあったのは事実ですが、日本は、地理的にも文化的にもアジア諸国と近い。なぜ、そのチャンスをつかもうとする起業家が少ないのですか？」

　欧米の識者やビジネスパーソンにとっては、日本はまさに機会にあふれているように見えるようです。なぜ日本では「ビジネスチャンスあり」と思われないのでしょうか。

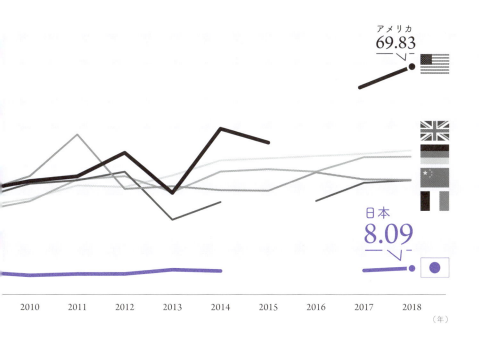

## 同じコインの表裏

　もちろん、「自分が住む地域にチャンスが訪れるか」と尋ねられているわけですから、回答者たちは町内を見回して「チャンスなし」と思ってしまったのかもしれません。確かに日本国内の成熟した市場、特に地方ではチャンスを見つけるのは難しいでしょう。日本を拠点にするにしても、近隣の国や地域にビジネスを展開していく必要があるのかもしれません。

　しかし、考えてみれば、これはビジネスパーソンにとっては周知の事実のはずです。それでもチャンスが見つけられないのはなぜか。おそらく、実感がわかないからなのかもしれません。

　自らの仕事と結びつけて、ビジネスチャンスに照らし合わせている人は意外に少ないのではないでしょうか。そう考えると、「機会なし」と思ってしまうのもよくわかります。

　結局、「これだ」と思えるビジネスアイディアが思い浮かばないから、機会もないように思えるのでしょう。もっと厳しい言い方をすれば、本当の意味でビジネスチャンスを探そうとしていないから、「ない」と答えざるをえないのです。周知の事実であるということと、それを自分事として捉えるのは話が別なのです。「アイディアの有無」と「機会の認識」は密接な関係があります。同じコインの表裏といってもよいと思います。アイディアがなければ、機会として認識できません。アイディアを出そうという気持ちがなければ、機会は生み出せないのです。

　イノベーション研究のトップランナーの1人である清水洋さんも、「ボーッとしていては、なかなか（チャンスに）出会うことはない」と言います。*1

## アイディアが大切

　あるアンケート調査によれば、スタートアップしようとする起業家が抱える悩みは、まず資金の不足、次にリスクの存在とアイディアの欠如、となっています。[2]「起業はしたいがアイディアはない」という状況に陥っている起業家の「卵」がいかに多いことか。これが、三大悩みの１つになっているようです（表１）。

　既存の企業でも同じことがいえるはずです。社長もやる気になっている。リソースも相応にある。でも、何をすればよいのかがわからない。「なにか良いアイディアはないか」と戸惑っていたりするのではないでしょうか。資源や実行力のある企業にとっては、アイディアこそがボトルネックなのです。

表1 起業していない理由

| 順位 | 起業していない理由 | 割合 |
|:---:|---|:---:|
| 1 | 自己資金が不足している | 53.1% |
| 2 | 失敗したときのリスクが大きい | 35.5% |
| 3 | ビジネスのアイディアが思いつかない | 33.6% |
| 4 | 財務・税務・法務などの事業の運営に関する知識・ノウハウが不足している | 21.1% |
| 5 | 十分な収入を得られそうにない | 20.3% |

（出所）日本政策金融公庫「起業と起業意識に関する調査」（2019年）より作成

# 2 発見か創出か

　学術研究においても、ビジネスチャンスの認識は、重大な論点の1つとなっています。起業家がどのようにビジネスチャンスを認識するのか、言い換えればアイディアをどのように見つけ出すのかについて、かなりの研究が蓄積されてきました。異なった2つの見解が存在しています。

　1つは、ビジネスチャンスは客観的に存在するものと見なし、分析すれば見つけられるという考え方です。これを「発見学派」と呼びます。[*3]

　たとえば、カフェビジネスでビジネスチャンスを見つける場合、ポジショニングマップをつくって分析すれば、比較的容易にビジネスチャンスを見つけられます。街の喫茶店から始まり、安価な喫茶チェーン、テイクアウトできるカフェ、ゆっくりくつろげる高価なカフェ、コンビニやファストフードなどの安価なカフェ。時代とともに、顧客のニーズに隙間が生まれているので、それを分析することによって、うまく拾い出すことができます。

　発見学者の考え方に従えば、起業家は市場を客観的に分析して、ビジネスチャンスの有無を確かめればよいということになります。

　これに対して、ビジネスチャンスというのは必ずしも客観的に存在するものではないという考え方があります。それは起業家に認識されるもの、さらにいえば主体的に創出するもので、極論すれば、起業家の頭の中の思い込み、主観的につくり出すものだというわけです。これを「創造学派」と呼びます。[*4]

　たとえば、日本のセキュリティビジネスは、セコム創業者の飯田

亮さんの信念によって生み出されたと考えられます。もともと「安全と水はタダ」といわれていた時代の日本で、お金を支払ってまで警備を任せたいというようなニーズはありませんでした。警察に任せていればよいということで、たとえ分析していたとしても機会は見つけられなかったでしょう。

しかし、飯田さんは信念を持って警備サービスの必要性を説いていったのです。1964年、最初の東京オリンピック開催時に警備保障を売り込みました。結果、見事に市場が創造されました。

飯田さんの事例のように、ニーズが「ない」ところでも「ある」ようにできる。これが創造学派の考え方です。

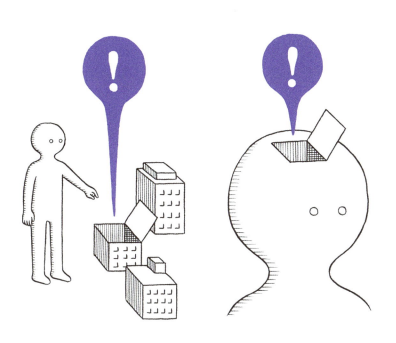

## 分析の限界

　ここまでの話を聞いて、「どこかで聞いた話だな」と思われた方もいらっしゃるかもしれません。それもそのはず、実は、競争戦略論でも同じような議論が繰り広げられているからです。

　市場機会は客観的に存在するという発見学派の考え方は、ポジショニングの戦略に通じるものです。ポジショニングの戦略論では、競争の激しくないところに位置取りをして高い利益率を上げようとします。*5 分析してより緩やかな市場に参入すればよいというわけです。客観性を大切にするという点で、科学的なアプローチを重んじます。

　これに対して、創造学派は、その機会は起業家の主観の中にあると考えます。たとえば、新しい市場というのはまだ存在しないので、分析によってチャンスの有無を確かめるのは困難です。すでに存在する市場とは違い、客観的な分析をすることができません（表2）。

　それでも、起業家が市場があるという信念を持っていれば、チャンスが生まれるかもしれません。このような信念はパースペクティブ（ものの見方）といわれ、パースペクティブの戦略論として区別

表2　2つの認識スタイル

| | | | |
|---|---|---|---|
| 発見学派 | **客観的**<br>ビジネスチャンスは<br>分析すれば見つけられる | ⇨ | 客観性を大切にする<br>科学的アプローチ |
| 創造学派 | **主観的**<br>ビジネスチャンスは<br>頭の中から主体的に創出するもの | ⇨ | 人間の主観を大切にする<br>芸術的アプローチ |

されます。[*6] 人間の主観も大切にするという点で、科学的なアプローチよりもむしろ人文や芸術のアプローチに近いのかもしれません。

どちらの考え方でアプローチしたほうが機会を見出しやすいかは、時と場合によります。業界や市場がすでに存在するのであれば「発見」しやすいかもしれませんが、まだ存在しない業界や市場だと「創造」せざるをえません。

しかし、チャンスを見出しにくい日本人にとって補うべきは後者に思えます。「アイディアを発想してビジネスを創造しよう」と心がけるべきでしょう。

もし「新事業のアイディアを出せ」と会社から至上命令が降ってきたら、あなたはどうしますか。多くのビジネスパーソンは真っ先に分析に取り組むことでしょう。優秀なビジネスパーソンであるほど、緻密に分析するはずです。これはこれで正しい取組み方です。

しかし、それだけでは十分ではありません。なぜなら、情報を集めて多面的に評価することは大切なのですが、それだけでは潜在ニーズは見つけられないからです。得られた事実をもとに、「発想」をしなければ、ビジネスアイディアは生まれません。

## アイディアが生まれない理由

再び、日本の現状に目を向けてみましょう。残念ながら、日本はアイディア発想が活発な国ではありません。私たちが受けてきた教育を振り返っても、それが尊重されていないことは明らかです。これは、今、子どもたちが受けている教育も同じです。多少は変わりつつありますが、幼少時から積極的にアイディアを出すということ

は、あまり奨励されていません。

　私も、わずか2年ではありますが、2012〜14年にアメリカで3人の子どもを、キンダー（幼稚園）、エレメンタリー（小学校）、ミドル（中学校）に通わせた経験があります。生徒は好奇心に満ちあふれ、教師の話をさえぎってまで質問をします。教師はそれを妨げません。そして、破天荒なアイディアでも褒めます。そして、うまく生徒を触発してアイディアを高めていくのです。

　日本も少しは変わっているだろうと2014年に帰国したのですが、その期待は裏切られてしまいました。教師から発言が期待されていないときに発言した息子は、初日から注意を受けることになりました。教師の話のネタバレをもたらしてしまったようです。

　聞く態度を養うことや、空気を読むことは大切です。しかし、それも度がすぎると期待された正解を言い当てようとする人間ばかりになります。日本は、創造性やイノベーション教育ができていないからこそ、意識的に取り組まなければなりません。

　DeNAを創業した南場智子さんは、早稲田大学での講演で、学生に向けて次のように伝えてくださいました。[7]

「最後に何か質問はありませんかと聞くと、だいたいが、こういうときはどういう質問をするのが正解だって考えちゃうのですね。それで当たり障りのない頭の良さそうな質問をする。そうじゃなくて、本当に腹の底から聞きたいという質問をしてほしい。自分で考える力を持った人がどれだけいるのか。正解を言い当てようとする癖を持ってない人、それを見極めるのも大変な作業です」

　グローバルに活躍するためには、自らの考えをどのような場面でもしっかりと伝えられることが大切だということです。

# 3 アイディア発想は技術

　アイディア発想というのは技術です。持って生まれた才能がなければどうしようもないものではありません。少なくとも、訓練を積めば、かなりの程度習得することができるようになります。

　起業家を支援する浜口隆則さん（ビジネスバンクグループ代表取締役社長）は、このことを「逆上がり」にたとえて説明してくれました。[8]

　「アイディア発想は、逆上がりと同じです。才能がなければできないというものではありません。ほとんどの人は、少し練習すればできるようになります。不器用な人もいますが、正しく教えれば習得できるようになるものです」

　「まさか」と疑う人もいるでしょう。私も、かつてはそうでした。才能がなければ飛躍的なアイディアなど生み出せないと思っていました。

　しかし、この素朴な先入観は、さまざまな専門家たちとの出会いによって覆されました。起業支援の専門家、デザインコンサルタント、海外でアクティブラーニングを開発してきた大学教授などから話を伺い、彼らと共に教育プログラムの開発に携わることができたのですが、その経験から「発想する」という行為は技術だと思えてきたのです。

　そのきっかけを与えてくれたのが、文部科学省によるグローバルアントレプレナー育成促進事業（EDGEプログラム）と次世代アン

トレプレナー育成事業（EDGE-NEXT）です。早稲田大学は、これら2つの支援事業に採択され、私にさまざまな出会いと教育プログラム開発の機会を与えてくれました。

　そこで、WASEDA EDGEの実行委員として、先端的なプログラムの視察を行い、インストラクター研修に参加し、自らもプログラム開発に携わりました。スタンフォード大学のデザインスクール（d.school）の活動を視察して東京大学教授（当時）の堀井秀之さんが設立した、i.schoolのインストラクター研修に参加し、イヴ・ピニュールさんのビジネスモデル創造のワークショップなどに参加したり、また、広島大学客員准教授の川瀬真紀さんと共同でアイディア創出プログラムを企画・運営していくうちに、イノベーションは促すことができると実感できるようになったのです。

　ビジネスモデルをつくるときも、その起点となるアイディアは不可欠です。それでは、どのようにしてアイディアを発想すればよい

のでしょうか。また、それをジャストアイディアに終わらせずに、どのようにビジネスモデルにしていけばよいのでしょうか。

　本書では、アイディア発想の方法からビジネスモデルづくりまで、先端をいく教育プログラムの成果と豊富な事例から、その方法を紹介していきます。アイディア発想のみならず、そこからビジネスモデルを仮説検証によってつくるプロセスについても踏み込んでいくつもりです。

　第Ⅰ部では、ビジネスモデルのつくり方の基本として、第2章で、偉大なイノベーターたちを題材にビジネスモデルを学ぶことの大切さを説明します。第3章でビジネスモデルとは何かを考え、第4章でビジネスモデルを分析・設計するためのフレームワークを、そして、第5章ではビジネスモデルを創造するプロセスを紹介します。

## 第2章

# エジソンは
# 何をした人？

革新とは、単なる方法ではなくて、
新しい世界観を意味する。

社会生態学者 **ピーター・ドラッカー**

# 1 発明と<br>イノベーション

**Q** 「電球を発明したのは誰でしょうか？」

　頭の中にすでに名前が浮かんでいる方もいらっしゃるかもしれません。きっと心の中でその名前を呟いていることでしょう。

　しかし、少し待ってください。下の写真の中に、電球を発明した人が1人います。どの人だと思いますか？

左端の人物①でしょうか。読者の皆さんの反応が薄いようですね。首を傾げておられるのではないでしょうか。

　それでは、その隣の人物②でしょうか。こちらのお顔には「見覚えがある」ということで、小さくうなずいておられる方もいるみたいです。

　しかし、「名前はわかっているけれど、顔まで知らないよ」という声も聞こえてきそうです。最後にこの方はどうでしょうか。下の段の人物③です。おそらく、あまりなじみのない写真ではないでしょうか。

　人物①は、若かりし頃のトーマス・エジソン（1879年）の写真です。人物②は、年配になってからのエジソン（1922年）で、私たちがよく目にする写真です。そして、人物③はジョゼフ・スワン（1900年）という人物です。

　一般には「エジソンが電球を発明した」と思われがちですが、実は違うのです。私も、エジソンが電球を発明したのだとずっと思っていましたが、調べてみると電球を発明したのはイギリスの物理学者であるスワンでした。答えは③です。

　スワンは、1860年頃までには炭素フィラメントを用いて試作品をつくり、1878年には電球に関する特許をイギリスで認められ、実用化までこぎつけました（エジソンがニュージャージー州のメンローパークで電球のデモンストレーションを行ったのは1879年です）。

　それでは、エジソンは何をした人なのでしょうか。一言でいえば、電球を電灯として商用化に成功した人なのです。

## エジソンの偉業　その1

　エジソンの偉業は、2つの点に集約されます。1つは、ビジネス

モデル・イノベーションです。エジソンは、電球という製品が社会に広まるように、それを事業化していきました。電球だけがあっても、暗闇を灯すことはできません。そもそも、電気を発電しなければなりませんし、それを送電しなければ届きません。そのためには、発電機を開発して、送電システムも整える必要があります。

　発電機については、すでに発明されていて実用化されていたのですが、そのほとんどが炭素アーク灯に適した定電圧発電機でした。アーク灯は炭素蒸気を出して空気を汚すうえにまぶしいので、街灯にしか用いられませんでした。一般の家庭に電気の明かりを届けるためには、電灯が必要だったのです。

　ところが電球が発明された当時は、フィラメントが短期間で焼けてしまうなど、その寿命に問題がありました。改善するには、電流の流れを一定に保たなければなりません。そこでエジソンは、定電流発電機を開発し、この問題を解決しました。

　送電についても、エジソンは精力的に取り組み、1880年には送電にかかわる特許を約60件も申請しました。電球と電流だけがあっても、電灯にはなりません。ソケットやスイッチが不可欠です。

　また、ヒューズがなければ、電流が過度に流れたときに過熱して発火してしまいます。さらに、使用した電気を測るメーターがなければ、使った分だけ課金することができません。ビジネスにするためには、これらの製品を開発して、トータルな仕組みを整備する必要があります。エジソンは言います。


「いくら素晴らしい発明でも、勝手に広まってくれるとは限らない。そいつが動けるような環境をつくってやることが肝心だ」[1]


　エジソンが成し遂げたことは、発明にとどまらないイノベーショ

ンです。発明とは、一般に「今までなかったものを新たに考え出すこと。特に、新しい器具・機械・装置、また技術・方法などを考案すること」（デジタル大辞泉）と理解されています。スワンによる電球の発明などはその典型です。

これに対してイノベーションというのは「新しい技術を開発するだけでなく、従来のモノ、仕組み、組織などを改革して社会的に意義のある新たな価値を創造し、社会に大きな変化をもたらす活動全般を指すきわめて広義な概念」（人事労務用語辞典）です。

エジソンの偉業は製品の発明ではなく、その事業化です。彼は発明家を超えたイノベーターだったのです（図１）。

図1 電灯を取り巻く製品システム

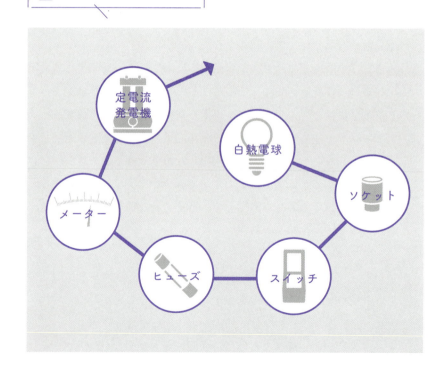

## エジソンの偉業 その2

　もう１つのエジソンの偉業は、ビジネスモデルのつくり方（事業化の方法）を示してくれたということです。都市全体を電灯で照らすためには、電球はもちろん、それを取り巻くさまざまな機器を開発しなければなりません。これには資金が必要ですが、エジソンは、新聞というマスメディアを活用し、投資を呼び込みました。

　彼はユーモアを交えつつ夢を語り、多くの新聞記者を引きつけたといわれます。わずか10分間しかもたない白金フィラメントの電球しかないにもかかわらず、新聞記者には「すでにガス灯に代わる安価で便利な電灯を開発した」と豪語しました。

「私が電灯をつくった方法は、これまでいかなる科学者も思いつかなかったものである…（中略）…私は１つの機械から数千個、いや１万個の電灯をつくり出すことができる」[*2]

　このことは新聞では広く報じられていたので、投資家も高い関心を示しました。ニューヨークとロンドンの株式市場ではガス灯会社の株価が下がり、エジソンの電灯に期待を寄せました。すかさずエジソンは、自らの弁護士をウォール街に向かわせ、資金の提供を呼びかけます。このとき、電灯はまだ開発できていませんでしたが、投資家たちは電灯を開発するための資金を出してくれたそうです。

　ようやく目処が立ったのは1889年でした。エジソンはその年の大晦日にメンローパーク全域を電灯で明るくすると宣言します。そこに集まった人は3000人を超えたそうです。わずか30個の電灯をつけただけでしたが、人々は未来の光に酔いしれました。

　この小規模な実験によって、未来への夢は広がりました。資本家

たちが、エジソンの語る未来へとさらなる投資を行ってくれたのです。

エジソンのビジネスモデルのつくり方は、画期的だといわざるをえません。資金の集め方は、現代のスタイルの先駆けでした。アップルの創業者の1人であるスティーブ・ジョブズ、アマゾン・ドット・コムを立ち上げたジェフ・ベゾス、そしてテスラを創業したイーロン・マスクといった偉大な起業家たちは、夢を語って資金を集め、開発を進めています。

そして、エジソンが実践した試作づくりも時代の先駆けです。小さくつくって市場の反応を確かめ、見込みがあるところを伸ばし、改良が必要な部分は修正するというのは、最近のシリコンバレーの手法そのものです。この仮説検証のサイクルを、エジソンは1世紀以上も前から実践していたのです。

歴史を振り返って、電球を発明したスワンよりも、イノベーションを起こしたエジソンのほうが人々の記憶に残っていることにも納得がいきます。

# 2 ビジネスモデルのイノベーション

## イノベーションとは

ここで、イノベーションについて、もう少し深く考えてみます。

イノベーションというと、「ゼロイチ」のことだと考えている人が少なくないようです。ゼロイチとは、何もないところから何かを

生み出すことで、無から有を創造することを象徴した表現です。

しかし、これは誤解です。ゼロからつくるといっても、「何もないところから何かを生み出す」ということではありません。すでに世の中にあるものでよいのです。「有りものと有りものを新しい形で結びつける」。これこそがイノベーションです。

イノベーションを提唱したジョゼフ・シュンペーターの言葉を借りれば、それは「経済活動の中で生産手段・資源・労働力などをそれまでとは異なる方法で結合」することを指します。新結合の種類は5つあるとされました。

①新しい製品・サービスの開発
②新しい生産方法の開発
③新しい市場の開拓
④原料あるいは半製品の新しい供給源の獲得
⑤新しい組織の実現

たとえば、電球がすでに発明されていたとしても、そこに耐久性の高いフィラメントを組み合わせたとすれば、製品イノベーションといえるかもしれません。そして、その電球に、ソケット、スイッチ、ヒューズを組み合わせ、一定の電流を流す発電装置とともに社会に広げれば、それは新しい市場の開拓を伴う社会レベルのイノベーションだといえます。

ただし、新しい結合であれば何でもよいということではありません。シュンペーターは、イノベーションの条件をもう1つ加えています。それは、その新結合に社会的な価値があるということです。

製品やサービスにしたときにビジネスとして成り立つのか。お客さんが喜んでお金を払ってくれなければならないのです。

## 3つのイノベーション

　イノベーションには、製品、プロセス、ビジネスモデルという3つがあります。

　製品イノベーションというのは、製品そのものの新規性にかかわるイノベーションです。新しい技術を活用したり、素材や部品を工夫したりすることによって、従来にはない画期的な製品をつくります。井深大さんと盛田昭夫さんが1979年に生み出したソニーの携帯カセット再生機「ウォークマン」は、製品イノベーションの典型です。

　これに対してプロセスイノベーションは、開発、生産、物流などにかかわるものです。生産工程におけるイノベーションとしてよく引き合いに出されるのが、ヘンリー・フォードによる「流れ作業生産方式」で、これによって大量生産とコストダウンが実現しました。

　日本だとトヨタ自動車の大野耐一さんによる「かんばん方式」が有名です。生産イノベーションによって、生産の効率性や品質が上がり、需要に合わせた生産量の調整が可能になります。

　最後に、ビジネスモデル・イノベーションとは、顧客に価値を届ける仕組みにかかわるイノベーションです。ビジネスモデルを構成する個々の要素にとどまることなく、いくつかの要素が連動して引き起こされる革新のことを指します。その典型例として紹介されるのが、アップルによる楽曲のデジタル配信サービスです。

　このサービスには、製品の革新はもちろん、プロセスの革新も含まれています。包括的であるがゆえに、新結合のあり方もさまざまで、新しい顧客を開拓すると同時に流通チャネルを変えたり、収益を上げる方法を物販からサービスに変えたりするなど、事業全体で工夫することができます。

# 3 イノベーションを読み解く

3つのイノベーションについての理解も深まったところで、クイズを出したいと思います。これからお見せするイノベーションは、製品、プロセス、ビジネスモデルのどれに該当するでしょうか。

## イノベーション その1

まず、下の写真をご覧ください。そもそもこれが何なのかがわからない人も多いかもしれません。これはゼロックスの914という複写機（コピー機）です。時代背景も含めて、少しだけ補足しておきましょう。

1950年代後半、オフィスに並ぶコピー機はジアゾ式（湿式）と呼ばれるものが主流でした。本体の価格は高価というほどではなかっ

たそうです。しかし、光の濃淡が青色の濃淡で出てしまい、速度も「速い」というものではありませんでした。

そこで、ゼロックスのエンジニアは、コピーの品質と速度を上げるため、トナーを紙の上に電子的に配列する「ゼログラフィ」という技術を開発しました。この技術によって速くてきれいなコピーが可能になります。

単純に考えれば、典型的な製品イノベーションに思えます。ゼロックスのエンジニアたちが持ち前の技術力を発揮し、ゼログラフィという技術を開発し、それを実用可能なレベルにまで高めたのです。

しかし、この技術を用いると、製造原価は著しく高くなってしまいます。コピー機の本体価格が、従来機器の約6倍に達し、これまでの儲け方が通用しません。それまでコピー機は、本体で利益を出したうえで、トナーやインクの補充といった消耗品でも収益を伸ばしていました。安く本体を売り、さらに使い捨ての替え刃で儲ける仕組み、いわゆる安全カミソリ型ビジネスモデルです。本体が高くて普及しなければ、この収益モデルが通用しなくなります。

実際、ゼログラフィによるビジネスモデルは成り立たないと言い放った大手コンサルティング会社もありました。

もし、あなたがゼロックスにいて、ビジネスモデルをつくる立場にあるとすれば、どのように対応したでしょうか。

ゼロックスのエンジニアは、高品質のコピーには必ず需要があると信じました。価格が高くて初期投資がかさむのであれば、それを下げればよいという発想で、コピー機本体をリース契約することにしたのです。

リースの費用は月95ドルに抑え、毎月2000枚を超えるコピーのみ1枚4セントを課金することにしました。リース契約によって顧客

と継続的な関係を築けば、消耗品の販売やメンテナンスによる収入が見込めます。コピー機が広く普及すれば、本体からの物販収入がなくても、投資回収できると考えたのです。

しかし、リースによる従量課金というのは、顧客が大量にコピーしてくれなければ儲からない仕組みです。しかも当時、コピー機はそれほど普及していなかったので、会議で現在のような資料が配られることはありませんでした。エンジニアたちは知恵を絞りました。

まず、顧客ターゲットを大口顧客となりうる政府と大企業に定めました。政府や大企業であれば予算規模も大きく、高品質な製品やサービスに正当な対価を支払ってくれます。いずれも官僚的な組織体制を取っているので、さまざまな階層や部門で会議が開催されており、検討課題も多いはずです。

さらにコピー機の需要を創造するために、ゼロックスは、会議において効率よく協議し、より良い意思決定をするためにコピーを使うように提案しました。直営の販売部隊を編制して、需要を開拓していったのです。そして、自前の保守・サービス部門を整えてサービスとサプライから利益を上げました。こうしてゼロックスの事業は順調に成長し、政府や大企業向けの市場をほぼ占有することができたのです。

## イノベーション その2

このゼロックスの独り勝ちともいえる状況に挑んだのが、キヤノンです。[*3] キヤノンは、ゼロックスとは対照的に、中小企業や個人事業主にコピー機のターゲットを絞りました。しかし、中小企業や個人ユーザーを相手にするには、価格を下げなければなりません。しかもトラブルとは無縁でなければ、個人ユーザーには扱えません。

キヤノンは、小型軽量化に加え、信頼性にかかわる品質を一桁上げてコストを一桁下げるという目標を立てました。この無理難題を解決して生まれたのがキヤノンのミニコピアです。

これは、どのタイプのイノベーションでしょうか。

ミニコピアの特徴は、個人ユーザーでもセルフメンテナンスができるように、現像器、帯電器、感光ドラムと、消耗品であるトナーおよびクリーナーの容器とを1つのカートリッジにまとめた点です。

コピーのトラブルは、そのほとんどがトナーを焼き付けて紙送りするドラム周りに集中しています。ドラム周りが傷んでしまう前にトナーがなくなるようにすれば、ユーザーはトラブルに悩まされることはありません。トラブルが起きる前にカートリッジを交換するからです。

また、低コストでドラムシリンダーを製造するために、製造面でも工夫しました。コピー機のドラムシリンダーは、アルミの素材が使われています。同じアルミ製品ということで、缶ビールのアルミ缶の製造プロセスも参考にしました。

これらの事実から、ミニコピアがカセットカートリッジのイノベーションによって生まれたことがわかります。ノウハウや知的財産はすべてカートリッジに集約し、筐体そのものはきわめてシンプ

ルにする。逆転の発想に基づく画期的な製品です。また、それを低コストで生産するためのプロセスについても工夫がなされています。それゆえ、製品とプロセスのイノベーションだと思われたことでしょう。

しかし、ミニコピアのすごさは製品やプロセスのイノベーションにとどまりません。カセットカートリッジという技術により、顧客に価値を届ける論理を根本的に変えたのです。

そもそも、ゼロックスが中小企業や個人事業主に対してコピー機を提供してこなかったのには、理由があります。採算性が合わず、全米に散在するこれらの事業体に消耗品を届けられなかったので、メンテナンスができなかったのです。

政府や大企業だけであれば、都市部を中心に販売網とサービス網を整備すれば十分でしょう。しかし、それを地方の小さな街にまで広げるとなると、投資が膨大になります。一般に中小企業や個人事業主は政府や大企業に比べて金銭的に余裕がなく、費やせるコストにも限りがあります。とても回収できるものではありません。

そこでキヤノンはカセットカートリッジを使って、手離れの良いソリューションを提案しました。セルフメンテナンスが基本なので、サービスマンを育成して、拠点を設置する必要はありません。また、すでにコピー機は広く普及しており、コンサルティングの必要もなかったので、直販にこだわらなくても済みます。アフターサービス同様、販売についても代理店に委ねて、チャネルにかかわる投資を抑えることができました。

ミニコピアのすごさは、カセットカートリッジ技術がなければ実現できない販売とサービスの仕組みを生み出した点にあります。製品レベルのイノベーションを、ビジネスモデルのイノベーションにまで高めたのです。

# 4 技術やノウハウの価値を最大化する

## ビジネスモデルのリデザイン

　これまでの話で、ビジネスモデルがいかに大切であるかについて理解いただけたと思います。いくら優れた技術があっても、価値を提供するための仕組みをつくらなければ意味がありません。優れた技術さえ開発できれば利益は自然についてくるというのは幻想です。
　ここで、皆さんに問います。

「あなたの技術はいくらですか？」

　技術というのは典型的には特許などで守られた知財ですが、ここでは広く捉えてください。モノづくりにかかわる知財ばかりではなく、キャラクターも含めて値づけをしてください。価値あるサービスを効率的に提供したりするためのノウハウでも結構です。
　企業のセミナーなどではさまざまな反応が返ってきますが、あなたの場合、A〜Eのうちどれでしょうか。

　　A　「考えてもみなかった」とたじろぐ
　　B　「たいしたことないですよ」と謙遜する
　　C　「ここぞとばかりに」誇張する
　　D　「これまでかかったコスト」から算出する
　　E　「期待されるリターン」から答える

冷静に考えればDかEであるべきなのは明らかです。金額についての厳密な根拠を重んじる人であれば、Dの「これまでかかったコスト」から算出するかもしれません。しかし、いくらコストをかけても市場で受け入れられなければ意味がないので、やはりEの「期待されるリターン」から答えるというのが正解です。

　読者の皆さんも、Eの「期待されるリターン」と思った人は多いはずです。ここでEと答えた人にさらに問います。

「あなたは、ビジネスモデルの見直しまで含めて技術の価値を評価していますか？」

　既存の顧客に、従来のチャネルで同じ売り方をするということであれば、新しい技術であってもその価値を推定するのは比較的容易でしょう。言い換えれば、既存のビジネスモデルを前提にすれば、売上や利益についての予測がつくわけです。

　しかし、これまでのビジネスモデルがあなたの技術の価値を最大化してくれるとは限りません。もし、ゼロックスがゼログラフィという技術をこれまでの安全カミソリ型のビジネスモデルで販売していたら、赤字になっていたかもしれません。

　キヤノンのカセットカートリッジ技術にしても、「手離れの良いソリューション」にして代理店に任せたからこそ、販売拠点が整備されていなかった国や地域にまで広がったのです。

## 技術やノウハウ

　このように、ビジネスモデルというのは経営の要です。その良し悪しによって、会社が保有する技術やノウハウの価値は変わりま

図2 付加価値創造の仕組み

す。ビジネスモデルが秀逸であれば価値は最大化しますが、逆にそれが凡庸だと投資の回収さえ疑わしいでしょう。そうであるからこそ、読者の皆さんには秀逸なビジネスモデルのつくり方を習得してほしいのです。

大阪大学教授の延岡健太郎さんは、日本の技術力が収益力に直結しないことを危惧しています。日本企業は高い技術力を持ちつつも、その多くは十分な対価を得られていません。技術力が高いからこそ、そこだけに頼ってしまうという傾向もあります。[*4]

大切なのは、技術・製品によって、企業の長期的な付加価値創造を最大化することです。企業というのは、インプットしたヒト・モノ・カネ・情報から最大限のアウトプットを見返りとして生み出すために存在するわけです。そのためのカギになるのがビジネスモデルです（図2）。

次章は、ビジネスモデルとは何かをより詳しく検討していきます。

第 3 章

単なる金儲けは昔から嫌いだ。
何かをしたい、
何かをつくりたい、
何かを始めたい、
昔から金はそのために
必要なものでしかなかった。

実業家　ウォルト・ディズニー

# ビジネス
# モデルを
# 学ぶ意義

# 1 なぜ、ビジネスモデルを学ぶのか

**Q.**「あなたにとって、ビジネスモデルを学ぶ意義とは何ですか？」

おそらく、「儲けるための仕組み」を理解するため、あるいはそれを設計するのに役立てるためでしょう。しかし、他にも答えはありそうです。実際にクラスルームで問いかけてみると、さまざまな答えが返ってきます。

「夢や願いを実現するのを助けてくれるから」
「自分の使命をまっとうするのに必要だから」

少し突飛な感じがするかもしれません。少々ロマンチックすぎるように聞こえるかもしれません。それでも、ある側面を言い当てた表現ではないでしょうか。実際、世界中の多くの起業家がビジネスモデルによって、自分たちの夢を叶えてきました。

アマゾン・ドットコムを創業したジェフ・ベゾスさんは紙ナプキンの上にビジネスモデルをストーリーとして描き出し、投資家から出資してもらったそうです。きわめてラフなスケッチだったのですが、収益を上げながら成長していく基本的な構造がしっかりと描かれていたので、瞬時に投資家の関心を引くことができました。

図1において、まず顧客体験が高まれば利用者（トラフィック）が集まり、それが売り手の呼び水となります。次に、品揃えが充実すれば、そこからセレクションできるので、顧客体験はさらに高まります。

図1 アマゾン・ドットコムの創業時のビジネスモデル

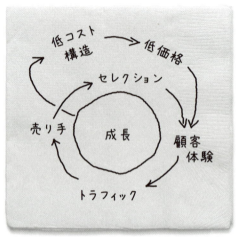

（出所）楠木（2010）p.42を参考に作成

　こうして人気サイトとなれば、ビジネスの規模は拡大していき、コストは下がります。これが低価格をもたらして、顧客の経験価値はさらに高まります。この好循環によって、彼自身の夢である「世界最大のセレクション」が実現するわけです。

## 儲けの仕組みを超えて

　ビジネスモデルというと、金儲けのための考え方だと思われがちですが、それにとどまるものではありません。「社会の困り事」を解決し、「あったらいいな」を実現するための考え方です。事業を続けるためには収益を上げる必要がありますが、それは正当な対価であり、顧客に喜んでもらえたことへの見返りです。事業家は、世界を幸せにできた分だけ豊かになれるといえます。

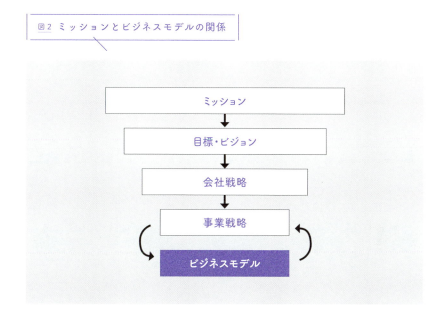

図2 ミッションとビジネスモデルの関係

　実際、ビジネスモデルづくりにおいてミッションが重要な役割を果たすことがあります。目標・ビジョンや戦略とともに一貫性を持たせるべきでしょう（図2）。

　経営学において、ミッションというのは、時代を超えて変わらない価値のことを指します。そもそも、事業を始めようと思ったのはなぜか。創業者の思いや理念がその時代の言葉として言い表されます。ミッションというのはやすやすと達成することができません。だからこそ時代が変わっても変わらないのです。

　ミッションが定まればビジョンや目標も明確になっていきます。ビジョンというのは10年ぐらい先のあるべき姿を言葉にしたものです。一方、目標というのは5〜10年ぐらい先の達成水準を数字にしたものです。

　あるべき姿が明確になれば戦略を策定するのも容易になります。

戦略というのは目標をいかに達成するかの方法のことで、その道筋や具体的な行動指針が示されます。

さて、この戦略（特に事業レベルの戦略）と表裏一体にあるのがビジネスモデルです。ビジネスモデルは事業戦略を実現するための仕組みです。それゆえ、ビジネスモデルは、戦略を色濃く反映させたものになります。

図2のように示すと、ビジネスモデルがミッションや目標と結びついていることがよくわかります。ミッションを重視している企業の中には、儲け方にこだわるところもあります。何でもかんでも儲ければよい、というのではなく自社にふさわしい儲け方を考えるべきかもしれません。

この章ではスノーピークの事例を紹介しつつ、ミッションがビジネスモデルづくりにどのように影響するかを考えていきます。[*1]

# 2 |事例| スノーピーク

## 概要

スノーピークは、新潟県三条市にあるアウトドア総合メーカーです。三条市は隣接する燕市とともに江戸時代から続く金属加工が有名で、スノーピークもその技術力を生かした製品開発を行っています。

スノーピークの特徴はその品質の高さにあります。徹底した顧客目線でユニークな製品を開発し、ハイエンドのキャンプ用品という新たな市場を開拓してきました。現在、製造の大半は協力工場に任

せていますが、製品の企画開発は100%自社で行っています。社内には約10人の開発担当者がいて、1人1人が特定の製品を受け持ち、企画から製造ラインの稼働までの責任を負います。

2018年現在で売上高118億円、営業利益8億円です。アメリカ、ヨーロッパ、アジア、オセアニアなど世界25カ国にて販売を行っており、海外市場から売上の20%を稼いでいます。さらなる挑戦に向けて2015年に東証一部上場を果たしました。スノーピークは、燕三条という地域のモノづくりの強みを生かしたグローバル企業なのです。

## ユーザーコミュニティ

スノーピークは、毎年、キャンプイベントを開催し、世界にも類を見ない規模のユーザーコミュニティを築き上げてきました。1998年にスタートさせたキャンプイベントは年々拡大し、現在では年間1万5000人を集めるほどになっています。

ファンの中でも特に熱心な人たちは「スノーピーカー」と呼ばれています。購入金額が累計300万円に到達した顧客にはサファイアカードが送付されます。累計購入金額が100万円以上がブラック会員、年間購入金額が30万円以上がプラチナ会員、20万円以上だとゴールド、10万円以上がシルバーで、それ未満がレギュラーという6段階です。

イベントに集まるファンは製品について率直にコメントをしてくれます。ブラック以上の会員には情報解禁前に新商品を公開する機会を設けており、購買意欲をかき立てられるユーザーも多いようです。ただし、このイベントでは販売は一切行われておらず、純粋にキャンプを楽しんでもらっています。

ユーザー同士がイベントでお互いに仲良くなることも多く、他の

仲間のテントを訪問することもあります。ベテランのスノーピーカーたちが張ったテントはとても美しく、タープや複数のテントと組み合わされて見事です。レイアウトにも、工夫が凝らされて、スノーピークの製品が美しく配置されています。とても快適で使いやすい空間がそこにあります。ユーザー同士がお互いにお気に入りのものを紹介し合うので、「次はこれが欲しい」と夢が広がるわけです。

実は、スノーピークの製品は「買い替えではなく、買い足し」というコンセプトで拡充されていきました。家族が増えてテントが手狭になっても、大きなものに買い替えるのではなく、買い足してつなげる。接合部分が標準化されているので、ユーザーは「まるでレゴブロックのように組み合わせることができる」と言います。

テーブルも椅子も同一規格でデザインされているため、高さも揃って見た目も美しく、また、組合せのバリエーションも広がります。これこそが1987年に開発されたスノーピーク・レイアウト・システム（SLS）という、画期的なモジュール規格の製品群なのです。買い足しやすい製品だからこそ、ユーザー同士の情報交換も活発になります。

## ミッションと目標

スノーピークのルーツは、1958年に登山家だった山井幸雄さんが始めた金物屋にあります。幸雄さんは「本当に欲しいものは自分でつくる」という考えから独自に登山用品を開発しました。1963年にはスノーピークを商標登録し、1976年には自社工場を建てて事業基盤を整えました。

この会社を現在の姿にまで成長させたのは、創業者の長男であり、1996年に代表取締役社長に就任した山井太さんです。山井さん

は明治大学を卒業後、外資系商社で４年勤務したのちにスノーピークに入社しました。1986年の入社当時は、社員15人、年商７億円、売上高総利益１億3000万円の会社でした。オリジナル山道具をつくる小さな会社ではありましたが、ミッション・ステートメントもなかったのです。

　そんなスノーピークに入社した山井さんは、入社直後から新しいことに取り組んで周囲を驚かせます。

「企業理念がないと何のために働くかがわからない。めざすべき方向をしっかり決めて明文化する必要がある」[*2]

　山井さんは、社員とともにミッション・ステートメント「The Snow Peak Way」を定めました。

　　私達スノーピークは、１人１人の個性が最も重要であると自覚し、同じ目標を共有する真の信頼で力を合わせ、自然指向のライフスタイルを提案し実現するリーディングカンパニーをつくり上げよう。

　　私達は、常に変化し、革新を起こし、
　　時代の流れを変えていきます。

　　私達は、自らもユーザーであるという立場で考え、お互いが感動できるモノやサービスを提供します。

　　私達は、私達に関わる全てのものに、良い影響を与えます。

A 和製「オフトン」シリーズのシュラフ。日本の布団のような構造で、掛・敷を独立して使うという従来の寝袋とは異なる発想で、寒暖を調整し、快適な寝心地を実現できます

B 「ペグ＝消耗品」という通念を覆したソリッドステーク。埋まっている岩や石をも貫通する鍛鉄製。50cmのサイズも用意され、風が強い環境でもタープを張ることができます

C 大地や芝生にダメージを与えないために考案された焚き火台。自然を守る先駆けとなった商品で、現在では、直火禁止のキャンプ場での必須アイテムとなっています

D 新潟県三条市につくられた広大なキャンプフィールド。敷地内には本社を設置し、アウトドアを満喫しながら働くことができます。ここはスノーピークウェイのイベント会場にもなっており、利用者にとっての聖地となっています。新製品の試験にも役立てられています。テントやタープやシェルターは、接合部分が標準化されているので、用途に応じて組み合わせることができます

E アイアングリルテーブルは、さまざまな調理器具をセットできるフレームをベースに自分の好みに応じたキッチンやダイニング、リビングをレイアウトできるユニットシステムです

D

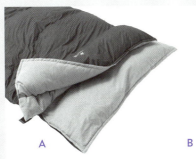
A

B

C

# SNOW PEAK

「自然指向のライフスタイルを提案し実現するリーディングカンパニーをつくり上げよう」というのは、ミッションであると同時に究極の目標です。これが後の「人生に、野遊びを。」というコーポレートメッセージにもつながりました。このコーポレートメッセージは、まさに今のスノーピークのあるべき姿を表しており、ビジョンの役割を果たしています。

## 全社戦略と事業戦略

あるべき姿が明確になれば戦略も策定しやすくなります。スノーピークの場合、徹底した差別化を追求しました。

差別化といっても、同業他社の製品を調べるわけではありません。一般的な市場調査をするわけでもありません。「世の中にない製品」をつくるために、スノーピークは自らのミッションに向き合い、独自の製品づくりを行います。

山井さんが入社した1986年頃は、日本ではまだアウトドア市場が本格的に立ち上がっていませんでした。アウトドアといえば本格的な登山者向けのものか、一般の人が量販店などで購入する安い三角テントなどのどちらかでした。その当時のテントといえば、1万〜2万円のものがほとんどです。いずれも品質は十分ではなく、雨漏りしたり、風で潰れてしまったりするものも少なくありませんでした。

そんな時代に、山井さんは「最高の技術と素材を用いて1張16万8000円のテントをつくろう」と提案したのです。「誰も買わないだろう」という予想に反し、初年度に100張も販売して周囲を驚かせました。

当時キャンプに持って行くテントといえば持ち運びが不便で、設営にも時間がかかり、狭くて使いづらいものばかりでした。これに対してスノーピークのテントはできるだけ簡単に設営できるように工夫されています。コンパクトで持ち運びやすく、テントにタープを組み合わせて寝室とリビングスペースを分けることができます。快適なキャンプができるということでファンが広がっていきました。

　その頃はちょうど、自家用車としてSUVが増えてきた時代です。山井さんは、その荷台にテントを積んで、週末にキャンプ場に出かけるというライフスタイルを提案したのです。

　アウトドアは楽しみたいが、登山をやるほどではない。このようなニーズもあり、1988年にオートキャンプのブームを引き起こすことに成功します。順調に売上を伸ばしていき、1993年には売上高25億5000万円、経常利益3億5000万円にまでなりました。

スノーピーク本社のクリエイティブルーム。用途や気分に応じて好きなスペースで打合せや仕事をしています

## 事業戦略を体現したビジネスモデル

　しかし、オートキャンプブームの終焉とともに業績が悪化し、6期連続で減収した結果、会社の業績は売上高14億5000万円、経常利益4000万円にまで下落します。「利益が出ているといっても実質ゼロのようなものだ」。山井さんは、そう感じて自らの会社の存在意義を問い直したそうです。

　「その時点で5〜6年売上が落ちている。その原因は、モノづくりなのか、流通なのか、営業なのか、ビジネスモデルの何かに問題があると考えました」[*3]

　さらなる飛躍への転機になったのは、1998年にスタートさせたキャンプイベントです。これは自社のユーザーたちに向けて企画されたイベントで、「中途半端なイベントじゃなくて10年は続ける」という決意の下で始められました。参加者はキャンプ場で2泊3日の間、自然を満喫しながら交流を深めることができます。

　この企画のきっかけは、社員の「ユーザーの顔を見ると仕事を頑張れる」という一言でした。山梨県の本栖湖で開催されたこのイベントには30名のユーザーが参加してくれました。みんなスノーピークの製品の品質には満足していましたが、不満も感じていました。そして、このときに参加してくれたユーザーたちの生の声がスノーピークの運命を大きく変えることになります。

　「社長、製品が高いよ」
　「買っているけど、納得して買っているわけではないんだよ」

詳しく聞いてみたところ、値段が高くても買っているのは、他に
ハイエンド製品をつくっているところがないからでした。他のユー
ザーたちも、歯に衣着せぬ意見を山井さんにぶつけてくれました。

「自分の生活圏で販売店に出かけても、スノーピークの製品はあま
り売っていない。何とかしてほしい」

　スノーピークは、圧倒的な品質によって差別化するという戦略を
取っていました。しかし、せっかく卓越した商品をつくっても、そ
のことを伝えるような売り方ができていなければ意味がありませ
ん。ブームの終焉とともに、取引先のアウトドアショップやスポー
ツ量販店の店員は少なくなり、商品の説明も不十分になっていた
のです。

「開発では自らもユーザーであるという立場で考え、お互いが感動
できるモノやサービスを提供していました。しかし、ビジネスモデ
ルとしては不完全な形だったんですね。ビジネスというのは、モノ
をつくるのが半分と、あとはお客さまにどうやって手渡すかってい
うところが半分だと思います。後者のほうがThe Snow Peak Way
を反映していなかったのかもしれません」

## ユーザーの声に徹底して応える

　山井さんは、ユーザーたちの声に何とか応えなければならないと
感じ、販売網の再構築を決意します。

・問屋を介さずに販売店に卸す

- 1000店あった取扱い店舗を250店にまで絞り込み、1商圏1店を実現する
- 販売店にはすべての製品を置いてもらえるようにする
- スノーピークの社員を店員として配置して、丁寧に説明できるようにする

　まず、山井さんは値段を下げるための方法を考えました。品質を落として原価を下げるのは簡単ですが、それだと感動できるものやサービスが提供できなくなります。そこで、問屋を介さずに販売店に卸すとどうなるかを試算したところ、問屋経由だと店頭価格で8万円するテントが5万9800円で販売できることがわかりました。そして2000年から、問屋を介さず店と直取引し、流通コストを削減することを決めます。

　しかし、これまで取引してきた問屋も黙ってはいません。「薄情だ」と強い口調で言われもしたそうです。しかし、山井さんも一歩も引き下がりませんでした。

「問屋が介在することによって消費者の人たちが幸せになるとは思えない」

　このように考えて問屋の中抜きを進めました。

　直取引にすれば、品質を維持しつつ価格を下げることができます。あとは販売の品質を高めるだけです。山井さんは、取扱店を絞ることにしました。そして店にはすべての製品を置いてもらい、正社員を送り込んでしっかり説明できるようにしたのです。

　店の数を4分の1にまで減らしたのですから、売上高は減るはずです。しかも正社員が販売に携わるということは、それだけ人件費

がかさむことになります。短期の採算性を考えれば、なかなかできない決断です。

実際、社員たちは「これ以上売上が落ちたら倒産してしまう」と心配し、ほぼ全員が反対したそうです。特に現場の営業担当としては、問屋経由の収入を本当にゼロにしてしまってよいのかと、気が気ではありません。「どうやって売上を維持するのですか」と疑問の声も上がったそうです。

このとき、山井さんは「顧客を幸せにできるのだから売上は下がらない」と社員たちに力説しました。

「そのときに僕が本気で社員に言ったのが、『われわれのビジネスは全部利用者たちが物を買うことに起因している。小売の売上も問屋の売上もうちの売上も、全部それの総和なんだ。そこの人たちが感じている不満についてお応えできるようになるのだから、売上が下がるってことはありえないだろう』と、僕はそういうふうに言いました」

もちろん、店舗数を絞り込むだけでは意味がありません。販売のプロを育てて商品を説明できなければ売上は伸びません。特にSLSによって設計された製品群は、その組み合わせ方にちょっとしたコツがいります。リビングスペースと就寝スペースとキッチンスペースを機能的にレイアウトし、テントやタープのみならず、テーブルやコンロやストーブなどを設営していくのです。

それゆえ、キャンプを熟知した販売のプロを育てるための正社員の教育投資を惜しみませんでした。座学での研修はもちろん、自社の製品の使い方や特徴を体得するために、実際にアウトドアでキャンプをさせました。社員が実体験をもって、自社の製品を店頭で勧

めることができるようになるためです。

　こうした努力が実り、売上は減少するどころか、逆に増加していきました。店頭の社員たちが自社の製品を丁寧に説明して販売した結果、1坪あたりの売上高を250万円にまで伸ばすことができたのです。アウトドア専門店やスポーツ量販店のそれは100万円なので、実に2.5倍の売上効率を上げたことになります。

　筆者である私自身もスノーピークの製品を購入した経験があるからわかりますが、店員の提案は見事です。私たちのキャンプシーンや要望をうまく聞き出し、親切に提案してくれます。自分たちがあらかじめ購入しようとしていたテントやキャンプグッズよりも、提案されたものははるかに適切でした。実際、自分たちの考えた一式と、店員が提案してくれた一式を横に並べて比べてみると、後者のほうが快適でニーズに合っていたのです。

　これを実感した瞬間、店員への信頼が高まりました。話を聞いてみると、このような「信頼の瞬間」というのはあちらこちらで生まれているそうです。

　話を元に戻しましょう。スノーピークは、売上が増えた勢いに乗り、2003年には社員が常駐する直営店を出店し、2004年には、上位特約店のインストアも広めました。アウトドア専門店などの店の中に20〜30坪のスペースを占有させてもらい、そこを自分たちで運営したのです。

　6期連続の減収という苦しい時期であっても、山井さんはミッションに原点回帰するような形でブランドを再構築し、ビジネスモデルを完成させていったといえます。

# 3 ビジネスモデルとは何か

## 一貫性の要となるもの

　このように整理すると、スノーピークのビジネスモデルがミッションや目標を反映させて完成させてきたことがよくわかります。スノーピークのビジネスモデルは、イベントを企画してコミュニティをつくり、テントに加えてシートやタープなどの関連商品の合わせ買いを促すビジネスモデルといえるでしょう。

　しかし、このモデルは「こうやって儲けよう」と思ってつくられた仕組みではありません。ミッションにこだわり、お客様を幸せにしようという姿勢から生まれた結果なのです。

　「快適なキャンプ生活のベースを持つために、ドームテントとタープ、キッチンリビングシステムを組み合わせてきました。クオリティ・オブ・ライフを支えるしつらえとして、これらを開発したわけです。それは、まったくピュアな活動であって、まとめ買いをさせるために仕組んだものではなかったですね」

　同社の製品群に一貫性を生み出したのはThe Snow Peak Wayです。ミッションがあるからこそ、価値を顧客に届ける論理と構造に一貫性が生まれたのです。

　ミッションや目標が明確であれば、軸足をずらすことなくビジネスモデルをうまく立て直せます。想定外のことが起こったときや、あるいは抜本的な見直しが必要になったときも、筋の通った一貫性

スノーピークの直営店(マークイズ福岡ももち)

のある決断ができるようになります。

　スノーピークの場合、「価格が高い」というクレームに対応するために品質を落としてコストを削減するという選択肢もありました。しかし、山井さんは品質にこだわりました。自ら定めたミッションに従い、品質を守り続け、リスクを背負ってでも問屋を抜いて販売拠点を絞ったのです。

　ビジネスモデルをミッションや目標と関連づけていれば、難しい経営判断を迫られたときにも対応できます。不具合が起きたときも機能不全の原因を突き止めて理想の状態に戻せるわけです。

　これは、人間のカラダと同じようなものです。ビジネスモデルも、何か疾患の症状が出てきたときは、どこかが機能不全を起こしているのです(表1)。

　アウトドア製品にしても、ブームが続いている間は、商品をあまり理解していなくても売れたかもしれません。また、景気が良いと

表1 機能不全と疾患の症状

| 人間のカラダ | ビジネスモデル |
| --- | --- |
| ① 不調や痛みを感じる | ① 顧客から不満が出る |
| ② 熱が出る | ② 売上が減る |
| ③ 炎症反応が出る | ③ 赤字になる |
| ④ 悪化すると大病、死に至る | ④ 悪化するとリストラ、倒産の恐れ |

きであれば少々値段が高くても買ってもらえたかもしれません。しかし、ブームが去るとそのツケが回ってきます。最後には売上と利益の大幅な減少となり、構造的な異変に気づくわけです。

　自らが理想とするビジネスモデルの構造をイメージし、どのように価値を届けるべきかを知っていれば、最悪の事態を避けることができます。事前に手を打つことができないにしても、減収や赤字になったとき、迅速かつ適切な手立てを打つことができます。

## ビジネスモデルの定義

　スノーピークはビジネスモデルの不全を見事に正すことができました。いかに価値を生み出して顧客に提供するかの構造がわかっていたからでしょう。個々の機能不全を全体の構造の中で診断し、適切な処置を施しました。
　ここでもう一度問います。

「あなたにとって、ビジネスモデルを学ぶ意義は何ですか？」

学ぶ意義について考えるために、ビジネスモデルとは何かをもう一度考えてみましょう。ビジネスモデルの定義にはさまざまなものがありますが、わかりやすく本質をついたものが1つあります。それは、日本でも話題になった「ビジネスモデル・キャンバス」を提唱した、アレックス・オスターワルダーさんとイヴ・ピニュールさんによるものです。

　彼らはビジネスモデルを次のように定義します。


「ビジネスモデルとは、どのように価値を創造し顧客に届けるかを論理的に記述したもの」


　この定義は、彼らの著書である『ビジネスモデル・ジェネレーション』に紹介されており、世界の起業家にも広まりつつあります。この本を翻訳した小山龍介さんは、論理とともに構造が大切だとして、ビジネスモデルを「どのように価値を創造し顧客に届けるかを論理的かつ構造的に記述したもの」と付け加えています。

　企業と顧客を結びつけるストーリーを論理的かつ魅力的に語ることによってビジネスモデルを表現するというのは、納得のいく話です。

　そして「どのように価値を創造し顧客に届けるか」の論理と構造を自覚していれば、次のようなことができるようになります。


・ビジネスモデルを適切に分析して設計することができる
・投資家やパートナーに説明して、必要な経営資源を集めやすくする
・成長をめざすとき、現状を動かしている基本的な論理をもとに考えられる
・何らかの不具合が起きたとき健全な状態に戻すことができる

スノーピークのビジネスモデルが生まれた経緯を思い出してください。それはまさに、「どのように価値を創造し顧客に届けるか」をデザインするプロセスでした。ビジネスモデルとは、一般に、儲けの仕組みとして理解されています。しかし、スノーピークのビジネスモデルが生まれた経緯を振り返ってみると、それを超えた存在であることがわかります。山井さんは「ビジネスモデルとはミッションとか経営理念を実現するためのものだ」と言います。

　それゆえ「誰に、何を、どのように提案するのか」というビジネスモデルの設計は、経営者にとって最も大切な仕事の１つだといえます。山井さん自身もこの点に関して次のように述べています。

　「ミッション・ステートメントを重視してきたスノーピークの『武器』は経営者である私、そして企業としてのスノーピークに３つの選択肢があることだと思う。すなわち誰に対して、どんな製品を、どんな形で売るのかを決める自由だ。この３つの組合せをどうしていくかを考えることこそが経営者の仕事だ」

　どのように価値を創造し、それを顧客にいかに届けるのかについて徹底的に考えられているからこそ、スノーピークはビジネスモデルを適切につくり直すことができました。

## スノーピークの今後の展開

　スノーピークは、1998年のキャンプイベント以来、他社の製品とは混在しないような売り場づくりをして、2019年までにビジネスモデルとして完成させることができました。それでは、今後どこに向かうのでしょうか。

実は、売上が30億円を超えたときに役員合宿を行い、長期的な存在理由を考えたそうです。そのときに出てきた言葉が「人間性の回復」でした。

「われわれはキャンプ用品を売っているわけじゃないよねと。キャンプ用品を売っているように見えるけれども、実はそのキャンプ用品を売る行為自体は、人間性を回復させるためにある」

　2010年当時の日本のキャンプ人口は700万人くらいでした。人口比では6％しかないので、裏を返せば94％の人たちは幸せにできないということになります。これに対して、アメリカ人は、直近の1年間でキャンプに行く人が50％を超えるという統計もあります。
「豊かな生活を送る先進国としては、20％くらいの人たちにキャンプを楽しんでほしい」。山井さんは、現在キャンプを楽しんでいない人に向けて、新しいサービスを展開しようと考えたのです。
　具体的には、アーバンアウトドアといって、オフィスにキャンプ用品を取り入れてキャンプシーンを体験できるコンセプトを提案しました。
　それが「自然と、仕事が、うまくいく。」というメッセージで展開するキャンピングオフィスです。これは3つのステージに分かれていて、第1は会議室をキャンピングオフィスにするというものです。無機質なオフィスに人工芝を敷いたり、緑を増やしたりして非日常を演出し、社員同士の関係を高めて生産性を上げていきます。
　第2は都会のビルの屋上や緑地部分にキャンプオフィスを設営するというものです。デイキャンプの感覚で仕事をしてもらい、最後に焚き火などを囲んで親睦を深めてもらおうというわけです。
　第3は自然豊かなキャンプ場で、自然と一体になりながら合宿を

アウトドアで「働き方改革」を推進するスノーピーク・ビジネスソリューション。オフィスの環境を変え、アイディア発想を促したり、会社の中に憩いの場をつくることができます。グッズの販売のほか、レンタルによる貸出、研修の企画、コンサルティングまで幅広く展開し、大手からベンチャーまで、全国400社以上で導入されています。

してもらうというものです。創造的なアイディアが必要とされる企画会議はもちろん、将来のビジョンを語り合う役員研修、ならびにキャリアの出発点となる新人研修にも有効だと考えられます。

キャンプというと「単なるお遊び」に聞こえるかもしれませんし、単なる非日常の空間にすぎないと思われるかもしれません。しかし、山井さんはこんな通念を覆します。

「アウトドアパーソンのスキルって準備することじゃないですか。たとえば、雨が降るかもしれないし、風が吹くかもしれない。雨が降ったり風が吹いたりした場合に今日新潟のこのフィールドだったら、気温が何度ぐらいになるから、ここからここまでの装備はしておいたほうがよいということを考える。車の中に備えるにしろ、外に出してそれを装備しないにしろ、バックアップとして用意しておくとか。これはビジネスにもいえることです」

大自然の中で快適に過ごすためには、自然を理解して備えなければなりません。テントはもちろん、就寝や食事を準備するための装備も機能的でなければならず、設営についても効果的かつ効率的に行う必要があります。キャンピングを突き詰めていくと、ビジネスに役立つ経験と思考が身につくということです。

キャンプをすることで、自然と一体になり、人間の本来の姿に立ち戻って人間的な人生を送れるようになります。そして、キャンプをすることで外部環境への感度が高まり、周到に準備して科学的かつ合理的に行動できるようになります。

このように考えると、キャンプというのが「単なるお遊び」ではなく「特別な遊び」だということがわかります。

スノーピークに勤める社員たちはみな本物のキャンパーばかりで

す。スノーピークが夢やロマンを語る一方で、ビジネスとしても幅広く展開することで高い業績を上げ続けることができているのは、合理的であり科学的であるからです。まさに、キャンプの体験を通じて自然に身についたことをビジネスというフィールドで実践しているといえるでしょう。ここに、スノーピークという会社が高い業績を上げ続けることができている秘密がありそうです。

　将来どうしたいかという私たちの問いかけに対して、山井さんは「キャンプの力を使って地球上の問題を解決したい」と語ってくれました。

第4章

# フレームワークとうまく付き合う

あんまり形にこだわらないの！
大切なのは心よ。
そして、いつも笑顔を忘れずにね。

魔女の宅急便　コキリ

# 1 ビジネスモデルの描き方

　ビジネスモデルを学ぶ意義もわかったところで、次のステップに進むことにしましょう。私は、ビジネススクールの授業やセミナーで、受講生に1枚の紙を渡してビジネスモデルを描いてもらうことがあります。

「あなたが携わっている事業のビジネスモデルのイメージを描いてください」

　最初は戸惑いの声も上がりますが、やがて集中して取り組み、それぞれがそれぞれの表現をしてくれます。ビジネスモデルの捉え方は実に多様で、描かれたイメージも十人十色です。

　学会でも巨匠たちはビジネスモデルについてさまざまな捉え方をしてきました。そのため、これを描き出すフレームワークも十人十色になりました。実務に精通したコンサルタントたちも負けておらず、2010年ぐらいから「われこそは」と言わんばかりに描き出したところ、百人百様のフレームワークが誕生しました。

　そもそもビジネスモデルというのは包括的な概念です。そこに多様な捉え方がなされ、さまざまなフレームワークが提唱されるようになりました。その結果「ビジネスモデルは曖昧で捉えどころがない」と言われるようになってしまいました（第17章参照）。

　本当にそうなのでしょうか。私は、多様に見えて、実は、ビジネスモデルの描き方は大きく2つに分けて整理できると考えています。

①要素に注目するアプローチ

②関係に注目するアプローチ

　ビジネスモデルというのは、さまざまな要素が有機的に結びついて生まれるシステムです。要素と関係から成り立っているので、要素だけに注目しても、関係だけに注目してもうまく描き出すことはできません。2つの描き方を補完して表現していく必要があります。

　もちろん、これら2つのアプローチは場面や用途に応じて使い分けるべきです。さまざまなフレームワークが提唱されていますが、どの局面でどちらのアプローチを使うべきかがわかればうまく付き合うことができます。

# 2　要素に注目する

　まず、ビジネスモデルの構成要素に注目するというアプローチについて説明しましょう。このアプローチでは、最初にビジネスモデルを構成する要素を定め、その内容を文字で説明します。いくつかのフレームワークが提唱されていますが、その原型は「事業コンセプト」にあります。

## 事業コンセプト

　「事業コンセプト」というのは、「顧客は誰か」「提案する価値は何か」「その方法はどのようなものか」という3つの要素に注目して

ビジネスを整理したものです。他社の分析だけでなく、新規事業の提案にも利用することができます。

たとえば、前章で紹介したスノーピークの場合、次のように言い表せます（表1）。

最もコアなファンは、ブラックカードやサファイアカードを保有するロイヤルカスタマーの人たちです。顧客数でいえば全体の6〜7％ぐらいですが、売上は全体の4分の1を占めます。その多くが、都市部に住み、知的好奇心が強くて、所得水準も高い人たちです。このような顧客に対して、高品質＆ハイエンドのアウトドア製品と自然指向のライフスタイルを提案します。その方法は前章で説明したとおりです。

事業コンセプトは、基本的には図ではなく、表によって描き出されます。顧客、価値提案、方法についての空欄を設け、その内容を

表1 スノーピークの事業コンセプト

| 構成要素 | 内容 |
| --- | --- |
| 顧客は誰か | 都市部に住み、知的好奇心が強く、所得水準も高い人 |
| 提案する<br>価値は何か | 高品質＆ハイエンドのアウトドア製品<br>自然指向のライフスタイル |
| 方法は<br>どのようなものか | 企画／デザイン／生産連携を1人が担当する<br>燕三条の協力工場とのパートナーシップを築く<br>問屋を介さない直接取引を行い、社員が販売を行う<br>ユーザーコミュニティを構築してイベントを開催する |

言葉や文章で埋めていくわけです。

このフレームワークの特徴は、シンプルに表現できることです。3つの要素に絞ることで、ビジネスを成り立たせている基本構造にフォーカスできます。また、言葉で言い表すフレームワークなので、普段から頭で思い描いていることを素直に表現できます。ビジネスモデルをデザインする初期の段階で有効です。

ただし、利用にあたっては注意も必要です。第1に、言葉を使うので、その表現が適切でないと伝わりません。言葉に力が必要です。

第2に、要素が3つしかないので、ビジネスモデルの描写が雑になります。特に「方法」というのが漠然としていて、どこまで詳細に描き出すべきかが定められていません。コスト構造や収益構造はもちろん、場合によってはカギとなるパートナーや顧客との関係なども明記すべきでしょう。要素が3つだと、ビジネスモデルをデザインする過程で「抜け」が生じやすいのです。

実際、スノーピークについて分析してみても、ユーザーコミュニティの強さをどのように表現すべきかに迷います。その強さをストレートに伝えることができないので、方法に盛り込むしかありません。

そして第3に、「顧客」「価値」「方法」という3つの要素の関係を伝えるのが難しいという限界があります。要素間の関係を書き込むための箱はありませんから、3つの要素を1つずつ読むことで互いの関係がイメージできなければなりません。

スノーピークの分析の場合、「顧客」と「価値提案」の対応はわかりやすいのですが、これらと「方法」の関係については、明らかではありません。うまく文章を工夫して要素間の関係を補足する必要があります。

## ビジネスモデルの4つの箱

　先ほどの事業コンセプトは要素を3つに絞っていますが、イメージが膨らんでくると、もっと詳細に描き出したくなるものです。特に、ビジネスモデルでは収益の上げ方が重視されるので、これをクローズアップすべきでしょう。ハーバード・ビジネススクール教授のクレイトン・クリステンセンとビジネスコンサルタントのマーク・ジョンソンは、「ビジネスモデルの4つの箱」というフレームワークを示し、構成要素を4つにまとめました（図1）。

　その要素とは、「顧客価値提案」「利益方程式」「主要業務プロセス」ならびに「主要経営資源」です。これらの要素は矢印でつながれ、図によって表現されています。「4つの箱」の特徴は、利益方程式をさらに分解してクローズアップしている点です。

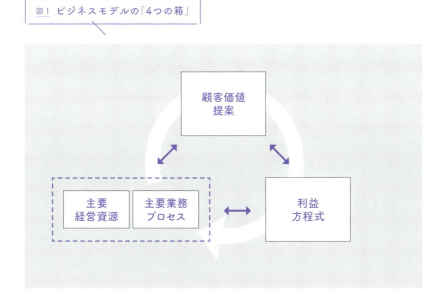

図1　ビジネスモデルの「4つの箱」

- 収益モデル（商品やサービスの価格×販売数量）
- コスト構造（直接費と間接費）
- 商品やサービス1単位当たりの目標利益率
- 経営資源の回転率（在庫回転率、スタッフの稼働率など）

4つの箱の図は、要素を取り出せば表に変換できます。スノーピークを整理すると、次のようになります（表2）。なお利益方程式については、フレームワークの表に下位項目が設けられています。データが手に入るのであれば、数値を入れつつ具体的に分析し

表2 スノーピークの4つの箱

| 構成要素 | 内容 |
| --- | --- |
| 顧客価値提案 | 高品質＆ハイエンドのアウトドア製品<br>自然指向のライフスタイルの提案 |
| 利益方程式 | 高付加価値の製品を適正な価格（利益率）で販売<br>問屋を介さない直取引による流通コストの削減<br>人件費をかけつつもそれを上回るリターンを実現 |
| 主要経営資源 | キャンプと自社製品に精通した社員<br>燕三条の協力工場とのパートナーシップ<br>熱烈なファンとコミュニティ<br>高付加価値ブランド |
| 主要業務プロセス | ユーザー目線で企画し仮説検証する<br>企画／デザイン／生産連携を1人が担当する<br>問屋を介さない直接取引を行い、社員が販売を行う<br>「スノーピークウェイ」などのイベントを開催する |

てください。

　4つの箱に当てはめると、スノーピークの利益方程式が鮮明になります。スノーピークは、基本的には高品質＆ハイエンドのアウトドア製品を適正な価格（利益率）で販売することで収入を得ています。特約店と直取引を行うことで無駄なコストは削減し、その一方で、店舗に正社員を配置してきめ細かな対応をしています。これによって、インストアの1坪当たりの売上は大型アウトドア店やスポーツ用品店の2.5倍にも達します。

　このような利益方程式は、「キャンプと自社製品に精通した社員」によって成り立っています。彼らのおかげで売上を伸ばすことができるのです。社長の山井太さんも「正社員の雇用が成長の足かせになったことはない」と明言しています。

　また、そもそも顧客に支持される製品が開発できるのは、「ユーザー目線で企画し仮説検証する」という業務プロセスがあるからです。企画から生産連携までを1人で担当することで、このプロセスは円滑になります。

　4つの箱の弱点は、顧客が誰なのかについて記入する箱がないことです。それゆえ、顧客とどのような関係を築くか、そして、顧客にどのようなチャネルで提供するかについては考えが及びません。

　このフレームワークでスノーピークの分析をしてみると、ビジネスモデルの特徴と強さを表現しやすいことがわかります。「高品質＆ハイエンドのアウトドア製品」という価値提案をすることで、「適正な価格で販売」でき、「キャンプと自社製品に精通した社員」が販売を行うから、これが実現できます。収益の上げ方が価値提案との対応を明確に示せるのです。

## ビジネスモデル・キャンバス

　もっと包括的にビジネスモデルの要素を描き出せるフレームワークもあります。それが「ビジネスモデル・キャンバス」です。「顧客セグメント」「顧客との関係」「チャネル」「価値の提案」「主な活動」「主な資源」「パートナー」「収入の流れ」「コスト構造」という9つの要素からビジネスモデルが描き出されます（図2）。

　この図を見れば、先に紹介した「事業コンセプト」と「ビジネス

図2 ビジネスモデル・キャンバス

| パートナー Key Partners | 主な活動 Key Activities | 価値の提案 Value Propositions | 顧客との関係 Customer Relations | 顧客セグメント Customer Segments |
|---|---|---|---|---|
| | 主な資源 Key Resources | | チャネル Channels | |

| コスト構造 Cast Structure | 収入の流れ Revenue Streams |
|---|---|

モデルの４つの箱」を足して、さらに細かく要素分けしたものであることがわかっていただけると思います。「顧客セグメント」「価値の提案」「活動や資源」の３つの要素を軸としながらも、そこに収益方程式（「収入の流れ」と「コスト構造」）を盛り込み、「顧客との関係」「チャネル」「パートナー」を追加したわけです。

　さらに興味深いのは、その配置です。実は、このキャンバスにおける要素の配置には意味があります。価値提案を中心に、左半分は価値を生み出すのに必要な活動や資源、ならびにパートナーが描かれています。いずれも価値をつくり出すための舞台裏にかかわるもので、企業にとってはコスト要因となります。それゆえ、下のコスト構造と対応させて記入できるように工夫されています。

　これに対して右半分には、その価値を届けるための関係とチャネルが描かれています。いずれも価値を届ける表舞台にかかわるもので、企業にとっては収入の流れと表裏一体です。それゆえ、下の部分の収入の流れと対応させて、記入できるように工夫されています。

　たとえて言えば、左に顧客から見えない舞台裏を、そして右に顧客から見える表舞台を示しているようなものです。華やかに見える舞台の裏では、さまざまな人たちが汗を流し、見えない形で舞台を支えているのです。

　このように図として可視化されているのですが、ビジネスモデル・キャンバスも要素を埋めるタイプのものです。これも、事業コンセプトを拡張し、洗練させたものといって差し支えないでしょう。

　スノーピークの事業をビジネスモデル・キャンバスに描いてみると次のようになります（図３）。

　スノーピークのビジネスモデルを理解している人が見れば、全体像を漏れなく整理できたように感じられるのではないでしょうか。優れたビジネスモデルほど、その特徴が際立っているので、キャン

## 図3 スノーピークのビジネスモデル・キャンバス

| パートナー<br>Key Partners | 主な活動<br>Key Activities | 価値の提案<br>Value Propositions | 顧客との関係<br>Customer Relations | 顧客セグメント<br>Customer Segments |
|---|---|---|---|---|
| 燕三条<br>協力工場<br><br>海外<br>縫製工場 | 企画／デザイン／<br>生産／連携を<br>1人が担当<br>キャンプイベント<br>の開催<br>キャンプ地での<br>社員研修<br>実体験に基づく販売 | 高付加価値の<br>アウトドア製品<br>自然志向の<br>ライフスタイルの<br>提案 | 親密かつ継続的<br>（ランク別ポイン<br>トカードによる特<br>典） | 都市部に住み<br>好奇心が強く<br>所得水準も<br>高い人 |
| | 主な資源<br>Key Resources | | チャネル<br>Channels | |
| | 製造工程<br>ノウハウ<br>高付加価値<br>ブランド<br>キャンプに<br>精通した社員<br>熱烈なファン<br>コミュニティ | | 直営店と特約店<br>（問屋を介さない<br>直接取引） | |

| コスト構造<br>Cost Structure | 収入の流れ<br>Revenue Streams |
|---|---|
| 問屋を介さない直接取引による流通コストの削減<br>正社員の雇用と教育<br>自社施設でのイベント開催 | 熱烈なファンの数×購買金額×継続時間<br>平均を上回る1坪当たりの売上×適正利益 |

バスに描きやすいはずです。また、顧客に価値を届ける論理もはっきりしているので、それぞれの要素のつながりをストーリー仕立てで説明しやすいはずです。

　また、ビジネスモデルの分析が詳細になり、解像度が上がっていることにも気づきます。多くの情報が盛り込まれるので、本質的な部分が見えにくくなるという面もありますが、実際にビジネスモデルをつくるときには、解像度を上げていく必要があります。

## 要素に注目したフレームワークの使い方

　以上、要素に注目した代表的なフレームワークを3つ紹介しました。さまざまな使い方ができるのですが、私の研究室では、ビジネスモデルをつくるときは「事業コンセプト」から「ビジネスモデル・キャンバス」へと要素を追加して膨らませていく方法を推奨しています。

　後でも述べますが、ビジネスモデル・キャンバスというのは、顧客の観察やインタビューなどを繰り返して要素を埋めていくためのものです。9つある空欄は、調査を通じて徐々に埋めていくべきであり、最初から無理に埋めるものではありません。まず、調査して、仮説としてキャンバスに埋めてみる。次に検証して、新たな発見があれば書き加える。もし間違っていたら書き換えるわけです。ビジネスモデル・キャンバスというのは、このような繰り返しから徐々に仕上げていくものです。

　このプロセスは、油絵のように絵の具でキャンバスに何度も上書きしていく作業に似ています。ビジネスモデルの分析と設計のフレームワークに「キャンバス」と名前がつけられているのはこのためです。

　しかし、そうは言っても最初にデッサンした輪郭をむやみに変更したい人はいないでしょう。事業コンセプトの3つの要素というのは、基本的にはビジネスモデルの骨格です。必要に迫られない限り変更すべきではありません。

　それでも骨格の見直しが必要なときもあります。特に、価値を届ける方法はさまざまです。工夫の余地もあるので、いろいろと試してみてもいいかもしれません。このような見直しは、「ピボット」と呼ばれます。軸足を定めつつ、基本的な方向を変えたいときは、ピボットすればよいのです。

# 3 関係に注目する

　次に、まったく異なる描き出し方を紹介しましょう。それは、ビジネスモデルの構成要素を結ぶ「関係」に注目したものです。この方法では、ビジネスモデルに登場する個人や法人（企業や組織）の関係が矢印で示されます。

　要素に注目するアプローチでは、表に言葉を入れてビジネスモデルを描き出しました。これに対して、関係に注目するアプローチでは、図の中のボックスに矢印をつけて表現します。ビジネスモデルに登場する人や組織が、矢印の結びつき方によって関係づけられるのです。いくつかのフレームワークが提唱されていますが、その原型が価値交換図です。[1]

## 価値交換図

　「価値交換図」は、2000年頃にeコマースが台頭したときから、ビジネス誌などで使われてきました。会社と顧客と供給業者を示し、会社が顧客に製品・サービスを提供して収入を得る関係や、供給業者から原材料を購入して対価を支払う関係が描かれます。

　価値交換図は自由度が高いフレームワークです。目的に応じて描き出す範囲を選べますし、さまざまな矢印を使って互いの関係を示すこともできます。矢印には、金銭や資本、製品やサービス、意見や要望などのアイコンや記号をつけて表現することもできます。

　スノーピークの場合、金属の加工は燕市と三条市にある協力工場が担いますが、テントなどの縫製品については中国など海外の工場

が請け負っています。コストを下げても品質が落ちないように、1インチあたりの縦糸と横糸の本数まで詳細に指示が出されます。これによって強度や耐水性などが確保されるわけです（図4）。

販売店とは問屋を介さない直取引をしています。主たる販売は、社員が常駐して全商品を揃える「直営店」と特約店である「スノーピークストア」です。

顧客とのつながりについていえば、スノーピークは、ユーザー同士が語り合えるようなイベントを企画して実施してきました。キャンプが大好きな社員はもちろん、社長も参加して盛り上げていきます。キャンプに精通した社員がさりげなくユーザー同士を結びつけてきたのです。SNSも整備されていて、情報交換など活発なコミュニケーションを取ることができます。

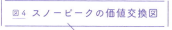

図4 スノーピークの価値交換図

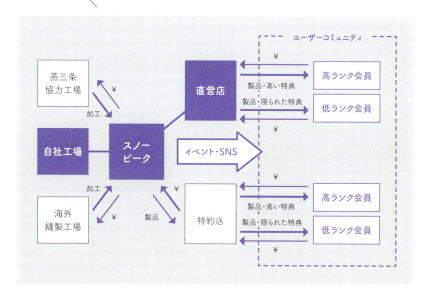

スノーピークのユーザーには、利用金額に応じて異なる色のポイントカードが配られます。ランクが高いほどポイント付与率が高まり、特典としてのオリジナルグッズや提携キャンプ場への優待サービスが充実します。

価値交換図を用いれば、このような関係をイメージのまま自由に描くことができます。グループワークをするときには、立体的な模型を模造紙の上に配置して作成することもあります。

ただし、自由度がそれなりにあるので、描く人によって図に違いが出てきます。描き出す範囲、プレイヤーの配置、価値の表現が違ったりすることも珍しくありません。また、このフレームワークは価値の交換関係をスナップショットで描き出すものなので、関係の継続性などを描き出すには不向きです。

一般的に、価値交換図は、ありのままに描くことが意識されるので、そのビジネスモデルの「個性」を際立たせます

スノーピークの価値交換図にしても、ユーザーコミュニティの強さがよく表れています。高ランク／低ランクという違いはあっても、相互に結びついています。ユーザーコミュニティを育んで維持するためには、イベントやSNSなどのサポートが必要であることもわかります。

## ピクト図解

これとは対照的に、記述様式を標準化して、比較可能にしようとする動きもあります。その代表が「ピクト図解」で、ピクトグラムという絵文字を使ってビジネスモデルを「見える化」する手法です。この図解で用いられるのは、図5に示す3つです。[*2]

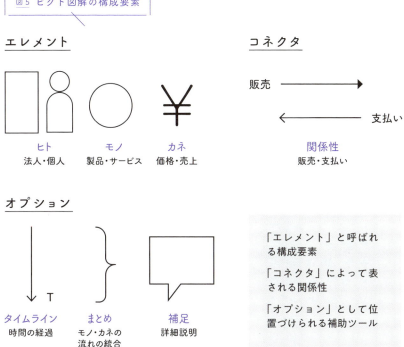

図5 ピクト図解の構成要素

　構成要素についていえば、個人は「人型をしたアイコン」、企業に代表される法人は「□」、製品やサービスは「○」、金銭の流れは「￥マーク」によって示されます。

　関係性は矢印によって表され、たとえば関係が継続するような場合は補助ツールの「T」をつける決まりになっています。また、同一顧客に対して複数の製品を合わせ買いしてもらう場合は「}」で束ねます。そして、構成要素や関係性について補足説明する場合に使われるのが「フキダシ」と呼ばれる補足です。具体的なモノ・サービスと切り分けて価値提案の内容を明記するときや経営資源、活動内容、顧客との関係性などを補足するときに使われます。

図6 スノーピークの高解像度のピクト図解

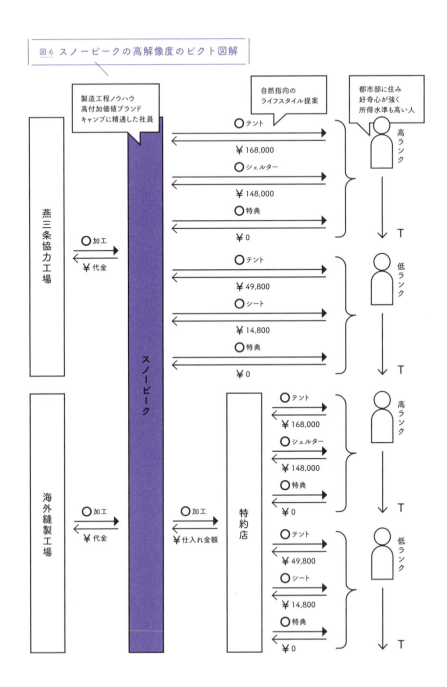

スノーピークをピクト図にすると、図6のようになります。供給者側に目を向けると、燕三条の協力工場との関係、ならびに中国などにある海外の縫製工場との関係があります。顧客側に目を向けると、さまざまな製品を組み合わせて販売している様子を描くことができます。ランクによって違いはありますが、熱烈なファンは長期にわたってスノーピークの製品を購入し続けるので、時間軸を伸ばす記号をつけてそれを表現します。

　ピクト図解の良いところは、枝葉をとって単純化することもできるという点です。たとえば、ファンとの関係性に注目すると、木の幹と太い枝が際立つ低解像度のシンプルな図になります。スノーピークではランクに応じた企業と顧客との関係性、ならびに継続的に複数の製品を合わせ買いする関係性がパターンとして描かれます（図7）。

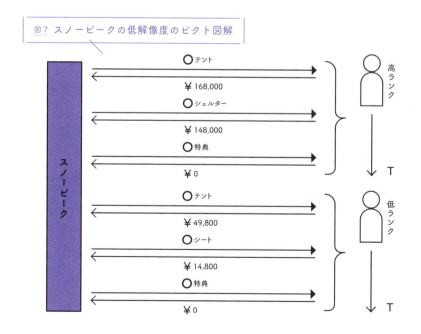

図7　スノーピークの低解像度のピクト図解

## 関係性に注目したフレームワークの使い方

　私の研究室では、ピクト図解に代表される関係性に注目したフレームワークの使い方について２つの方法を推奨しています。その１つが、パターンの組合せによってビジネスモデルをつくるという方法です。基本パターンを定め、そこにどのようなパターンを組み合わせるかを考えます。

　たとえばアウトドアグッズの場合、テントを販売するという単純な物販モデルからスタートします。そこにテントだけではなく、シートや関連商品を合わせて販売するモデルを組み合わせて売上を伸ばします。さらに、その顧客にリピーターになってもらうという継続モデルを組み合わせます。具体的には購買金額に応じた特典を与えるなどして、顧客と継続的な関係を築くわけです。そうすると、顧客基盤が強くなり、売上が安定するのです（図８）。[3]

　ピクト図解を使うと関係性を単純化することができるので、その「変化」も時間軸で記述しやすくなります。ビジネスモデルの進化のプロセスが可視化できるようになるのです。

　もう１つの使い方が、よその業界からビジネスモデルを移植してつくるという方法です。たとえば、参考になると思われるビジネスモデルが見つかったとします。ピクト図解を用いてこれを分析します。徐々に解像度を下げて、基本構造が見えてきたら、自分の業界に移植するわけです。

　たとえて言えば、基本構造とは違う土地に移植する苗木のようなものです。よその業界で育った苗木を持ち込み、じっくりと育てて枝葉をつけさせていく。それが、徐々に解像度を上げながらビジネスモデルをつくっていくということにほかなりません。

　複雑に見えるようなビジネスモデルでも、たいていの場合は基本

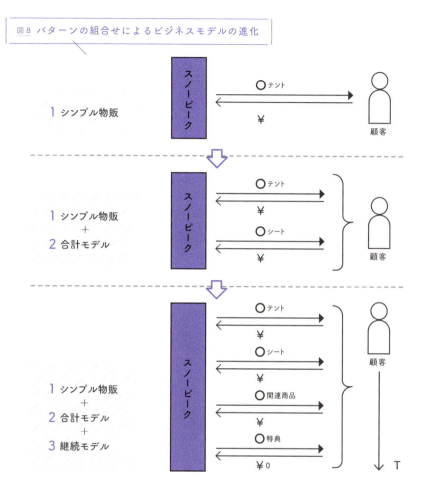

図8 パターンの組合せによるビジネスモデルの進化

パターンの組合せによって示せるものです。このフレームワークを考案した板橋悟さんは、基本パターンを9つに整理して、ビジネスモデルの分析や設計に役立ててほしいと述べています。*4

図9に9つのパターンを示しているので、既存のビジネスのパターンに別のモデルのパターンを組み合わせたり、異業種から「お手本」パターンを見つけて、自社の業界に移植したりするのに役立

図9 ピクト図解の9つの基本モデル

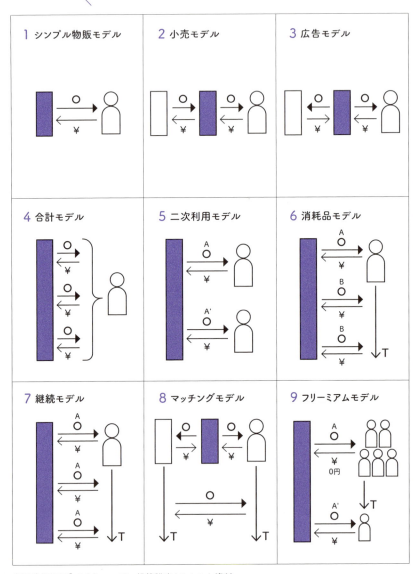

（出所）板橋悟「ビジネスモデル構築講座」テキスト資料

ててみてください。

　肝心な部分を単純化できれば、異なる業種や異なる会社のビジネスモデルであっても、参考になります。さまざまなモデルを比較検討して、何を移植すべきかを考えることができます。

　話をスノーピークに戻すと、たとえば、アウトドアグッズでユーザーコミュニティを築きたいとします。こんなときは、商品特性が似たものを探せばよいでしょう。テントなどのアウトドアグッズは、値段が相当に高くて、生活必需品ではなく、なおかつ場所も取り、そして使い方を習得しなければ楽しめないものです。一言でいえば、ライフスタイルを楽しむものです。

　これに似たものとして、大型バイク、ピアノ、一眼レフカメラ、和服などがあるでしょう。これらのビジネスでは、いずれもコミュニティが発達しています。上手にできている企業のコミュニティをしっかり分析して、それを移植すればよいのです。

　スノーピークのビジネスモデルは、ライフスタイルを提案し、ユーザーコミュニティを築いてリピーターを増やしていくという特徴があります。このような特徴を他のコミュニティモデルと比較することで、ビジネスモデルの構造がより鮮明になります。具体的な事例から要素間の関係性を抽象化して、自社に応用するためには、このような単純化が不可欠です。


　以上でビジネスモデルとは何かの説明はおしまいです。次章からは、いよいよビジネスモデルのつくり方の説明に入ります。

第5章

# ビジネスモデルの創造サイクル

空想は創造の始まりである。
願いごとを空想し、
次に空想したことを願いだし、
ついには空想したことを創造する。

文学者 バーナード・ショー

本題に入る前に、1つ考えてみてほしいことがあります。あなたはビジネスモデルをつくる責任者として、そのためのチームを編成するとします。

「好きな人を4人選んでチームを編成できるとすれば、どんな人に声をかけますか？」

言い換えれば、ドリームチームによる理想的なコラボを実現してください、ということです。どんなスキルを持った人がいればよいのか。どのような役割を果たせる人が必要か。「〜が得意な人」を4人挙げると、どうなるでしょうか。

- データに強く、論理的に思考できる人
- 直観力に優れ、アイディア発想できる人
- 実務に長けていて、現実的な青写真が描ける人
- アイディアや計画を厳しく評価できる人

いろいろなタイプの人を集めようと思うはずです。このときに意識してほしいのが、ビジネスモデルをつくるための仮説検証というサイクルです。

本章では、その仮説検証を「分析・発想・試作・検証」のサイクルとして紹介します。具体例を交え、なぜ、このサイクルが創造性をもたらすのかについて一歩踏み込んで解説していきます。このサイクルを理解することで、理想的なチーム編成もしやすくなります。

# 1 「分析・発想・試作・検証」の サイクル

　ビジネスモデルのつくり方については、戦略コンサルタント、デザインコンサルタント、起業家やそれを支援する人たち、そして経営学者などが、さまざまな手法を提唱しています。

　しかし、いろいろあるように見えて、本質的な部分についての見解は一致していると私は思っています。もちろん、コンサルタントにしても経営学者にしても、新しさや独自性をアピールする必要があるので、強調する部分は違います。サイクルを言い表す言葉遣いも異なります。しかし、ほとんどの専門家が「仮説検証のサイクルを回す」という点で意見が一致しているのです。特に近年は、小さく、早く、安く、回すことが賢い回し方だといわれています。

　本書では、その仮説検証のサイクルを、すこし細かく分けて「分析・発想・試作・検証」のサイクルとして示します（図1）。

図1　4つのステップ

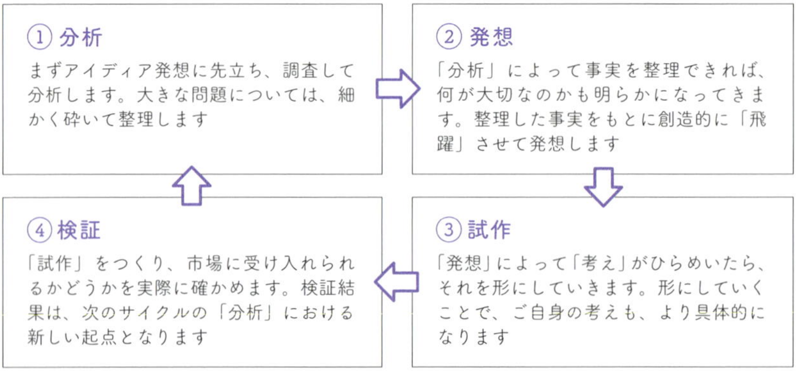

| ① 分析 | ② 発想 |
|---|---|
| まずアイディア発想に先立ち、調査して分析します。大きな問題については、細かく砕いて整理します | 「分析」によって事実を整理できれば、何が大切なのかも明らかになってきます。整理した事実をもとに創造的に「飛躍」させて発想します |

| ④ 検証 | ③ 試作 |
|---|---|
| 「試作」をつくり、市場に受け入れられるかどうかを実際に確かめます。検証結果は、次のサイクルの「分析」における新しい起点となります | 「発想」によって「考え」がひらめいたら、それを形にしていきます。形にしていくことで、ご自身の考えも、より具体的になります |

## ① 分析

　このステップでは、アイディア発想に先立ち、問題を論理的に分析していきます。大きな問題であればあるほど、細かく砕いて取り組んだほうがよいものです。

　たとえば、世界中の海に浮かぶプラスチックゴミによる環境汚染問題。その重さは800万トンにも及ぶといわれます。どのように回収すればよいのでしょうか。

　オランダのボイヤン・スラットさんは、高校生のときに画期的なアイディアを思いつき、世界中を驚かせました。[*1] このとき、彼は問題をいくつかに分けて考えたそうです。

- どのようにすればコストが低く抑えられるか
- どのようにすれば早く回収することができるか
- 生態系を損なわないようにするにはどうすればよいか

　調べてみると、図2のように、世界の海には海流があり、5つの巨大なゴミの溜まり場があることがわかりました。

図2 世界の海のゴミの溜まり場

（出所）The Ocean Cleanupウェブサイト

## ② 発想

　「分析」によって問題が整理できれば、何が重要で、どこから取り組むべきかを考えられます。何が重要かを吟味し、取り組むべき順序を考えれば、着実な「飛躍」ができます。思い込みや先入観にとらわれないようにして、既存の「枠」を超えるようにしましょう。

　プラスチックのゴミ問題についていえば、従来の方法というのは、船に網をつけてゴミを拾っていくというものでした。この方法だとコストも時間もかかります。また、ネットに魚や生物が引っかかるので環境には優しくありません。

　スラットさんが考案した方法は、まさに逆転の発想で、船を動かしてゴミを集めるのではなく、海流に据え置くものです。Ｖ字型に強化プラスチックでできた浮遊バリアを設置し、ゴミが流れてくるところに置けば、自然にゴミが集まります。集まってきたゴミの収納に必要なエネルギーは小さく、太陽光発電でまかなえます。

　これによってコストは安く、かつ早く集められます。海流はバリアの下を通るので、魚や生物もその下を通り抜けます。網で集めるよりも生態系に優しいのです（図3）。

図3 スラットさんのアイディア

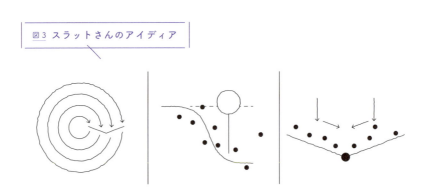

## ③ 試作

「発想」によって「考え」が頭に浮かんだら、それを形にしていきます。言葉でもスケッチでも数式でもかまいません。形になれば、それが仮説となります。学問の世界であれば作業仮説、実務の世界だとプロトタイプ（試作品）をつくればよいのです。

手間暇もかかるので、最初からコストや時間を目いっぱいかけて完成品に近づける必要はありません。顧客に見せて、フィードバック情報をもらうために形にしていくことが大切です（図4）。

スラットさんは自らの考えをチェックし、TEDxという大会に参加して、世界中の人々に自らのアイディアを伝えました。

- 船を動かして世界中を回らなくて済むので、コストを下げることができる
- ゴミが集まる海流に設置するので、早くプラスチックゴミを回収できる
- 海面から3メートルのフェンスなので、環境へのダメージは最小限で済む

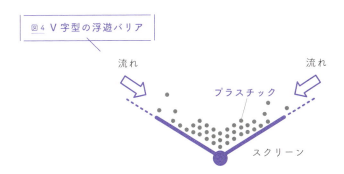

図4 V字型の浮遊バリア

## ④ 検証

「試作」によってプロトタイプができれば、それが市場に受け入れられるかどうかを実際に確かめることができます。ウェブサイトであれ、製品であれ、どこを確かめたいのかポイントを絞って仮説を検証します。

理想的なのは、プロトタイプをつくることです。アイディアを形にできれば、他者からの評価が確かめられます。プロトタイプというと大げさに聞こえるかもしれませんが、相手に伝わるのであれば、紙ナプキンに描いたビジネスモデルから始めてみてはどうでしょうか。見込みがあれば、時間とコストをかけて精度を上げていけばよいのです。

スラットさんの場合もスケッチから始まりましたが、資金が集まってからは18分の1モデルで水槽やプールでの実験を重ねました。

検証された結果については、次のサイクルの「分析」に回して、アイディア発想の新しい起点とします。現在も試作と検証が繰り返されていますが、最終的には北大西洋に全長100キロメートル・高さ3メートルのV字型の柵をつくる計画です。試算によれば10年間で7万トンのプラスチックごみを回収できるそうです。

水槽での実験

## 2 創造性の論理1
## 具体と抽象の往復運動

「分析・発想・試作・検証」というサイクルは、ビジネスモデルづくりの基本です。なぜ、このサイクルがアイディアを生み出し、ビジネスモデルの構築へと結びつくのでしょうか。私は、その背後に創造性を促す基本原理が隠されているからだと考えています。

ここでは、サイクルの背後にある基本原理を2つに整理しながら紹介することにしましょう（図5）。1つは具体と抽象の往復運動で、もう1つが論理と思考のタッグです。

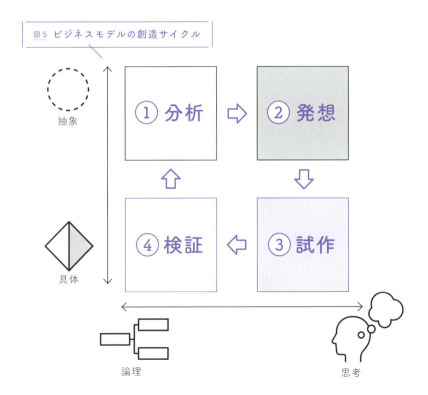

図5 ビジネスモデルの創造サイクル

## 物事の枝葉を切り落とす

　創造性にかかわる１つ目の原理は、一橋ビジネススクール教授の楠木建さんによるもので、「具体から抽象へ、抽象から具体へという往復運動が発想を促す」というものです。[*2]

　ここでいう抽象化とは、「事物や表象を、ある性質・共通性・本質に着目し、それを抜き出して把握すること」（『大辞林　第三版』）です。いわば、物事の枝葉を切り落として幹の部分だけを描き出すような作業です。一方、具体化というのは、幹の部分から枝葉を茂らせる作業にたとえられます。緑豊かな枝葉をつけて、アイディアの花を咲かせていきます。

　なぜ、具体と抽象の往復運動によってアイディアが生まれやすくなるのでしょうか。まず、具体から抽象へという方向を示す「抽象化」について考えてみましょう。

## ① 抽象化

　ビジネスの世界では、「抽象的だ」というのは必ずしも褒め言葉ではありません。机上の空論に陥り「ビジネスに役立つとは思えない」ということを暗示します。実際、私がセミナーで講演するときにも、「できるだけ具体的に説明してください」と言われることはあっても、「もっと抽象化してください」とは言われません。

　ビジネスというのは、基本的には具体的な世界です。優れたアイディアがあっても、製品やサービスに具体化しない限り商売になりません。

　しかし、最終的には具体レベルに落とし込む必要があるにしても、そこに行き着くプロセスにおいて、抽象化はとても大切な役割

を果たします。

抽象化によってどのような便益があるのでしょうか。

第1に、抽象化することで複雑な物事を単純化できます。人間の情報処理能力には限りがあるので、複雑なものをそのまま理解することはできません。不要な部分については捨て去ることによって、情報処理の負荷を下げるのです。

第2に、抽象化によって単純化できれば、応用もしやすくなります。

第3に、抽象化ができるようになると、視野が広がります。一見、無関係に見えるような世界からでも、自分に役立つ原理を導こうとするようになります。抽象化のレベルを上げることで「これも同じ、あれも同じ」と共通部分が目に入ってきます。「～から学べることがあるのであれば、……はどうなっているのだろう」と感じるようになったら、しめたものです。

もともと、スラットさんがプラスチックのゴミに気づいたのは、ギリシャの海でスキューバダイビングをしていたときのことでした。「魚よりもゴミのほうが多かった」と感じたそうです。もし、その海だけの具体的な問題として捉えていたら、視野を広げることはできなかったでしょう。

海に浮かぶプラスチックのゴミ問題というのは、特定の海や湾に限った話ではありません。彼は、世界中の海について調べ上げ、ゴミベルトと呼ばれる吹き溜まりが世界に5カ所もあることを発見します。そして、海流というメカニズムに注目して、海流に据え置くV字型の浮遊バリアを考案したのです。

楠木さんは、抽象化の効用について次のように述べています。

「抽象化なり論理化の力がないと、思考がベタベタ、バラバラにな

り、目線が低く、視界が狭くなり、すぐに行き詰まってしまいます。具体の地平の上をひたすら横滑りしているだけの人からは、結局のところ平凡な発想しか生まれません。『この人はデキルな』と感じさせる人は、決まって思考において具体と抽象の振れ幅が大きいものです」[*3]

　具体的なレベルばかりに目が行くと、視野が狭くなってしまいます。人間は、差し迫った問題に直面すると、どうしても解決策をピンポイントで探そうとします。その結果、対症療法的な発想しか生まれず、根本的な解決策を創造的に生み出すことができません。緊急を要する処置を行いつつ、より広い視野で解決策を探索すべきでしょう。

## ② 具体化

　次に、具体化について考えてみましょう。具体化することの意義は、少なくとも2つあります。

　1つは、具体化することでアイディアが明確になり、ビジネスモデルにかかわる発想が促されるということです。抽象化されたアイディアというのは、可視化されているわけではないので、口で説明してもわかってもらえるとは限りません。

　たとえば、スラットさんのアイディアもイラストによって示すことで、周囲の人からの理解が深まり、賛同を得やすくなります。抽象化されたアイディアは、具体的な形にすることで膨らんでいきます。海流の原理を利用したV字型の浮遊バリアにしても、実際に形にすることで資金を集めることに成功しました。形にしていくからこそ、わかることがあるのです。

発想の達人といえば、アーティストやデザイナーを思い浮かべる人は少なくないでしょう。なぜ、彼らは発想がうまいのでしょうか。それは、彼らがきわめて具体的なものを制作しているからだと考えられます。

絵画にしても、彫刻にしても、工業製品にしても、彼らは手を使いながら発想し、発想しながら手を動かしています。頭の中のイメージを絵画や彫刻という形にすることで、イメージがより明確になります。自らが具体化したものに再び触発されて、イメージが膨らむこともあるでしょう。「頭でっかち」になることなく、視覚、聴覚、触覚などをフルに動員してアイディアを形にすることができます。

具体化のもう1つの意義は、それによって検証可能になるということです。たとえばプロトタイプを製作すれば、本当にそれが機能するかを確かめることができます。スラットさんの水槽やプールの実証実験にしても、実際に20メートルのスケールモデルがつくられていたからこそ、波の影響や負荷を確かめることもできました。

絵画や彫刻や工業製品、あるいは大規模な装置と同じように、ビジネスモデルも具体化して「かたち」にすることでイメージが明確になるのです。

スラットさんが始めた「オーシャン・クリーンアップ・プロジェクト」は、何度も「分析・発想・試作・検証」のサイクルを繰り返し、2018年に実物大スケールのシステム001を北太平洋に設置することができました。

残念ながら、このシステム001は、うまくゴミを回収することはできなかったようですが、スラットさんたちはその原因を分析して次のサイクルに入ることができました。考え方や構造を見直し、新たにシステム001/Bや002の設計や開発に取り組んでいます。

# 3 創造性の論理2
## 論理と思考のタッグ

### 論理的思考

　創造性にかかわるもう1つの原理は、東京大学名誉教授の野矢茂樹さんによる、論理と思考のタッグです。[*4]

　ビジネス書などではよく「論理的思考」が大切だといわれます。私はてっきり「論理的に考えるということだな」と早合点していたのですが、もっと深い意味が含まれていました。

　この言葉を普及させた立役者ともいえる野矢さんによれば、論理と思考は、ある意味で対極に位置しているといいます。論理を代表する演繹というのは、与えられた情報を最大限に活用して推論することであり、前提から必然の帰結を導くことです。必然ということは、当たり前ということです。一例を挙げると、「人間は死ぬ」と「ソクラテスは人間だ」という2つの前提から「ソクラテスは死ぬ」という推論を行うことができます。

　このとき、前提に含まれない情報を加えて「ソクラテスは人間を超えている」としてはなりません。また、前提を覆して「死なない人間もいるかもしれない」としてもいけません。前提が述べている以上のことを語らないからこそ、必然的な帰結を導けるのです。

　これは強みであると同時に弱みでもあります。演繹は一切の飛躍を許しません。飛躍を許さないからこそ、確かなことが言えるのですが、それは多くの場合、当たり前のことです。

　ところが、新しい発想には飛躍が必要です。演繹は、新しいアイディアを創出するのにはまったくといってよいほど不向きなので

す。野矢さんは、この点について次のように述べています。

「今、求められている思考力は『発想力』でしょう。何か新しいものを生み出す力です。そして新しいものを生み出すということは、飛躍するということです。他方、論理は飛躍を可能な限り小さくすることです。演繹は飛躍を一切許しません」[*5]

　もっとも、論理は思考を妨げるものではありません。論理と思考は、それぞれに強みと弱みがあって、互いに補い合ってタッグを組むことができます。「論理から思考へ」「思考から論理へ」と出番を交代することで、双方の強みが活かされます。順に説明します。

## ① 論理から思考へ

　手がつけられないような大きな問題に取り組むとき、いきなり発想してもうまくいきません。いくつかの問題が複雑に絡み合い、どこから解きほぐせばよいのかの判断に困るからです。
　このようなときは論理の力を借りて、それらの問題が互いにどのように関連しているのかを分析する必要があります。「本質は何か」や「どの順番で解決していけばよいのか」を分析するのです。スラットさんにしても、世界中の海に浮かぶプラスチックのゴミという大きな問題を小分けして考えました。
　問題を小分けすれば、それに対応するアイディアも出しやすくなります。論理的に分析することで、飛躍を最小限に抑えつつ、攻めどころが明らかになります。アイディア発想においては、論理で詰められるところは徹底的に詰め、最後に残された課題についてのみ発想に頼ります。発想力をそこに集中させると、小さなひらめきで

解消することができます。小さなひらめきの積み重ねによって、大きな課題を解消していけばよいわけです。

「多くの場合、初めは何が問題でどこを考えればいいのかわかりません。そこを論理の力で問題をクリアにし、どこをどう考えればいいかを見通す。そして論理でカタがつくところはカタをつけて、飛躍の距離を短くしてやる」[6]

スラットさんのV字型の強化プラスチックでできた浮遊バリアは、「安く回収する」「早く回収する」「環境に優しくする」という3つの課題を解決しています。大きな問題でも、それを分解することで取り組みやすくなるのです。

## ② 思考から論理へ

次に、思考から論理への交代はどのようにあるべきでしょうか。それは「論理チェック」と「仮説の検証」でしょう。

先に提示されたプロセスで出されたアイディアには、大なり小なり飛躍が含まれているものです。いくら分析によって課題が小分けされ、解決策が出されたとしても、それらは仮説にすぎません。仮説というのは1つに限られるものではありません。別の可能性があると認めたうえで、その有効性を1つ1つ検証していく必要があります。

このときに論理チェックが役に立ちます。まず、そのアイディアが論理的に説明できるかどうかを確かめましょう。飛躍の幅が大きいほど、他人への説明に困ります。筋の通った説明ができるかどうかを自問することで、そのチェックができます。

「説明を求められている現象から仮説へと飛躍することは思考であり、その飛躍をつなげるのは論理です。論理は考えることではなく、考えた結果をチェックすることであり、考えた結果を人に伝える場面で働きます」[7]

野矢さんは、「論理とタッグを組んで考えていかなければ、思考は孤立無援」だと説いています。「論理から思考へ」と「思考から論理へ」というタッグが成り立って、初めてビジネスに有効なアイディアが生まれるのです。

スラットさんも思考実験によって論理チェックは行いました。そのうえで、試作をつくって論理的に検証したわけです。このような往復運動を繰り返すことで、アイディアの完成度を高めています。

# 4 サイクルの重心

「分析・発想・試作・検証」を繰り返すと、アイディアは洗練されていきます。一連のサイクルを何度も繰り返すことで、不備を正すことができるからです。もっとも、誰もがこのサイクルをバランスよく回しているとは限りません。むしろ、重心に偏りがあることがほとんどです。

私は、サイクルを回す人がどのような専門職トレーニングを積んできたかによって、重心に違いが生まれると考えています（図6）。

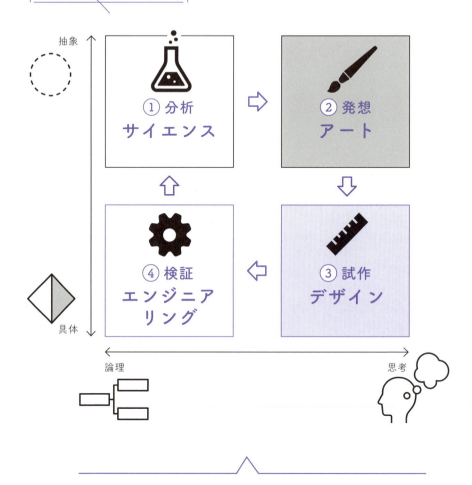

図6 4つの専門領域との対応

- 論理的に抽象を語るのが科学者
- 思考を飛ばして抽象を描くのが芸術家
- 思考しながら具体化するのがデザイナー
- 具体的なモノを作って論理的に検証するのがエンジニア

たとえば、科学者は「分析」に多くの時間を費やす傾向があります。先人の理論を徹底的に学び、データを集め、確かなことだけを述べます。論理を飛躍して発想することには、かなり慎重で、最終的には、分析から導かれる当然の帰結しか受け入れません。推論めいたものは、示唆や洞察として区別されて語られます。仮説を導くときに前提を疑うこともあるのですが、それも慎重に行われます。

アートの世界はどうでしょうか。芸術家も創造性を切り開くために、既存のあり方を突破できるポイントを探ります。科学者は既存の制約を守ることを前提にしますが、芸術家はその制約を破ることを前提に最低限守らなければならないポイントを意識するといいます。科学者以上に、芸術家は発想を大切にするように思われます。

分析に過度な重きを置かないという点では、デザイナーも同じでしょう。分析に多くの時間を費やさず、事実を共有してそこから一気に仮説を導出していきます。「発想を飛ばすためには過度な分析は禁物」と考えています。デザイナーは、コミュニケーションの手段としてプロトタイプを用います。一気に具体化して有効性を確かめるという意味で、「試作」をとても重視しているように思えます。

デザイナーの得意分野が試作だとすれば、エンジニアのそれは「検証」でしょう。エンジニアの役割は、科学的な知見を実用化させることにあります。橋梁を建設するにしても、自動車を開発するにしても、サイエンスの知見なしに成し遂げることはできません。

ところが、そのサイエンスの知識はきわめて抽象的なものなので、それを具体的な水準で活かす必要があります。このとき具体的なレベルで実験が行われるのです。検証においては具体的なモノを扱うことが多いのです。論理的ではありながらも、具体的な作業なのです。

## すべてが必要

　創造的なアイディアを生み出すためには、すべてが必要です。あるときは科学者、あるときは芸術家、またあるときはデザイナーやエンジニアのように振る舞えなければなりません。価値づくり経営を提唱する大阪大学教授の延岡健太郎さんは、これら4つの専門性を兼ね備えたビジネスパーソンがイノベーションの担い手になると説いています。[8]

　それは、サイエンス（Science）、エンジニアリング（Engineering）、デザイン（Design）、アート（Art）の素養を持った人物のことで、頭文字を取ってSEDA人材と呼ばれます。

「第1に、サイエンスとエンジニアリングによって実現される機能的価値と、アートとデザインが貢献する意味的価値とが融合しなくてはならない。第2に、商品として具体的な問題解決を実施するエンジニアリングとデザインに加えて、本質的な問題提起を担うサイエンスとアートとの間でも、融合的に価値を創出することが理想的である」

　ここで、機能的価値というのは、性能や効用を数字によって客観的に示すことができる価値のことです。これに対して、意味的価値とは、数値では表しにくい、五感で感じる主観的な価値のことです。

　そして、それぞれの価値について問題を探し出して提起し、その問題を創造的に解決する必要がある。そのための能力があれば理想的だと主張されているのです。

　事業経営に複数の専門職のコンピテンスが必要だというのは、経営学者の権威であるヘンリー・ミンツバーグ教授の見解とも一致し

ます。[9]

　実際、創造的な経営者にしても優れたコンサルタントにしても、4つの専門性を備えているものです。[10]

　もちろん、一連のサイクルをパーフェクトに回すスーパーマンのような人になるのは難しいものです。それゆえ、それぞれが強みを活かせるようなチームを編成してサイクルを回すほうが、現実的かもしれません。[11]

　ビジネスモデルを可視化すれば、一連のアイディア発想のプロセスをチームとして、みんなを巻き込みながら、より良いものにしていくことができます。チームや組織が、より高い成功確率で安定的にビジネスのアイディアをうまく育て上げるのに必要なのが、ビジネスモデルのフレームワークなのです。

優れた起業家は、ビジネスモデルを創造するときに、どのようにアイディアを発想するのでしょうか。新しいビジネスを何度も立ち上げている連続起業家（シリアルアントレプレナー）は、一般のビジネスパーソンとは発想の仕方が違うのでしょうか。

　第Ⅰ部では、「ビジネスモデルとは何か」について考察しました。ビジネスモデルといえば、一般には「儲けるための仕組み」と理解され、分析に使われることが多いのですが、それだけにとどまる概念ではありません。さまざまなフレームワークを駆使すれば、発想、試作、ならびに検証にも用いることができます。

　第Ⅱ部では、いよいよ「ビジネスモデルの発想法」について解説していきます。最初に紹介したいのが「模倣による発想法」です。模倣というと創造性とは逆の方向へいくものだと思われがちですが、海外の先端的な教育プログラムでは必ずといってよいほど取り上げられる創造手法です。

# Leap from
# Analysis to Ideas

第Ⅱ部

# 分析から発想への「飛躍」

第6章

# 良い模倣と悪い模倣

人間が口にする言葉の中に
盗作でないことが存在するとでもいうのか！

小説家 マーク・トウェイン

# 1 ゼロイチは幻想

## はじめに模倣ありき

　古今東西、偉大なる会社のビジネスは創造的模倣によって生み出されてきました。

　トヨタ生産システムの生みの親である大野耐一さんは、アメリカのスーパーマーケットの仕組みを「ジャスト・イン・タイム」の生産方式に応用しました。

　鈴木敏文さんはアメリカ全土に展開するセブン−イレブンを見て、「これだ」と直感したといいます。コンビニエンスストアの仕組みを導入すれば、日本の零細小売商店をよみがえらせて、大型店との共存が可能だと確信したのです。

　ヤマト運輸の小倉昌男さんもアメリカに出張したとき、お手本との運命的な出合いを果たしました。ニューヨークの四つ角にUPS(アメリカの運送会社ユナイテッド・パーセル・サービス)の車が4台止まっているのに気づき、集配密度を基軸とする宅配便のビジネスモデルの可能性を見出したのです。

　イノベーションの象徴ともいわれるアップルにしても、最初からオリジナリティーだけを追求してきたわけではありません。[*1] パソコンの初期の成長を支えたマッキントッシュは、画像による入出力を実現するグラフィカル・ユーザー・インターフェース(GUI)とマウス操作を実現しましたが、GUIやマウス自体は、米ゼロックスのパロアルト研究所で開発されたものです。

　いずれも、その業界を代表し、イノベーションの象徴とされる企

業ですが、異国、異業種、過去のものを上手に模倣しています。独創的ともいえるこれらのビジネスモデルは、必ずしもゼロから生み出されたものではないのです。思いもよらない「お手本」を見つけ出し、創造的に模倣することで生まれたのです。*2

## 良い模倣と悪い模倣

　模倣というのは不思議な言葉です。古来、「学ぶ」の語源は「まねぶ」にあるとされ、まねることは創造の母だと見なされてきました。その一方で、「猿まね」と揶揄されるように、模倣は独自性から最もかけ離れた言葉のようにも感じられます。模倣というのは、敬いと蔑みという2つの顔を持った言葉です。創造性の源泉であると同時に、創造性からかけ離れた存在なのです。

　たとえば、中国、韓国、そしてアジア新興国の企業の模倣行動を思い浮かべてください。彼らは、すさまじいスピードで模倣を繰り返し、模倣をベースにイノベーションを引き起こしています。迷いもなく模倣するその姿は、まさに脅威にすら思えます。

　しかしその一方で、そういった模倣が失敗すると、「まねばかりしているからうまくいかない」と侮られます。

　同じ模倣にも敬いと蔑み、成功と失敗があるのはなぜでしょうか。それは、「良い模倣」と「悪い模倣」とがあるからです。

能楽・茶道・武道の守破離

良い模倣というのは、社会に迷惑をかけない創造的な模倣です。その典型は、守破離の精神にあります。守破離というのは、禅の考え方をベースに、能楽から茶道、そして武道へと波及した学び方の作法・思想です。

　一般には、まず師匠の教えを忠実に守り（守）、次にあえてその教えを破り（破）、最後に独自に発展させていく（離）。18世紀の日本の茶人である川上不白の言葉を借りれば、「師が守を教え、弟子がこれを破り、両者がこれを離れてあらたにあわせあう」[*3] ということになります。

　これは多くの日本人にとってなじみのある考え方です。守破離という点では、模倣はイノベーションと正反対の方向に位置するのではなく、イノベーションへの道筋の途中にあることがわかります（図1）。[*4]

図1 模倣とイノベーションの方向

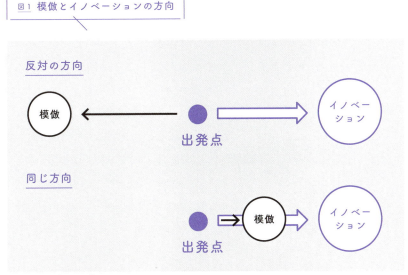

（出所）井上（2012b）

一方、悪い模倣というと、多くの人は法律に抵触するような模倣を思い浮かべることでしょう。無断で他社の技術を使ったり、特許を侵害したりするような模倣、あるいは、ブランド品をコピーして偽物商品をつくって販売するといった模倣です。発明者を欺いたり、顧客に迷惑をかけたりするような行為は許されるものではありません。これについては議論の余地はないのです。

　むしろ、議論すべきはもう1つの典型、うわべだけの模倣です。たとえば、2011年7月に大事故を引き起こした中国の高速鉄道のことを考えてみましょう。中国鉄道省は短期間で技術を吸収するために、2004〜06年に3度にわたって技術導入を実施し、車両製造技術の習得に成功しました。

　しかし、高速鉄道を安全に運行するためには、自動制御システムにかかわる基幹部品やソフトウェア技術が不可欠でした。これらは車両とは異なり、たとえ設計書があっても、なぜそうなっているかの考え方が見えにくいものです。背後にある原理を理解することなく変更を加えると、事故につながります。一説によれば、中国はその設計思想、重要な要因、シミュレーション技術を十分に消化できないままに、さまざまな変更に踏み切って、最高時速を350キロメートルに引き上げたともいわれます。[5]

　ドイツや日本などの先進国から技術供与を受けていたとしても、原理を十分に理解することなしに変更するのは良くないのです。高速鉄道というのは、やみくもに速く走らせればよいというものではなく、安全に制御してこそ成り立つシステムです。人や組織が技術を活用して制御する仕組みまで模倣できなければ、それが事故につながり、人命にもかかわる社会的損失となります。

## 2 見えない仕組みが大切

### 似た者同士を探せ

　良い模倣ができるか、悪い模倣にとどまるのか。これは、ひとえに対象に深い理解ができているか否かによります。ここで理解のあり方を問い、模倣の極意をつかんでいただくために、簡単なクイズを出しましょう。似た者同士をグルーピングするというものです。

 ［クイズ］似た者同士を探せ
次の７つの企業の主要ビジネスをグループ分けしてください。
ただし、１つだけ仲間外れがあります。

　読者の皆さんは、どのようにグルーピングするでしょうか。素直に考えればH&MとZARAでアパレルのグループにする。デルとアップルはパソコンメーカーということで同じグループと見なすでしょう。そして、ダイソーとセブン–イレブンを一緒にして流通小売チェーンのグループにまとめる。JINSはメガネチェーン店なので、仲間外れだと考えるはずです。
　これは真っ当な考え方です。しかし、それだけが正解とは限りません。

125

## ビジネスモデルに注目せよ

　もしも、業種という表面的な類似性ではなく、仕組みという深層の類似性に目を向けたらどうなるでしょうか。ビジネスの構造に注目してグルーピングしてみるのです。

　まず、同じファストファッションでも、H&MとZARAとでは根本的な違いがあることに気づきます。売り切るための方法、利益の上げ方、ならびにコスト構造が対照的なのです。[*6]

　H&Mは、ハイセンスな旬のデザインのアパレルを矢継ぎ早に投入するブランドです。定番アイテムも扱っていますが、旬のファッションを際立たせつつ多品種で提供しています。旬のアイテムは何年も着回すことがないので、品質の面で割り切ることができます。「同じアイテムを買いたい」と思って来店しても、同じものは手に入りません。コアな顧客はそれを知っています。

　H&Mの生産は、まとまった数量を一気に製造委託することでコストを抑えています。ただし、大量生産といっても、H&Mは完売をめざし、マーケットの需要を超えないようにしています。品切れは覚悟のうえで、売れ残りがないように生産量を抑えているのです。

　H&Mの生産は協力工場で行われています。自社の生産設備を持たずに、外部の企業に100％生産委託しているので需要に合わせて生産量を調整しやすいのです。一定の機会損失を許容する、大ロット・委託生産・売り切り型の仕組みです。

　これに対してZARAは、同じファストファッションでもブランドイメージを大切にしています。トレンドを反映しつつもZARAらしさを追求しており、品質も価格相応の水準を保っているので、複数のシーズンで着回すことができます。それゆえ、シーズンをまたが

るコーディネートがしやすいのです。売れ筋のアイテムについては、必要に応じて追加生産・追加補充を行い、シーズンに合わせて修正企画を行っています。

「必要なときに、必要なものを、必要な数だけつくる」ために、生産はスペイン国内の自社工場で行われています。こまめに原材料を調達し、こまめにつくって販売し、再び調達するというサイクルを素早く回す。商品の回転率が高いので、迅速なキャッシュフローを実現し、投下資本利益率を高められるのです。小ロット・自社生産・追加型の仕組みといえるでしょう。

## グルーピング

深層の本質的な違いがわかれば、他の企業も違う形でグルーピングできるようになります。ダイソーは100円ショップの代名詞的な存在で、いろいろなものが均一価格で買えるのが魅力です。取扱商品アイテム数は約7万点にも及んでおり、まとまった数量を一気に生産しています。基本的には追加生産を行うことがなく「欠品もやむなし」と考える、大ロット・委託生産・売り切り型の仕組みであり、H&Mに似ています。

そう考えると、仲間外れかと思われていたJINSも、H&Mやダイソーと似た者同士だということに気づくはずです。

JINSは企画・生産・流通・販売までを一貫して行うメガネの製造小売で、常時3000種類以上のアイテムを揃え、「市場最低・最適価格」で提供しています。[7]

メガネの製造小売としては膨大な商品数を揃え、大量生産しつつ売り切るタイプのビジネスである、大ロット・委託生産・売り切り型の仕組みだといえるでしょう。

これに対してセブン－イレブンは、商品アイテム数を絞り込み、「必要なときに、必要なものを、必要な数だけ」生産・調達・販売しています。小ロット生産で追加補充する仕組みなので、資本の回転率は高いです。しかも、鮮度の高いものを相応の価格で提供しているので、高い利益率を維持できます。

　お気づきかと思いますが、セブン－イレブンもZARAのビジネスモデルに近いです。ただし、生産は協力工場に外注しているという点で区別されます。

　デルは、パソコンメーカーという点ではアップルと同じように見えますが、やはり多品種少量生産で、こまめに生産・補充することで需要に合わせています。ZARAと同じく、資本の回転率が高いビジネスです。かつて自社工場を保有していましたが、今はアジアや

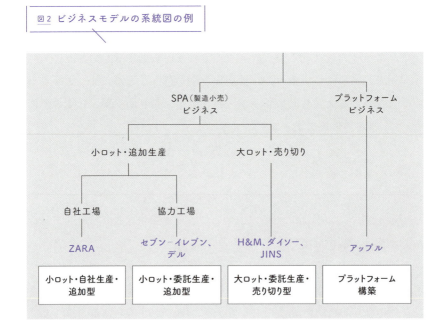

図2 ビジネスモデルの系統図の例

メキシコの会社に生産委託しています。

アップルも、ハードウェアだけを見ればデルに近いともいえますが、ビジネスモデルの核心は物販にはありません。iTunes Storeの運営やアプリ開発のプラットフォーム構築に特徴があります。その意味でアップルが別系統にあることがわかります（図2）。

## 縦方向の模倣と横滑りの模倣

ビジネスの仕組みを理解できれば、何をお手本にすべきかが明確になり、模倣が成功する確率も高まります。逆に、仕組みにまで目がいかなければ、お手本にすべき対象を見誤るのです。

たとえば、ある企業家が小売チェーンを営んでいて、オリジナル商品の企画・製造を考えていたとしましょう。このときに参考にすべきなのが、製造小売（SPA: Speciality Store Retailer of Private Label Apparel）モデルです。

しかし、何をお手本にするかによって発想は違ってきます。具体的なビジネスモデルを抽象化して理解できなければ、判断を誤ります。本来お手本にすべきでない企業をまねようとすると、成果は上がらないのです。

先のクイズでいえば、表面的に同じ業種であるかどうかは重要ではありません。見えにくい深部の構造にこそ成功のカギが隠されています。

もし、旬のものを、売り切れも厭わず大ロット生産するのであれば、H&Mやダイソー、あるいはJINSなどが参考になります。逆に、定番商品を追加生産・修正企画しながら小ロット生産するのであれば、ZARAをお手本にすべきです。

一橋ビジネススクールの楠木建さんは、この点について「良い模

倣が垂直的な動きであるのに対して、悪い模倣は水平的な横滑り」と看破しました。創造的な模倣は、原理を理解するのに対して、うわべだけの模倣は、表面だけを横滑りするというわけです。

ここ数年、ビジネスモデルへの関心が高まり、このようなグルーピングが20とか30のパターンに整理されています。SPAモデルもそのうちの1つとされており、上方へと抽象化して、ビジネスモデルをパターン化しているわけです（図3）。

このような型があれば、それを自らのビジネスに落とし込むだけでアイディアが生まれます。パターンとして整理されている型の中から適切なものを選び、下方への垂直運動を行えば、ビジネスモデルが描き出せるという考え方です。

図3 垂直運動の模倣と横滑りの模倣

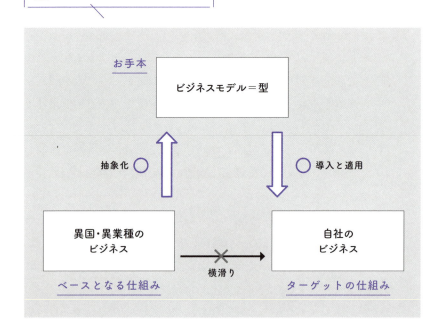

しかし、実際にはそれほど簡単にはいかない場合もあります。SPAモデルといっても、いくつものバリエーションがあるからです。どのSPAが自社にとって最もふさわしいのかを系統図にして評価できるぐらいでなければ、実践で使えるアイディアとはなりにくいようです。

細かく分類すればフィット感は高まり、かなりの問題は解消できるかもしれません。しかし、競合他社も同じようなことを考えている可能性があります。型の活用によって一定の水準のアイディアは生まれるのですが、独自性は生まれにくいでしょう。それゆえ、自社だけのお手本となる事例を探し出し、自社に合った形で抽象化して落とし込んでいくのが望ましいのです。

自社で抽象化すれば理解も深まります。実践に移すときも、抽象と具体の往復運動を繰り返しながら臨機応変に対応できるようになります。型の受け売りでは実践にまつわる困難を乗り越えられないこともあります。

このような実態をふまえ、楠木さんは模倣の極意を見事に言い当てています。

「具体も抽象もどちらも大切。良い模倣に典型的に見られるように、抽象化の思考がなければ具体についての深い理解や具体的なアクションは生まれません。抽象と具体との往復運動を繰り返す。この思考様式が最も『実践的』で『役に立つ』のです」*8

事例研究によってビジネスモデルを抽象化すれば、それが良い出発点となります。同じようなモデルでも系統図などで分類すれば、どのタイプをお手本にするかを吟味できるようになるのです。直感だけに頼らず、1つ1つの要素（先のグルーピングの例でいえば、

ロットの大きさや追加生産か売り切りかといった特徴）をしっかりと吟味してお手本を定めるべきです。お手本のビジネスがうまく機能するコンテクスト（脈絡）を見極め、コンテクストが自社のビジネスのそれとかけ離れていないことを確認しておく必要があります。

　それでは実際のビジネスにおいて、模倣が上手な会社はどのように抽象と具体の往復運動を行っているのでしょうか。ここでは、遠い世界から意外なお手本を探し出してきた企業の事例として、KUMON（公文教育研究会）を紹介します。*⁹

# 3 |事例|
# KUMONの学習療法

　KUMONは1958年に創立された教育事業体です。1人1人の力に見合った個人別・能力別の学習を掲げ、スモールステップで解き進められる教材を開発し、フランチャイズ方式を軸に教室を展開していきました。会費（価格）は、生徒1人当たり1教科の月会費という形で徴収し、その売上の一定額を納入してもらう方式です。

　2019年3月現在で、国内において約1万6200の教室を運営し、159万人（国内全教科合計学習者数）もの生徒を指導しています。海外でも50を超える国と地域の8600教室で269万人（海外全教科合計学習者数）の生徒を指導しています。海外事業の成功もあり、この10年間、安定的な売上を計上し、直近の営業利益率も14.2％に達しているのです。

## KUMONの教育──「教えない教育」

　KUMONでは、一斉授業は行われません。学年やレベルによる
コース分けもありません。教室には「先生」と慕われる指導者は存
在しますが、その指導者の役割は生徒１人１人を観察し、その生徒
に見合った教材を選んで手渡し、「ちょうどの学習」と「自学自習」
を実現することです。

　自学自習というのは、読んで字のごとく、自ら学んで自ら習うこ
とです。自ら学んでもらうためには、教材が難しすぎても易しすぎ
てもいけません。それゆえKUMONは、どんな子どもにも「ちょう
ど」になるようにスモールステップで細かく分かれた教材を開発し
ています。国内の一般的なKUMONの教室で取り扱っている科目は、
算数・数学、国語、英語の３教科です。算数・数学の教材は、アル
ファベットの番号体系も含めて基本的に世界共通です。

　KUMONといえば、幼児や小中学生向けの教室が有名ですが、そ
の学習法は、さまざまな方面で活用されています。障害児への知育
教育、少年院などの更生施設への支援など、実に多様です。その中
でも継続的に取り組んできた活動として、認知症高齢者へのサービ
スがあります。

　高齢者がKUMONに取り組めば認知機能の低下を防ぐばかりか、
認知症に伴う周辺症状（失禁・徘徊・歩行困難など）が改善すると
いうことが確認されています。KUMONはこれを「学習療法」[*10] と
呼んで国内外に展開してきたのですが、さらなる普及を進めるため
には、いくつかの課題を克服する必要があります。

　この課題を解決するヒントが遠い世界にありました。イギリスで
話題になった刑務所の運営モデルです。

## 学習療法の課題

　KUMONの学習療法は、日本ですでに約1350カ所の高齢者介護施設に導入されています。海外でも注目されていて、アメリカの11州26施設が活用しているのです（いずれも2019年3月現在の数字）。ただし、国内でこれ以上導入実績を伸ばしていくのは容易ではありません。なぜなら、ビジネスモデルとして非常に難しい課題を抱えているからです。

　まず、学習療法は介護保険適用外のプログラムのため、高齢者介護施設は代金を利用者やその家族から徴収するのが一般的です。そのため、KUMONとしても施設から徴収する金額を公文式教室の月会費の3分の1以下に抑えているのですが、利用はあくまで任意です。結果、導入件数も限られたものとなっています。

　次に、施設にとってのメリットが少ないといえます。既存の仕組みでは、この学習療法を実施しても施設の収入とはなりません。施設は採算ぎりぎりのレベルで受益者に課金しているからです。

　もちろん、施設としてはKUMONの学習療法を導入することで利用者が元気になるというメリットがあります。介護士の負担が減るとともに、顧客へのアピールポイントになるのです。

しかし、それを金銭的なメリットに換算するのは難しいのです。

さらに問題を難しくしているのは、現状の介護保険の制度では、認知症が改善されると介護度が下がって、介護報酬として国から施設に支給される額が減る可能性があるという点です。極端な話、学習療法によって認知症が改善しても「要介護」の度合いが下がると、施設に給付される金額が減りかねません。

家族や介護するスタッフにとって、認知症の症状が改善することは大変喜ばしいのですが、介護施設にとっては不安要素にもなりえます。そのため、学習療法は大きな可能性を持ちながらも、ビジネスとしては飛躍的に成長するまでにはなっていませんでした。

## 刑務所の運営から学ぶ

この課題を解決するためのお手本がイギリスにありました。再犯率を減らすための刑務所の運営モデルです。

イギリスでは膨大な公的予算を削減するために、2010年から政府が直接公的事業を運営するのではなく、民間への事業委託が検討されました。特徴的なのは、委託が成果ベースで支払われるという点です。削減した費用を還元するためのビジネスモデルが考案されたのです。

それがソーシャル・インパクト・ボンド（SIB）です。SIBとは、①投資家から資金を集め、②その資金を公共性のあるサービスの実施費用に充当し、③自治体などが削減された公費の一部を投資家に成果報酬として還元する、という仕組みです。イギリスで開発された官民連携の社会的投資モデルですが、アメリカやオーストラリアでも導入され、一定の成果が報告されています。

この仕組みが最初に適用されたのは、イギリスのピーターバラ刑

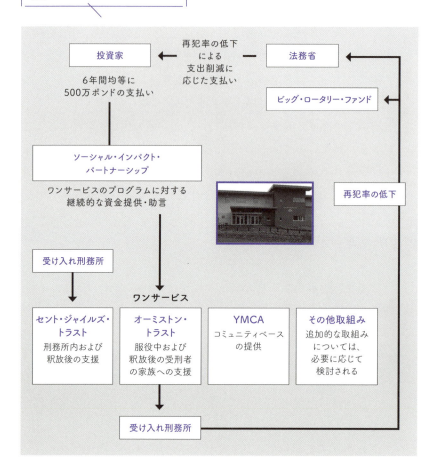

図4 ピーターバラ刑務所のSIB

務所で、刑期1年未満の軽犯受刑者3000人を対象に心理セラピーや職業訓練などの社会復帰支援サービスが提供されました。このサービスによって再犯率が下がれば、税金の支出は抑えられます。10％以上の削減を条件に、その削減分の一定額を投資家に還元するという取り決めがなされました（図4）。

2013年の中間報告によれば、出所後１年間の再犯・有罪判決率を測ったところ、全国平均の推移が16％強も上昇しているにもかかわらず、ピーターバラでは６％強の低下が見られました。全国平均との比較で23％の差異が認められたのです。

SIBの仕組みをKUMONの学習療法に応用すれば、事業機会が生まれます。学習療法によって認知症高齢者の介護度が下がるのであれば、介護に必要な公的費用を削減したことになるので、その一部を成功報酬として還元してもらえます。同様に、学習療法によって認知症の予防ができるなどの社会的便益が生じるのであれば、それについても効果を金額に換算し、一定の還元を受けることができます。成果さえ上がれば、介護施設にも正当な対価を支払えるようになるのです。

## KUMONの実証調査事業

KUMONがこのようなSIBの取組みを知ったのは、JICA（国際協力機構）の紹介により国際連合の会議に参加したときのことでした。実際に国連の会議に参加したところ、SIBの刑務所への導入事例を教育にどのように適用すればよいかが議論されていました。

最初は、なぜ刑務所の事例やSIBの仕組みが教育に関連するのかがわからなかったそうです。日本に帰国して、社内で調査し、外部の専門家にも意見を求めるうちに、「これは学習療法に使えるかもしれない」ということがわかってきました。

ビジネスモデルを理解した後、KUMONは経済産業省の「平成27年度　健康寿命延伸産業創出推進事業」に応募します。同社の学習療法は、認知症や高齢者の脳機能の維持・改善に効果があることが科学的に実証されています。この実績もあって採択され、介護予防

分野としては、日本初の先駆的な事例となりました。

2017年には、奈良県天理市で高齢者を対象に認知症予防プログラム「活脳教室」を実施しました。高齢者に「脳の健康教室」専用教材を用いて簡単な読み書き計算とコミュニケーションを行った結果、軽度認知障害（MCI）や認知症の疑いがある人の8割以上が改善し、人とのコミュニケーションが増加し、孤立感が減少し、その他の活動への積極性が向上したという成果が認められました。認知症予防分野における成果連動型支払事業の目標が達成された日本初のケースとなりました。

その後、厚生労働省の「平成30年度　老人保健健康増進等事業」（主幹はみずほ情報総研）に採択され、事業の可能性について探求しています。

# 4 模倣の能力は イノベーションに通じる

## 事例からの学び

KUMONの事例からは、貴重な示唆が得られます。

まず、KUMONはJICAからの助言をもとに、国連の会議に参加してお手本を見つけました。もともとグローバルカンパニーだったこともあり、世界に張り巡らされたネットワークを通じてお手本を探り当てることができました。「遠い世界からの模倣」において、最も難しいのがお手本探しです。ここでKUMONの「ネットワーク力」が発揮されました。

次に、KUMONは国連の会議の場で、一見かかわりのない仕組みでも自らのビジネスの参考になることを見抜きました。持ち前の「観察力」を発揮して、刑務所の運営モデルが学習療法にも転用できることを感じ取ったのです。帰国後は自らの知識不足を補うために専門家にアプローチして質問を投げかけました。筋の良い情報を集めるためにも、「質問力」が模倣に不可欠だと考えられます。

こうして、イギリスの刑務所と日本の学習療法が結びつけられました。遠い世界からの模倣において、「関連づける力」は決定的に重要です。KUMONは通常では結びつかないようなアイディア同士を結びつけて、ビジネスモデルを発想することができました。

最後に、発想されたアイディアが本当に有効であるかを慎重に確かめる必要があります。そのために小規模な実験を行わなければなりません。KUMONには経産省を巻き込み、SIBの実証実験を行うほどの「実験力」がありました。

## イノベーションのDNA

実は、模倣に役立てたこれらの能力は、イノベーションに必要な能力とほぼ同じです。ハーバード・ビジネススクール教授でイノベーション研究の権威である、クレイトン・クリステンセン教授は、ジェフリー・ダイアー教授とともに、破壊的なイノベーションを起こすために必要な能力について調べています。それは次の5つに集約されています。[11]

・ネットワーク力
・観察力
・質問力

- 関連づける力
- 実験力

　いずれも、KUMONがイギリスの刑務所の仕組みを模倣するときに活用した能力ばかりです。
　イノベーションに必要な能力と、模倣に必要な能力がほとんど同じであるということは、あまり知られていないようですが、実は、学術の世界でも話題になっています。オハイオ州立大学フィッシャー・カレッジのオーデッド・シェンカー教授も、イノベーション能力と模倣能力との間の共通性に注目しています。

　「卓越した模倣者の例を探していて、驚いたことがある。模倣者がイノベーターとしても知られているケースがとても多いのだ。(中略)他社の優れた慣行を模倣して、高い技術力を持つライバルとの競争に打ち勝っている」[*12]

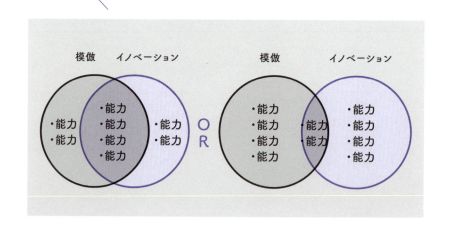

図5 模倣とイノベーションに必要な能力の重複

この事実からも、模倣とイノベーションは逆を行くものでないことがわかります。

図5を用いて説明しましょう。もし、模倣がイノベーションの対極に位置するとすれば、双方に必要な能力は重複しないはずです。模倣の能力を高めてもイノベーションは引き起こせない。イノベーションの能力を高めても模倣はできない、ということになるはずです。

しかし、もし模倣がイノベーションへの道のりの途中に位置するとすれば、双方に必要な能力は大なり小なり重複するはずです。この重複が多ければ、模倣とイノベーションがほぼ同義であることを意味します。逆に、重複が少なければ、模倣する能力に加えて、他にイノベーション固有の能力が必要になることになります。

シェンカー教授も私も、模倣に必要な能力と、イノベーションに必要な能力は、かなりの部分の重なりがあると考えています。KUMONの事例からもわかるように、模倣はイノベーションへの道のりの途中に位置するものであり、イノベーションの対極に位置するものではないのです。

# 5 守破離のごとく

模倣というのは、最も有力なアイディア発想法の1つといえます。多くの専門家が、そのことを裏づけるかのように、模倣による発想を推奨しています。シェンカー教授は、ビジネスモデルを模倣

するポイントを示しているし、早稲田大学ビジネススクール教授の山田英夫さんは、模倣を異業種からのビジネスモデルの移転として解説しています。

コンサルタントの細谷功さんはアナロジー思考として、第4章で紹介した板橋悟さんはピクト図解として、それぞれ模倣の方法をわかりやすく説明しています。アレックス・オスターワルダーさんとイヴ・ピニュールさんの『ビジネスモデル・ジェネレーション』では、パターン適用として模倣が紹介されています。

遠い世界からの模倣は、「アナロジー」や「移転」という言葉でも表現できます。拝借、参考、類推ということでもよいのかもしれません。

しかし、さまざまな言葉遣いがある中で、私が「模倣」という言葉を用いたのには理由があります。一言でいえば、それは当事者の意図を重んじたからです。模倣に成功した当事者からすれば、必ずしも参考にするといった軽い感覚で臨んではいないような気がします。少なくとも、私が調べた「偉大なる会社」の事業創造者たちは、もっと真剣に、もっと自分のこととして主体的に取り組んでいるように思えました。

私にとって、「模倣する」というのは、次のようなニュアンスを感じさせるものです。

・「移転する」というより自分のこととして向き合っている
・「参考にする」というよりも真剣である
・「拝借する」というよりも、自分のものにしようという意思を感じる
・「アナロジーする」というよりリアルで、実行を伴うものもある

要するに、守破離のごとく師から徹底的に倣おうという姿勢が大切だと考えるわけです。模倣は、「現場、現物、現実」に向き合い、謙虚で、なりふり構わず学ぶという姿勢なくしては成り立たない行為に思えます。そうであるからこそ、見えない部分にまで踏み込んで、抽象と具体の往復運動ができるというものです。

　読者の皆さんは、そういう真摯な態度でビジネスモデルの発想を行ってください。

第7章

# 反面教師からの良い学び

私の人生は楽しくなかった。
だから私は自分の人生を創造したの。

ファッションデザイナー　ココ・シャネル

# 1 賢者の学び

　お手本となるべきは良い教師。これには異存がないはずです。しかし、実際には良い教師ばかりではありませんし、人間というのは悪い教師からも学んでいます。よく「人のふり見てわがふり直せ」といいますが、ビジネスの世界でも同じことがいえます。反面教師だって立派な模範（ただし、逆の意味での模範）となるのです。

　反面教師というのは、毛沢東の演説からきた言葉です。毛沢東は、間違った行いをする者がいたら、除外するのではなく悪い見本として見せしめにするべきだといいます。それをモデルとして共有できれば、望ましくない行動を防ぐことができるからです。賢者が愚者から学ぶことのほうが、愚者が賢者から学ぶことよりも多いものです。[*1] だとすれば、私たちは間違いからも学べる賢者になるべきでしょう。

## 良いお手本も反面教師になる

　反面教師というと、一般には悪いお手本となる人や物事を指します。ビジネスでいえば、正しい判断と行動ができなくて失敗した企業のことです。しかし、反面教師にふさわしいのは、失敗ビジネスばかりではありません。あえて良いお手本を反面教師に見立ててみても面白いのではないでしょうか。どれほど「良いお手本」であっても、完全無欠とはなりえません。

　だからこそ、そのビジネスの至らないところを見つけて「反面教師」とすることに意義があるのです。これまでのサービスで満たさ

れなかったニーズを見つけるために、良いお手本の弱点を見極めて、その逆を考えてみましょう。

## 反面教師による発想が有効な理由

さて、近い世界から反面教師を見つけることが、ビジネスにとって有効な理由がいくつかあります。

第1に、アイディアを発想しやすい点です。特徴のあるビジネスを洗い出し、単純に反転させることで発想の起点を得ることができます。近い世界のビジネスについては普段から意識する機会が多く、理解も深いはずです。また、「逆さにする」というのは、日常でもよく行われている発想法でもあるので、アイディアを出しやすいはずです。

第2に、「逆さにする」ことでライバルと戦わなくて済みます。今あるビジネスを反面教師に仕立てて、その逆のポジションを勝ち取ることができれば、そのライバルとの競争を回避できます。お互いに、異なる顧客にアプローチしているので互いの棲み分けを維持しやすいというメリットがあります。既存のライバルにとっては、追随しようとしても、まったく異なったオペレーションを強いられたり、手元にない経営資源が必要とされたりします。現在手掛けているビジネスとの矛盾を引き起こしやすいのです。

企業というのは、目の前の上得意の顧客を大切にします。そのニーズに応えるために、ビジネスモデルを最適化します。必要な投資をして、オペレーションに磨きをかけ、事業の仕組みをつくり上げていくと、それを変革するのは難しくなります。別の会社が、別の顧客に、別のビジネスモデルでサービスを提供し始めたからといって、容易に追随できるものではありません。

## 業界の繁栄につながる反面教師

　以上のことから、ある市場に参入するときには、既存の企業とは逆のポジションを取ったほうがよいことがわかります。ある企業と別の企業が逆のポジションを取っているのは偶然ではありません。そうしたほうが、お互いに競争を回避することができて、共存共栄の関係を築きやすいのです。

　実際、多くの業界の発展の歴史において、新市場が創造された後に、逆、またその逆というような展開で業界が発展しています。たとえば、大型のオートバイもその典型といえます。

　かつてアメリカでは、オートバイというのは黒い革ジャンを着た中年の男たちの乗り物だと考えられていました。ハーレーダビッドソンが有名で、シートにどっしりと座って背筋を伸ばし、両足を前に出すランディングスタイルのバイクが流行していました。

　そこで、ホンダは逆転の発想から、シティコミューターとしてのスクーターを提案して、オートバイを普及させたのです。

　しかし、ホンダのオートバイが普及すると、ハーレーダビッドソンは逆転の発想から再びイノベーションを引き起こします。オートバイを単なる「モノ」として売るのではなく、ハーレーのある生活として提供したのです。「モノ」志向から「コト」志向へのマーケティングの転換です。[*2]

　逆、またその逆という形で業界が発展するのは、これまで満たされなかった価値を満たすような形でビジネスが生まれるからです。人の欲望というものには限りがありません。「もっと良いもの」「これとは別の新しいもの」と欲が出てきます。あるニーズが満たされれば、それとは別のニーズが生まれます。既存の価値が前提となって別のニーズを触発し、新しい価値を提案する余地が生み出される

のです。

　このような論理によって大なり小なり業界の歴史がつくられていくとすれば、その論理を前提として事業をデザインすればよいでしょう。現在の同業他社の逆を行くことによって、イノベーションを引き起こすことができるという先読みです。それが、反面教師によるモデリングです。

# 2　逆転の発想は有効なのか

　反面教師からのモデリングの基本は、単純にその逆を考えるということです。私も、ビジネスモデルにかかわるアイディア発想のセミナーで、逆転の発想をお願いしたことがあります。

**［演習問題］**
**伝統的なプロレスが低迷しています。あなたがプロレス団体の経営者だったらどうしますか。伝統的なあり方を「逆転」させて発想してください。**

　発想法を練習するときには、非日常な設定や知らない世界のほうが考えやすいものです。普段だと「どうせ無理だろう」と感じるアイディアでも思い切って出してみようという気になります。
　もう少し詳しく説明しましょう。プロレスというと、私の世代（50代前半）だとジャイアント馬場やアントニオ猪木らの活躍をテレビで目の当たりにしていた世代です。さすがに、力道山の空手チョッ

プを生中継で見たことはありませんが、その活躍ぶりは耳にしていました。これらのスター選手が引退したり、この世を去ってしまったりしたこともあり、一時世間ではプロレス離れが進行したそうです。

また、日本のプロレス界というのは、全日本プロレスや新日本プロレスといった団体が別々に存在し、それぞれのタイトルをめぐって団体内で競い合うという構図になっています。このような団体を設立するのに特別な規制がないこともあり、団体数は急増し、結果、縮小した市場がさらに細分化していきました。

かつてのプロレスファンも、スター選手不在の中で戸惑ったのでしょう。プロレスから徐々に離れていきました。そして、この人気低下による視聴率の低迷が原因で、多くのテレビキー局がプロレス中継から撤退していったのです。

このように書くと、いかにもジリ貧、打つ手もなくどうしようもない業界に感じます。あなたが、あるプロレス団体の経営者だとしたら、誰に、何をアピールして、人々を呼び込むでしょうか。顧客ターゲットをどのように定め、どのような価値を提案して興行を成り立たせるでしょうか。

## ブルーオーシャン戦略

低迷したビジネスの立て直しに役立つ考え方の1つに「ブルーオーシャン戦略」があります。ブルーオーシャン戦略とは、競争のない未開拓市場で新しい価値提案をするために、特定の機能を追加・拡充する一方で、別の機能を削除・縮小することで利潤を最大化する戦略です。[*3]

伝統的なサーカスは有名道化師を中心に据えて、ライオンなどの

動物を使ったショーで成り立っていました。しかし、動物の調教には手間暇がかかりますし、当日のパフォーマンスにも不確実性が伴います。そこで、シルク・ドゥ・ソレイユでは、道化師や動物なしで人間が芸術性を加味して曲芸パフォーマンスをすることにしました。演劇やアートの要素を加えることで、より高い付加価値を生み出すことができました。

伝統的なワインはヴィンテージにこだわります。産地や品種や年代についての基礎知識がわかれば、楽しみも倍増します。しかし、これが敷居を高くしてしまい、一般の人たちから敬遠されてしまいました。そこで、オーストラリアのワインブランドのイエローテイルは、こだわらずにカジュアルさを訴求して、新しい市場を生み出したのです。イエローテイルは、産地や品種の記載が最小限にとどめられています。

伝統的な理髪店は、各種サービスを提供します。ヘアカットするだけでなく、シャンプーして入念にセットして、ヒゲまで剃ってくれます。しかし、シャンプーやヒゲ剃りを必要としていない顧客としてみれば、時間が奪われるうえに、相応の対価を支払わなければなりません。そこでQBハウスは、ヘアカットに特化することで値段を劇的に下げました。サービスを必要最小限に削ぎ落とすことで、わずか10分でカットが完了するようにしたのです。

シルク・ドゥ・ソレイユ、イエローテイル、QBハウス。これらの事例に具体的な共通点は見出せません。しかし、いずれも既存のビジネスの真逆を行っているという点では共通しています。「従来では重要とされていたことを重視しない」という発想が同じなのです。

これらの事例を紹介して「逆転の発想をしてください」とグループワークをしてもらうと、プロレスに興味のないビジネスパーソン

や学生でも（あるいは、そうであるがゆえに）さまざまな意見を出してくれます。

- 観客が男性主体なのだから女性を呼び込もう
- マニアでなく、普通の人を呼び込もう
- 子どもに関心を持ってもらおう
- リアルな観戦だけでなく、バーチャルに展開してゲームなどで楽しんでもらおう

実にユニークな意見ばかりです。しかし、本当に実現可能かどうかわかりません。はたして、このような逆転の発想は有効なのでしょうか。驚くべきことに、実際に逆転の発想でプロレスを興行する団体がありました。その名はドラゴンゲートです。

# 3 |事例| ドラゴンゲート

ドラゴンゲートは、1999年に「闘龍門JAPAN」として日本で興行を始めた団体です。もとはメキシコで開設されたレスラーの養成学校であり、日本に逆上陸する形というのが話題になりました。2004年に「DRAGON GATE」に改称して、幅広い客層から支持されています。[4] その特徴は、スピーディーでアクロバティックな、メキシコスタイルともいわれる技にあります。レスラーとしては小柄な、身長170cmぐらいの選手も多く活躍しています。

図1の観客動員数を見てみると、低迷が続く業界の中にあって右

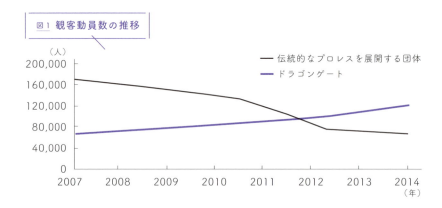

図1 観客動員数の推移

肩上がりで、年間の興行数は地方巡業も含めて200（2016年データ）にも達します。オリジナルグッズやDVDの販売も手掛けており、著作権や肖像権の管理も徹底しています。プロレス団体としては珍しく、銀行から信頼されて融資を受けているのも特徴です。

なぜ、ドラゴンゲートは成功を収めているのでしょうか。研究室としてフィールド調査をしてみました。[*5]

## 主要顧客としての女性

ドラゴンゲートの主要顧客は女性です。女性のファンが多いと聞いていましたが、目の当たりにすると驚かされます。スタジアムで入り口調査（回答者267人）をしたところ、男性は33％にとどまり、女性が67％を占めました。

スタジアムに足を運ぶようになったきっかけはシンプルで、「友人に誘われて」という回答が多数でした（19人／28人中）。次いで、「雑誌やテレビで見ていて気になった」が多く（6人／28人中）、逆に「もともとプロレスが好きだから」という理由で見に来た女性は、きわめて少なかったのです（1人／28人中）。

伝統的なプロレス団体の主要顧客は男性で、しかもプロレス通です。ドラゴンゲートの顧客はこれとは対照的で、これまでターゲットとされていなかった顧客層の取り込みに成功しているのです。

きっかけは口コミによる友人からの誘いで「ジャニーズとは違うタイプだけど、結構イケメンがいるから見に行こうよ」「技もスピーディーでダイナミックだしさ」「怖くないから、とりあえず1回行ってみようよ」という感じです。

観戦料金は、後楽園ホール（東京）で3000円台から7000円台程度、仲の良い友人にここまで言われれば、行ってみようと思うのではないでしょうか。

## 興味を持ってもらうための価値提案

実際に足を運んでみての印象は、「プロレスのイメージと違って等身大の選手がいるのが良い。空中戦法が多いので、見ていて盛り上がる」（10代女性）、「技が華やかで、面白い」（10代女性）、「想像していたプロレスと全然違った。わかりやすいし親しみやすいので、また行きたい」（20代女性）というものでした。

実際、レスラーにしては小柄な選手が目の前でアクロバティックな技を繰り出す臨場感には特別なものがあります。コーナーポスト（リングの四隅の支柱）から仕掛ける数々の技が華やかなのです。技が決まったか否かも、とてもわかりやすいです。

プロレスには打撃技、投げ技、関節技、締め技、飛び技などがありますが、プロレス通にしかわからない技も多いものです。ドラゴンゲートでは、関節技や締め技など、素人にはわかりにくい技はあまり使われません。

また、選手の個性やキャラクターも明確です。プロレスには善玉

（ベビーフェイス）と悪玉（ヒール）がいるのですが、ドラゴンゲートは、そのコントラストがはっきりしています。

このわかりやすさは、伝統的なプロレスの逆を行くものです。アクロバティックな技、女性にもわかる選手の個性・キャラクターは、いずれも従来のプロレスにはあまりなかった側面です。従来とはまったく違う部分に価値を置いたからこそ、プロレスになじみのない女性にも興味を持ってもらえます。

実は、派手に飛び回る技を目立たせるには秘訣があります。他団体と比べて小柄な選手を多く揃えているのです。伝統的なプロレスではネガティブに捉えられがちだった「小柄」を、ドラゴンゲートはプラスの価値に変えて、アスリートとしての弱みを強みに変えました。これまで小柄だからと、プロレスラーになることを諦めていた人にもチャンスが与えられました。果たせなかった夢をかなえる機会が生まれたのです。

## リピートしてもらうための価値提案

もちろん、「誘われたから1回だけ観戦した」という観客に、リピーターになってもらわなければ、ビジネスとしては伸び悩みます。繰り返し来場してもらうためには、さまざまな仕掛けが必要です。

観客にリピートさせるものは、いったい何なのでしょうか。調べていくと、プロレスの試合とは直接関係のない部分に魅力が隠されていることがわかりました。ドラゴンゲートには英雄物語に似たストーリーがあったのです。

ストーリーというと、勝敗についての台本があるように聞こえてしまいますが、そうではありません。ここでいうストーリーは、その日の勝敗を超えたもっと大局的なもので、選手のキャリアや選手

が所属するユニットにかかわる物語です。

アメリカでは選手同士が結婚するストーリーがあったり、メキシコでは勧善懲悪のストーリーが繰り返されたりして、少々わざとらしいようです。これに対してドラゴンゲートのストーリーというのは、日々の鍛錬や舞台裏までも感じさせるものであり、現在進行形でファンと共有されているという点です。ドラマ性を持っており、計画的にではなく、即興的につくられるリアルな物語なのです。

- ・新人選手のデビュー
- ・若手選手のブレークやプロレスラーとしての自立
- ・若手選手、中堅選手の下克上とベテラン選手の意地
- ・欠場から復帰した選手の最前線への挑戦
- ・ベルトを懸けた争い

ファンにとっては、自分が応援するイケメンレスラーが育っていく様子をリアルタイムに感じ取ることができます。これは、演劇や芸能ビジネスに似ていて、宝塚歌劇、AKB48、ジャニーズなどと同様に、成長を見守るような側面があります。顧客を長期にわたって引きつける興行ビジネスには、いずれも類似した構造があるように思われます。

実際にドラゴンゲートのストーリーのとりこになったファンたちにインタビューしてみて驚かされました。ストーリーには3つの工夫が隠されているのです。

## ① 神話の法則

まず第1に、ストーリーの基本構造がしっかりしています。よくできたストーリーには、古今東西で受け入れられている基本構造が

# DRAGON GATE

**A** 観客を魅了するアクロバティックな飛び技。相手の力量を知っているからこそ、大胆な技が即興で繰り広げられます

**B** 善玉と悪玉の対峙シーン。ユニットをまたがる抗争が物語を生み、レスラーたちのキャリアを左右します。離合集散もあり、ファンは目が離せません

**C** リングに立つレスラーが日常の業務を行っています。グッズの販売、営業活動、興行を成り立たせるための企画まで、それぞれの得意分野を生かして自分の才能を磨いています

あります。それは、ジョーゼフ・キャンベルの『千の顔をもつ英雄』で解説されているストーリー展開で、単純化していえば、「非日常への旅立ち」「試練と通過儀礼」「元の世界への帰還」という構成から成り立っています。世界の神話を調べてみると、共通してこの基本構造が見出されたのです。

この構造は、ドラゴンゲートの基本ストーリーにも見られます。まず、新人選手のデビューに始まります。次に、ユニットを結成して一人前になるための通過儀礼を受け、悪役レスラーとの抗争を繰り返します。最後に、勝利して王座を獲得し、華々しくその栄光をファンと分かち合うのです。

### ② 日本のプロレスならではの即興性

第2に、先の見えないストーリーにするために、ドラゴンゲートは即興性を大切にしています。ドラゴンゲートのストーリーは、たとえていえばジャズミュージックのようなものです。ジャズというのは、クラシックとは異なり、楽譜（スコア）どおりに演奏されるわけではありません。共演者とのインタープレーの中でその日の演奏をつくり出していきます。ドラゴンゲートの試合は即興性に満ちあふれています。そして個々の勝敗はもちろん、長期にわたる展開はリング上の成り行き次第です。

しかし、プロレスを即興で行うのはたやすいことではありません。どのタイミングでどの技をかけるのか。それに対してどのように受け身を取るのか。一歩間違えば大けがはもちろん、命にかかわります。

ドラゴンゲートの選手たちがこれをやってのけるのは、同じ団体に所属する仲間と対戦しているからです。

先に述べたように、日本のプロレスは、団体内で王座を懸けて競

い合います。基本的に、異なる団体をまたがって戦いません。この点がアメリカやメキシコと違うところです。この事実から、「日本は村社会で、なあなあにできるから団体内で完結するのだろう」と思うファンもいます。

しかし、いつも練習している仲間だからこそ、力量や癖がわかり、信頼もできます。だから、即興で技を繰り広げることができるのです。ある選手は次のように説明してくれました。

「選手たちのアドリブで流れができる。ドラゴンゲートだけでやってきたからこそできる。同じ団体の人としか試合しないのは、選手同士の信頼関係があるからだ」[6]

### ③ 多数のユニットが繰り広げる複雑な展開

第3に、ストーリーに深みを持たせるため、たくさんのユニットが抗争したり協力したりする構図をつくっています。いくら神話の法則といっても、たった1人の主人公が成長するという物語だけでは広がりが生まれません。試練を乗り越えて帰還するという単調な展開となってしまいます。ストーリーに継続性を持たせ、多様なファンを引きつけるためには、多様な主人公、多様な悪役を登場させたほうがよいのです。

そのためには、ユニットを増やす必要があります。ユニットの数や規模は時代によって異なり、乱立するのが常ですが、二大ユニットが抗争することもあります。あるユニットはベビーフェイスで別のユニットはヒールとします。同じくベビーフェイスでも、さわやかなレスラーユニットもあれば、ワイルドなレスラーユニットもつくります。ヒールにしても同じく個性を持たせることでストーリーに厚みができるわけです。

表1 伝統的なプロレス団体とドラゴンゲートの対比

| | 伝統的なプロレス団体 | ドラゴンゲート |
|---|---|---|
| 顧客は誰か | 男性<br>特にプロレスに精通した中高年 | 女性<br>プロレスに興味がなかった人たち |
| 提案する価値は何か | ・重量級選手同士のぶつかり合い<br>・レスリング固有のテクニック<br>・首都圏での観戦のしやすさ<br>・テレビでの観戦のしやすさ | ・軽量級選手の飛び技<br>・わかりやすい技の披露<br>・全国を視野に入れた興行<br>・ストーリーのフォローのしやすさ<br>・続きが気になるストーリー |
| 方法はどのようなものか | ・重量級選手の採用<br>・レスリング経験者の採用<br>・テレビ局による中継 | ・軽量で運動能力の高い選手の採用<br>・レスリング未経験者の採用<br>・各種メディアによる伝達<br>・定期的な興行によるリピーター確保<br>・マイクアピールによるストーリーの伝達<br>・ストーリーに厚みを持たせるユニット数 |

　時にベビーフェイスだった無垢なレスラーが、ちょっとした不幸なきっかけで、ヒールに転じることがあるそうです。ユニット同士、あるいは個人間での遺恨や抗争は日常茶飯。離合集散が繰り返されてもおかしくはありません。

　しかし、自分が応援していたレスラーがそうなってしまったら、女性ファンはどう感じるでしょうか。女心として、目が離せなくなります。話によれば、男と男の戦いの中で互いに通じ合い、再び善の世界に戻ったりもするそうです。自らの葛藤と試練を乗り越え、一回り大きくなった姿でベビーフェイスに復帰した姿を見て、歓喜するファン、号泣するファンもいます。

　宝塚歌劇には花組、月組、雪組、星組、宙組というユニットがあ

りますし、AKB48にしてもチームＡ、チームＫ、チームＢなどの複数のユニットがあります。それぞれのユニットが切磋琢磨して、互いの成長を促すからこそ、応援するほうも熱が入ります。ドラゴンゲートにも、このような工夫がなされているのです。

　以上を「事業コンセプト」のフレームワークでまとめると、表1のようになります。ドラゴンゲートが伝統的なプロレスを「反面教師」に見立てて、その逆を行くビジネスモデルを構築していることがわかります。

# 4　逆転の発想で価値提案

　逆転の発想というのは、「遠い世界からの模倣」と並ぶ最も有力なアイディア発想法の1つだと考えられます。その強みは、ビジネスモデルの本質的な部分、ひいては全体をひっくり返すことによって一気にデザインできるという点にあります。ここが、既存のビジネスモデルの構造を維持しつつ、弱点を1つ1つ直していくという改善アプローチとの違いです。

　逆転の発想によって生み出されたビジネスモデルは、性質上、新規性を帯びやすく、既存のライバルとの棲み分けが保証されやすいものです。しかも、そのビジネスモデルが競合他社にとって模倣しにくい場合、その棲み分けは永続します。一定の収益も約束されるのです。

　発想にあたっては、事前にベンチマークする対象を徹底的に分析し、そのうえで逆転させてください。何ができていて、何ができて

いないのか、徹底的に分析する必要があります。ターゲットにする顧客が、これまで対象にならなかった新規の顧客であることも大切です。

## バリューカーブの活用

逆転の発想からビジネスモデルづくりをするのにお勧めなのが、バリューカーブです。バリューカーブとは、競合他社と自社の価値提案の違いを折れ線グラフにして対比させたもので、横軸にサービス内容や顧客のニーズ、縦軸にその高低のレベルを示したものです。[7]

第1のステップは、ビジネスの特徴を洗い出すことから始まります。バリューというのは顧客から見た価値のこと、裏を返せば、そのビジネスの価値提案のことを指します。対象とする顧客が何に価値を感じるのか、彼らの目線で表現すべきでしょう。

たとえば、プロレスでいえば、「流血パフォーマンス」「重量級のぶつかり合い」「玄人向けのレスリングの技」「首都圏での興行数の多さ」などが大切にされてきました。これらの特徴を書き出し、既存のビジネスを整理するのです（図2）。

第2のステップは、これをベースに逆転の発想をする段階です。価値のポイントをつないだものが曲線として描かれていますから、逆位相の曲線を描いてみればよいのです。プロレスでいえば、逆位相は「流血のないパフォーマンス」「軽量級のかわし合い」「素人向けのレスリングの技」「首都圏での興行数の少なさ」となります。

第3のステップは、新しい価値提案の探索です。先述のように、単純に逆にするだけでは価値は生まれません。安い値段や高品質の食材は良いとして、「流血のないパフォーマンス＝感動的マイクパ

フォーマンス」「軽量級のかわし合い＝軽量級によるスピーディーな展開」「素人向けのレスリングの技＝素人にもわかる派手な技」「首都圏での興行数の少なさ＝地方での興行数の多さ」というように、表現を置き換える必要があります。

　第4のステップでは、新しい価値提案をコンセプトにまとめます。このときに大切なのは、誰をターゲットにするかです。たとえば、これまで拾い切れなかった顧客層に目を向けてみてください。新しい顧客に新しい価値を提案するということは、新しい市場を創造することを意味します。単純に、既存の顧客、すなわち「年配の男性」を逆転させて「若い女性や子ども」としてみてもよいでしょう。

　ターゲットが明確になれば、何にこだわるべきか、何を割り切

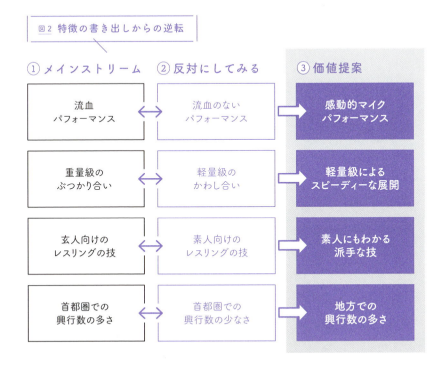

図2　特徴の書き出しからの逆転

## 図3 アクションマトリクス例

**取り除く**
・流血パフォーマンス

**増やす**
・軽量級のスピーディーな展開
・素人にもわかる派手な技
・地方での興行数
・中継を行うテレビ局数
・飛び技の頻度

**減らす**
・重量級のぶつかり合い
・玄人向けのレスリングの技
・首都圏での興行数

**付け加える**
・続きの気になるストーリー
・感動的マイクパフォーマンス
・ドラマを生むユニット数

べきかの判断もしやすくなります。若い女性や子どもが魅力を感じる新しい価値は何か。若い女性や子どもにとって過剰な価値は何か。これまでの価値提案に新しい価値を上乗せしていては、コストがかさむばかりです。それゆえ、何を加えて何を削ぎ落とすのかを真剣に考える必要があります。

　価値の軸ごと追加したり削減したりするという大胆なアクションが必要なときもあれば、軸は残しつつ価値を増減して対応するアクションで済む場合もあります。新しい顧客を念頭に、アクションマトリクスを片手に価値提案を工夫してください（図3）。

　今回紹介した手法によって、既存のビジネスを反面教師にして、逆を行くようなアイディアを生み出すことができるでしょう。ドラゴンゲートはこのような逆転の発想で、新ビジネスをつくりました。

私たちの調査でも、「軽量級のスピーディーな動きとアクロバティックな技が魅力」「地方でもリアルなパフォーマンスが楽しめる」「続きが気になるストーリー」「ときにドラマチックでときにお笑い顔負けのマイクアピールが素晴らしい」「任侠映画のようなユニットの抗争と協力が面白い」というような声を聞くことができました（図4）。

　ポイントは、逆転させるだけでは生まれない価値の次元をいかに見つけて加えていくかにあります。これまでプロレスに見向きもしなかった「非顧客層」に注目し、その中からターゲットを見つけることができれば、新しい価値の軸も見つけやすくなります。

　また、これまでの常識を疑うことによって新しい価値の軸のヒントが得られることがあります。プロレスは男性が見るもの、レスラーは巨漢でなければならないこと。これらすべてを疑うことで、新しい顧客を見つけ、これまでにない価値提案ができるかもしれません。第8章では、当たり前を疑うことによる発想法を説明します。

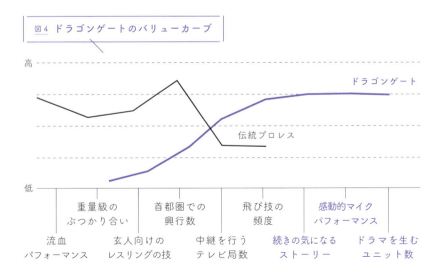

図4　ドラゴンゲートのバリューカーブ

第8章

# ビジネスの「当たり前」を疑う

漫画家
藤子・F・不二雄

（藤本家の子どもたちに）最低、身につけてほしいのは、硬直しない柔軟な考え方です。一面にしか物事を見られない。そんな人間だけにはなってほしくない。

# 1 観察の心構え

「当たり前」と思っていたことが、「そうではない」とわかったとき、イノベーションの機会が訪れます。目の前の世界が、少なからず違ったものに見え、機会の窓が開かれ、いろいろな発想が生まれます。

ビジネスの世界でも、古今東西、画期的なアイディアが、思い込みや常識を覆すことによって生み出されてきました。

「当たり前」を払拭することができれば、新しい価値を顧客に提案するヒントが得られます。顧客の先入観をも覆すような気づきによって、画期的なビジネスモデル・デザインが可能になります。先入観を完全に払拭することはできないにしても、ここでは、それを疑い、新しい目で物事を見るように促すための方法を紹介しましょう。

その方法は2つのステップから成り立ちます。

まず、最初のステップで、自分がどのような先入観やバイアスを持っているかを意識しなければなりません。せっかく何か新しいものを見つけようとしているのに、無意識のうちに「当たり前」に支配されていては意味がないからです。常識に支配されたままでは、常識的なものの見方しかできなくなってしまいます。無意識のうちの支配から逃れるために、まず、自分が先入観やバイアスを持って見ていることを意識してほしいのです。

次に、できるだけその先入観やバイアスで見ないようにする必要があります。「先入観やバイアスがある」と意識するだけでは不十分なので、自分の先入観の具体的な内容を書き出し、外に追いやってください。先入観を持っている自分、バイアスに支配されている

自分を意識しつつ、それを封じます。先入観やバイアスを箱か何かに入れて、脇に置いている自分をイメージしてほしいのです。「意識しない」ことを意識する、という感覚です。

社会学では、このような作法のことをブラケティング（bracketing）と呼びます。ブラケティングとは日本語に直訳すると、カッコでくくるという意味です。フィールド調査では、異なる文化世界で、自らの価値観では理解できないような物事と遭遇したとき、拙速に判断をするのではなく、ひとまずカッコでくくって判断を保留にしようという態度が奨励されます。*1

ブラケティングでは、意識的に自分の「当たり前」を明確にし、それをカッコでくくって横に置いておくようイメージすることで、無意識のうちに先入観にとらわれて判断しないようにするのです（図1）。

ブラケティングというのは、科学者たちが新しい発見をするための基本姿勢の1つです。科学者といえども先入観やバイアスに支配されると、新しい発見を見逃しかねません。それゆえ、フィールド調査で情報を集めるときにブラケティングは不可欠となります。ブ

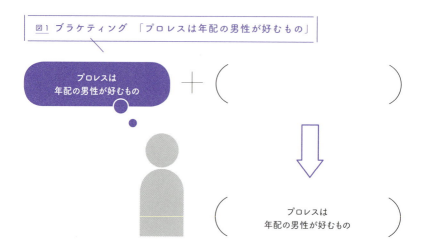

図1 ブラケティング 「プロレスは年配の男性が好むもの」

ラケティングは、観察やインタビューで役立てられますが、ここでは観察に焦点を絞ってブラケティングの手法を解説します。

# 2　ブラケティング

## 観察してみよう

説明だけされてもピンとこないかもしれません。そこで、簡単な演習を行うことにします。ブラケティングして観察してみましょう。

「この人は何をしているのでしょうか？」

ほとんどの人は「タクシーを拾おうとしている」、あるいは「拾い損ねた」と答えることでしょう。日常生活において、そう判断す

るのは当然です。それ以外の答えを言った人は、想像力が豊かな人なのかもしれません。

　しかし、観察というのは、ありのままに見るということです。それゆえ、「この人は何をしているのでしょうか」と尋ねられたら、次のような表現が1つの模範解答になります。


「薄い色の半袖襟付きの服を着た女性らしき人が、右肩に花柄模様のバッグをかけ、道路際に立って左手を上げている。体は、やや右を向いているが、顔は左を向いており、その視線の数十メートル先にはタクシーが見える」


「タクシーを拾おうとしている」、あるいは「拾い損ねた」という答えには、大なり小なり推測が含まれます。はたして、本当にタクシーを拾おうとしているのでしょうか。もしかしたら、道路の向かいに知人がいて、挨拶をしているのかもしれません。そもそも、左側の道路でいえば、すでに通り過ぎたタクシーに対して、後ろから手を上げ続けているのはおかしいような気もします。かといって、向かいの道路のタクシーを拾おうとしていると推測するのも無理があります。もしかしたら、タクシーを拾おうとして手を上げたのではないのかもしれません。

　もちろん、推測が悪いと言っているのではありません。実際、模範解答の「女性らしき人」というのは推測です。ただし、ヘアスタイルや着ている服から、そのように推測できるという意味で「女性らしき人」と表現します。自分なりの裏づけとなる証拠があれば、推論となります。逆に、裏づけなしに言い表すと、それは臆測や思い込みとなるのです。

　それゆえ、観察する立場にある人は、観察、推測、ならびに臆測

を切り離すべきでしょう。推測であると意識して推測することに問題はありません。推測や臆測であるにもかかわらず、それを事実として思い込んでしまうことが問題なのです。「もしかしたら……」という可能性をなくすような態度や思考は避けるべきです。

## 観察のポイント

　観察というと大げさに聞こえるかもしれませんが、人は誰もが常日頃から観察をするものです。本書の読者であれば、意識的に観察しているという方も少なくないでしょう。そんな読者に問いたいと思います。観察をしようというときに、何か意識していることはあるでしょうか。

　意識すべきこと、すなわち観察するときのマインドセットは、5つのポイントに集約できます。[2]

- ・ありのままを受け止める
- ・すぐに判断しない
- ・すべてに疑問を持つ
- ・好奇心旺盛でいる
- ・パターンを見つける

　初心者にとって、特に意識すべきは最初の3つだといわれます。まず、ありのままを受け止め、すぐに判断せず、疑問を抱くことが大切です。先入観があると周りが見えなくなりやすいからです。

　ビジネスでも同じことがいえます。先入観に任せて判断するのではなく、なぜだろうと疑ってください。よく知っているはずの顧客が違って見えるようになるかもしれません。まるで自分がこの場所

に観光客として居合わせているかのように、新鮮な目でありとあらゆるものを観察するのです。自分の当たり前をカッコでくくって脇に置いておくことで、行きすぎた臆測を減らすことができます。

　自らの当たり前に疑問を持ち、新たな気づきが得られれば、ビジネスモデルを創造する第一歩は踏み出せたも同然です。しかし、自分の当たり前を覆すだけでは不十分なときもあります。顧客の当たり前や社内の従業員の当たり前を疑う必要があるときもあるのです。

- 顧客は、自社の製品について正しく理解してくれているだろうか
- 従業員やパートナーは、本当に自社の製品の魅力を正しく理解しているだろうか
- 顧客も従業員も、現状のビジネスモデルを当たり前に思っていないだろうか

　ビジネスモデル・イノベーションを引き起こすためには、時に、従業員やパートナーの協力が不可欠だともいえます。

　メルセデス・ベンツ日本は、長年の当たり前を疑い、ビジネスモデルを刷新しました。代表取締役社長兼CEOの上野金太郎さんは、ロイヤルカスタマーを失うことなく、より若い人たちにもブランドの価値を理解してもらい、新しい市場を開拓したのです。

# 3 |事例|
# メルセデス・ベンツ日本

メルセデス・ベンツ日本は、ドイツのダイムラーが製造する乗用車を輸入し、販売・サービスを行う現地法人です。ダイムラーといえば、世界で初めてガソリン自動車を発明し、量産化させた企業として名高く、それだけに、メルセデス・ベンツというブランドには特別な響きがあります。読者の皆さんにも伺いたいと思います。メルセデス・ベンツといえば、どのようなイメージを思い浮かべるでしょうか。

「世界屈指の高級大型セダン」
「医師や弁護士など、成功した人やお金持ちのクルマ」
「成熟した大人のクルマで、若者には縁がない」

一部の人からは、このような声が聞こえてきそうです。日本では「メルセデス・ベンツ＝高級車」というイメージが特に根強く、輸入が開始された1920年代からこのイメージが「当たり前」であり続けてきたように思えます。

確かに、メルセデス・ベンツは安全性においてもデザイン性においても、徹底的にこだわってきたブランドです。先端技術への開発投資は惜しみません。値段が高いのは、その投資を回収するためでもあります。日本の顧客の平均年齢は50代に達します。価格が1000万円もするようなクルマも珍しくはなく、主な顧客は富裕層が多かったそうです。

**A** 2018年に発売された4代目Aクラスは、洗練されながらも若々しく、躍動感にあふれた外見を備えています

**B** 車両フロントにあるスリーポインテッド・スターの内部にレーダーセンサーを装備することが可能で、前を走る車や前を横切る歩行者などを感知できます

**C** テールランプは、薄く長く伸びて上部に位置します。ヒップアップした後ろ姿は、アスリートのような躍動感をもたらしています

**D** 直感的に操作できるタッチスクリーン。「Hi, Mercedes」と呼べば起動する音声認識機能が備わっており、学習しながら個々のユーザーの指示に対応してくれます

しかし、「メルセデス・ベンツ＝高級車」というのは、ある種の先入観ともいえます。メルセデス・ベンツの車種は多岐にわたり、ヨーロッパではタクシーなどにも用いられています。ベーシックなモデルも存在し、300万円台で購入できるモデルもあります。

日本でも、若年層にも合うのスタイリッシュなクルマが数多く取り揃えられています。*3 Aクラスの価格は300万円程度から展開しており、豊富なカラーバリエーションが用意されています。車種としては35種、モデルにすると150もあるので、自らのライフスタイルに合わせたクルマ選びも可能です。

2012年にメルセデス・ベンツ日本の代表取締役社長兼CEOに就任した上野さんは、「メルセデス・ベンツ＝高級車」という先入観を覆し、より多くの人たちにメルセデス・ベンツに触れて体験してもらう必要性を感じていました。

## 当たり前を疑う

上野さんが、このような必要性を感じるようになったのは、社長に就任してからではありません。2007年、副社長に就任したとき、すでに危機感を持っていたそうです。

顧客はじわじわと高齢化していました。次世代人口は今よりも少なく、たとえ今のペースでメルセデスを選んでもらったとしても、販売台数は減少することがわかっていました。しかも、次世代はクルマ自体への興味が薄くなっています。

もし、メルセデス・ベンツというブランドが顧客層とともに年をとってしまったらどうなるでしょうか。10年後には平均60代、20年後には70代になってしまいます。さすがに80歳も間近になったら、新車を購入して運転する顧客は著しく減ることでしょう。

「このままではまずい」。上野さんはそう感じていたのですが、社内に共感してくれる人は少なかったそうです。というのも、2008年のリーマンショックを迎えるまでは、販売台数は年間4万〜5万台で安定的に推移していましたし、その時点まではビジネスはうまくいっていたからです。

　歴代の社長たちも、決して問題意識を持っていなかったわけではなかったでしょう。しかし、彼らは本国から日本という「極東」の見知らぬ地域に出向してきた人ばかりで、任期は限られていました。[*4] これでは、抜本的な見直しができるはずもありません。本国から課せられたノルマをコンスタントにこなしつつ、新車の導入にあわせて無理のない計画を立てていたのです。

　その様子に、上野さんは疑問を感じていました。

「無難な目標を立てて、無事にそれを達成して、みんな頑張ったねと喜び合う。はたしてこれは、健全なビジネスモデルなのだろうか？　私はずっと疑問を抱いていました」[*5]

　当時の日本はデフレの時代です。良いものを安く提供するビジネスモデルが、さまざまな業界で生まれていました。

　しかしメルセデス・ベンツは、そのブランド力に安住したセールスを続けていました。それで一定の成果が上がっていたこともあり、社員も販売店も、それが当たり前だと思っていたのです。

　このような疑問を抱いていた中での副社長就任です。就任当時の上野さんは42歳、遠い将来を見据えて大胆な提案を矢継ぎ早に行いました。その第1弾が、イオンモールでのクルマの展示です。

## イオンモールでの展示

メルセデス・ベンツの展示会といえば、一流ホテルでの開催が当たり前でした。洗練された空間に得意客を招待し、自社のクルマの「先進技術」「性能」「安全性」をじっくりと理解してもらうためです。

しかし、これでは顧客が広がりません。だから、イオンモールでの展示という発想が生まれたのです。イオンモールというのは、老若男女が集まる巨大なショッピングモールです。社内からは、その集客力を評価する一方で、強い疑問の声が湧き上がりました。

「メルセデスのイメージにはそぐわない」
「国産メーカーのクルマとは違うんだから」

上野さんはこう答えました。「そこで何か車が売れるとか、そういうふうに思っていない。ただ、そのときに、300万円台の車もある、最近はフロントフェイスの目力が強くてスタイリッシュな車もあるということをたくさんの人にいっぺんに知ってもらえる可能性がある場所なんだ」と。[6] 最初は、販売店の人もイオンモールの買い物客も戸惑ったそうです。セールススタッフは、当たり前のようにダークカラーのスーツを身にまとい、ビシッと決めた姿で展示車両を取り囲むありさま。客はそれに威圧感を覚えている様子で、クルマを避けて通っていたそうです。

上野さんは早速、セールススタッフたちにポロシャツに着替えるように指示を出し、クルマの周りには女性を中心に配置させました。風船なども準備して、子どもを誘い、家族連れにメルセデス・ベンツに触れてもらえるようにしました。

その結果、イオンモールでは、販売店の人たちの当たり前を覆すような声が寄せられました。

「何これ。Aクラスって300万円なの」「えっ、このセダン400万円で買えるの」「私でも手が届く価格帯のものがあるなんて、知りませんでした」[7]

「『イオンはメルセデスのイメージと違う』という、売る側にこびりついていた先入観が、新しいお客さまとの出会いによって、みるみる覆された」[8]

販売店を巻き込んだイオンモールでの展示は大成功。潜在的な顧客はもちろん、パートナーとなる販売店のスタッフにも、メルセデス・ベンツの新しい可能性を実感してもらえました。

## コンパクトモデル

2009年になるとリーマンショックの影響で、翌年のメルセデスの年間の国内販売台数は2万9000台にまで減少しました。「このまま何もしなければ、2万台を割ってしまうかもしれない」「そうなれば本国も日本市場を相手にしなくなるかもしれない」「全国200あまりの販売代理店をはじめ、日本でメルセデス・ベンツに携わる人たちや、その家族に大きな迷惑をかけてしまう」。上野さんの「このままではまずい」という気持ちは、ますます高まりました。

ちょうどその頃、メルセデスのコンパクトモデルについての会議がドイツ本社で開かれることになりました。世界本社としても将来のためにグローバル市場でコンパクトカーを強化し、より若い層

（具体的には30代、40代）をひきつけるために、数年後に控えた新型Aクラスのフルモデルチェンジについて協議されていました。

　上野さんも販売の責任者として参加したのですが、「準備できていません」と言うしかありませんでした。そして、「だから準備します」と表明し、戦略を練ったのです。

　既存の顧客にコンパクトカーを売り込むのはそう難しくはありませんでしたが、それでは限られた販売台数を分け合うことになります。かといって、下手にブランドを安売りするようなことをすれば、メルセデスのロイヤルカスタマーを失いかねません。上野さんは、ロイヤルカスタマーをこれまでどおり大切にしつつ、新しい顧客を開拓しなければならなかったのです。

　既存の価値を守りつつ、これまでと違う価格帯、顧客層にアプローチするにはどうすればよいのか。考えに考え抜いた末、これまでの「当たり前」を覆すような考えにたどり着きました。

- メルセデスは、成功した人が乗るクルマではなく、成功するために乗るクルマ
- メルセデスは、日々進化しようとし、自分の理想を追い続ける人が乗るクルマ

　このような再定義によって、それぞれのクラスにおけるカテゴリー・ナンバーワンをめざせるようになったのです。

## クルマを売らないショールーム

　新しい市場にアプローチするために、温めていたアイディアが2つありました。ともに、これまでのメルセデスでは「ありえない」

ような試みです。

その1つが「クルマを売らないショールーム」です。上野さんは、従来のショールームを長年観察して、「一般の方はお店に入りづらいのではないか」と感じていました。カッコいいと思っても、すぐにセールススタッフに取り囲まれそうなのでクルマに近づけません。だから、クルマを買う気がない人でも気軽に見て触れて試乗もできるようなショールームがあればよいと考えたのです。それが、メルセデス ミー（当初の名前はメルセデス・ベンツ コネクション）という空間です。

しかし、この考えは、周囲からはなかなか理解されなかったそうです。なかには「面白い！」と言ってくれる人もいましたが、企画を前に進めようとすると、批判的な声が目立つようになってきました。

「本当に販売するとなると、場所代、運営費、人件費、カネが出ていく一方のプランになる」
「新しい顧客ではなく、すでにメルセデスのオーナーである人たちのクラブみたいになってしまうのではないか」[9]

それでも上野さんには、ちゃんとした情報発信拠点をつくればうまくいくという確信がありました。メルセデスへの関心を高め、うまく販売店とつなぐことができれば、結果はおのずとついてきます。イオンモールでの経験からしても、新しい顧客に対してブランドをアピールする拠点にすれば十分意義があると考えたのです。

オープンしてみると、批判的な声が杞憂だったことがわかりました。オープンしたのは2011年ですが、現在では来場者数が1000万人近くにもなり、なかにはここでの試乗経験を通して購入に至るケー

東京・六本木にあるメルセデス ミー
©Nacasa & Partners Inc.

スもあったそうです。

　予想に反し、会員登録した顧客のうち、メルセデスのオーナーは２割程度。残りの８割は、他ブランドのオーナーか、まだクルマを所有していない人たちでした。顧客はもちろん、社員や正規販売店にとっての、クルマとの出合いの「当たり前」が覆されました。

## アニメコンテンツの制作

　上野さんが温めていたもう１つのアイディアが、アニメ動画による新型車のプロモーションの制作でした。日本のアニメはドイツでも有名で、本社も「それは面白い」とすんなり承認してくれたそうです。一流のクルマには、一流のアニメが似合います。『新世紀エヴァンゲリオン』を手掛けたアニメーターの貞本義行さんをはじ

め、日本トップクラスのスタッフと制作会社に委託しました。

　もちろん、この企画にも不安の声がないわけではありませんでした。

「メルセデスがアニメ？　ブランドの価値が損なわれる」
「アニメなんてガキ臭い。自分のクルマが安っぽくなりそうだ」[*10]

　オーナーに不快に思われないか、と心配もあったそうです。しかし、実際に放映されると、これも杞憂であることがわかりました。

　ロイヤルカスタマーと話をしてみると、「見たよ、あれ。息子が面白がっていた」といった声が届きました。年配のユーザーとして

「NEXT A-Class」の
オリジナルアニメーション
©Nacasa & Partners Inc.
©Production I.G

も、自分の乗っているクルマが若い人たちの間でも話題になっているというのはうれしいようです。メルセデスが、今どきの若者からも「クール（＝カッコいい）」なブランドとして認められているようで、おおむね好評でした。

「揺るぎないメルセデスのブランド、それは絶対の拠り所でありながら、ときとして大きく立ちはだかる壁に見えます。しかし、基本に立ち返ったとき、壁というのは錯覚だとわかりました」[*11]

## 正規販売店にも「当たり前」を疑ってもらう

　より若い世代の中で、メルセデスに対するイメージを覆すことができても、売り方を新しくしなければ販売には結びつきません。若い人に、より安いクルマを売り込むとなると、販売の仕組みも見直す必要があります。単純に商材が違う、顧客が違うという問題ではないのです。

　そこで上野さんは、正規販売店にも「当たり前」を疑ってもらうように本格的に働きかけました。なぜなら、これまでの富裕層向けの商談は、若い世代への商談の仕方の対極にあったからです。

　かつてのメルセデス・ベンツの売り方というのは、顧客への訪問販売が中心でした。得意客から「そろそろ買い替えたい」と言われてから要望を聞くというので十分だったのです。顧客は納期が遅くても待ってくれます。オプション装備は顧客がセールス担当者に一任している場合もあります。顧客が店舗に一度も足を運ばずに売買の契約に至ることも少なくありませんでした。コストや手間暇のかからない販売方法だったといえます。

　しかしこの方法は、価格帯の低いモデルには通用しません。他社

と比較されることを前提に、顧客に足を運んでもらう必要があります。試乗してもらい、しっかり説明して、他社よりも満足してもらえる対応をしなければなりません。

　短期的な効率だけを見れば、富裕層だけに絞ったほうがよいでしょう。買い替えのサイクルに合わせれば、最小限の努力で1000万円のクルマを購入してもらえます。わざわざ300万円のクルマを、より大きな労力を使って売り込む必要があるのはなぜかという疑問が出るのも、もっともです。

　というのも、3000万円のクルマを1台売るのも300万円のクルマを1台売るのも、かかる手間暇とコストは同じだからです。しかし、売上や利益は10倍異なります。当然、一部の販売店からは、次のような反対の声が上がります。[12]

「コンパクトセグメントをこれから強化していくなんて、ありえない」
「本当に、価格帯の低い車をわれわれに売らせたいのか」
「効率が悪い、進んでやりたくはない」
「利益が上がらない、不安に感じる」

　しかし、この考えは間違っていると上野さんは考えました。そして、「若いお客さま、新しいお客さまとの接点をつくっていかないと、ブランドとして立ち行かなくなります」と説いて回ったのです。[13]反対の声を上げる社員や販売パートナーに10年後、20年後の未来を語ったそうです。

　このような上野さんの話に販売店の代表者や営業責任者たちが耳を傾けたのは、上野さんが副社長時代から彼らと膝詰めで話し合ってきたからです。メルセデス・ベンツ日本では、全国を10の地域に分けて四半期ごとに会議を開いていました。年間で40回もある会議

ですが、上野さんはこの会議を大切にして、忙しくても半分以上は
参加していたそうです。

　会議の後には懇親会があったので、上野さんは販売店の代表者や
営業責任者たちとお酒を酌み交わしながら語り合いました。代表者
や営業責任者の中には、「私はあんたのことが嫌いだったんだ。若
造で何もわかってないとか思ったけど、今日、来てくれて、一緒に
話ができてよかった」と率直に言う人もいたそうです。

　こうして、売り手に染みついた「当たり前」が、徐々に洗い流さ
れていきました。やがて、コンパクトモデル専用のショールームを
街ナカに出したいという積極的な販売店も出てきたそうです。


# 4　当たり前を疑う環境づくり

　「自分1人がアイディア発想を頑張る」というのでは、ビジネスモ
デルをつくれないことがあります。それぞれの持ち場で、それぞれ
のメンバーが、当たり前を疑い、新しい発想ができるようになるの
が望ましいのです。

　このようなときは、関係者が自分でブラケティングできる環境を
整えてはどうでしょうか。当たり前を疑うように促し、メンバーが
自分の力で先入観を覆す手伝いをするのです。ブラケティングを
「自分1人がする」から「共にしていく」へという転換です。

　当たり前を覆すきっかけづくりとなる方法は、少なくとも4つ考
えられます。

## ① ブラケティングを促す

第1の方法は、コミュニケーションを通じて共に当たり前を疑い、ブラケティングを促すというものです。日々の当たり前を生み出す先入観が、どのような作用を及ぼすのかを理解してもらい、ブラケティングの効果と方法を伝えます。ワークショップに参加してもらえれば理想的ですが、それが難しければ自らの疑問を共有するとよいでしょう。

ここで大切なのは、コミュニケーションです。ブラケティングできる者が、できない者に対して丹念に説明し、共感を促すのです。コミュニケーションだけで共感を得ることが難しければ、一緒に観察してはどうでしょうか。安易な先入観や行きすぎた臆測に振り回されることなく、判断や決定を保留する姿勢を徹底させることができそうです。

実際、デザインコンサルティング会社のIDEOやzibaでは、クライアントとともに現場観察に出かけることが多いそうです。これによって、クライアント自身の当たり前が、クライアント自身によって覆されるわけです。

## ② レンズの交換を勧める

ブラケティングより、もっと積極的な方法もあります。それは、意識的に異なる視点で観察させるというものです。これはモード変換といわれます。ブラケティングが色眼鏡を外すことにたとえられるとすれば、モード変換はメガネやレンズを交換することにたとえられます。

よく、「生産者や供給者の視点ではなく、顧客の視点で眺めろ」といわれます。職種にもよりますが、慣れ親しんだ立場から離れて、立場を変えて物事を観察することで、今までにない気づきを得よう

というわけです。

　これは、色眼鏡を外せと言われて戸惑う人向けの方法といえます。何のレンズもないメガネで世の中を観察するのは、かえって難しい場合があります。私もワークショップで、「今まで使い慣れた色眼鏡を外せと言われても、どうすればよいかわからない」と返されたことがあります。そんなときは、自分とは異なる立場の人のレンズをイメージして、その人になりきって物事を観察するのがよいでしょう（図２）。

　たとえば、顧客の立場で購買や利用のプロセスを眺めてみるという方法があります。文化人類学のエスノグラフィーという方法を応用した「カスタマージャーニー・マップ」というツールです。これを用いれば、グループで、特定の顧客の立場の経験を理解できます。ある人の立場で、その人がどのように「ヒト・モノ・コト」と接点を持ち、どのような経験をするか、の行動プロセスの流れを時系列で視覚的に表すわけです。[*14]

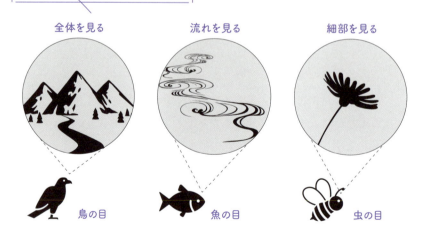

図2　ビジネスに必要な３つの視点

全体を見る　　流れを見る　　細部を見る

鳥の目　　　　魚の目　　　　虫の目

新しい発見を促すためには、現在の色眼鏡とは対極にあるレンズがよいでしょう。このようなレンズを選んで観察を促せば、メンバーの戸惑いも和らぐはずです。

### ③ 焦点を未来に向けさせる

ビジネスにおいて、生産者か顧客かというコントラストと同じく有効なのが、時間軸にかかわるレンズです。多くのビジネスパーソンの関心は現在に向けられているのではないでしょうか。だから、その対極の時間軸で観察を促してみるわけです。現在の技術や市場を前提に考えるのではなく、将来の状況を前提に物事を洞察してもらうのです。この洞察が、現在の当たり前を疑うきっかけを与えてくれます。

スタンフォード大学では、第9章で紹介する未来を洞察するためのワークショップが開催されています。10年も20年も先のビジネスモデルを考えるときには、未来のモードで顧客やニーズを考える必要があるのです。

### ④ ブラックスワンを見せる

ブラケティングを促し、色眼鏡のレンズの交換を勧めても、なお、当たり前を疑えないこともあります。こんなときは、先入観を覆すような事実と出会うしかありません。百聞は一見にしかず。人は「ありえない」と思っていたことを目の当たりにしたとき、これまでの常識を疑うものです。随筆家で文芸研究者のナシーム・ニコラス・タレブは、「ありえない」ことをブラックスワン（黒い白鳥）にたとえました。[15] ヨーロッパの人たちがオーストラリア大陸に渡り、そこでブラックスワンを発見するまで、黒い白鳥の存在は「ありえなかった」からです。

ありえないと思っていた出来事に遭遇したとき、人は思わず「バカな」と心の中で叫んでしまいます。しかし、冷静になって考えてみれば可能性は十分にあると気づくわけです。[16] それに気づくことで、ブラケティングの1つのサイクルは完了します。

　上野さんは、顧客に300万円台のメルセデス・ベンツに触れてもらい、若者にアニメコンテンツを見せ、クルマを売らないショールームをつくりました。これが、顧客にとってのブラックスワンとなったのです。メルセデスが予想外に身近に感じられるクルマであったからです。また、そのときの顧客の反応が、社員や正規販売店のブラックスワンとなりました。顧客がことごとく予想に反する反応を見せたからです。

## 新しい目を持つ

　ビジネスアイディアを発想するとき、常識や先入観にとらわれず、遠い世界を探索することが大切です。一見すると関係のないようなところにも、意外な発見があるものです。

　フランスの作家、マルセル・プルーストは述べています。

「本当の旅の発見は新しい風景を見ることではなく、新しい目を持つことにある」[17]

　普段の当たり前の生活であっても、何かのきっかけで、新しい気づきを得ることはないでしょうか。病を患い回復したときに、それまで当たり前だった健康に感謝する。あるいは、海外旅行から帰ってきたときに、日本の当たり前の安全に価値を感じるといった経験です。

ビジネスについても同じことがいえます。これまでの常識や先入
観にとらわれたレンズを外し、新しい目でこれまで見慣れた風景を
見れば、新たな発見ができるかもしれません。価値がないと思って
いたことに価値を見出せたり、顧客が求めていることに思い違いが
あったと気づくかもしれません。

　この章では、常識や先入観を完全に払拭することはできないまで
も、それを疑い、新しい目で物事を見るように促すための方法を紹
介してきました。次章では、未来についての予測から、常識や先入
観にとらわれないアイディアを発想する方法について考えていき
ます。

## 第9章

# 未来を
# 予測して
# 発想する

創造は過去と現在とを材料としながら
新しい未来を発明する能力です。

歌人 与謝野晶子

# 1 睡眠の大切さ

## あなたは眠れていますか

　これから3つの質問をします。いずれも、これから紹介するビジネスの内容に深くかかわる問いなので、しっかりと答えてください。まず、最初の質問です。

「あなたは睡眠がどれだけ大切か知っていますか？」

　多くの人が睡眠の大切さを実感していると思います。睡眠不足だと、集中力が落ちて仕事になりません。また、それが続くと健康にも悪い影響が出てきます。実際、睡眠不足によって次のようなことが起きます。

- 集中力が落ちる
- 健康を害する
- 寿命が短くなる

　それでは、2つ目の質問です。

「あなたは十分な睡眠を取っているでしょうか？」

　忙しいビジネスパーソンであれば、素直にYesと答えることはできないでしょう。実際、厚生労働省の調査でも働き盛りの40歳代の

男女の睡眠不足が指摘されています。約半数の人の睡眠時間が6時間未満で、3分の1が「睡眠で十分に休養が取れていない」と答えています。[*1] 時間も深さも足りていないとなれば、これは大きな問題です。

いよいよ最後、3つ目の質問です。これは先の質問でNoと答えた人、すなわち睡眠の大切さはわかっているが、睡眠不足に陥っている方にお尋ねしたいと思います。

「睡眠不足を感じていて、あなたは何か有効な対策を打っているでしょうか？」

おそらく、Yesと答えられる人は少ないはずです。たとえ対策を打っていても、あまり効果が出てない場合もあります。効果が出ていれば、そもそも睡眠不足に陥っていないはずですから。

## 未来予測によるアイディア発想

この睡眠不足という問題にいち早く取り組んできた起業家がいます。その人は高橋幸司さん、未来を予測して「睡眠環境の向上」をビジネスにしようとした人物です。2006年に株式会社エムールを創業して、オリジナル寝具を提供してきました。

そして、2019年に将来に向けた睡眠についてのサービス提案を行おうとしています。それは、睡眠の質と量を測定して、科学的なデータから製品やサービスを提供しようというものです。

この章では、高橋さんが過去のトレンドからいかに未来を予測し、画期的なビジネスアイディアの発想に至ったかを紹介します。[*2] スタンフォード大学などでも使われている未来予測のためのフレー

ムワークと対応させながら、起業家の発想法に迫ります。

　まず、フレームワークの解説に先立ち、エムールのビジネスについて簡単に紹介し、どのようなトレンド分析から未来を予測したのかについて説明します。

# 2　睡眠の質を測る

## 高橋幸司さんのミッション

　高橋さんが睡眠測定について関心を持ったのは、今から20年以上も前の話です。その頃、大手通販会社に就職してまだ間もなく、寝具の担当として働いていました。

　枕や布団は、人それぞれ合うものが異なります。本来であれば、個々人に合わせた寝具を適切な価格で販売できればよいのですが、簡単ではありません。カスタマイズするとコストが上がりますし、そもそも眠りの良さを測るという発想は、今ほど普及していませんでした。

　その結果、布団と枕がセットで1万円といった商品は売れるのですが、3万〜5万円となると、たとえ品質が良くても売れ行きは伸びませんでした。納得感を打ち出せなかったのです。そのため、説明のしやすい品質や機能の違いをアピールし、有名人や社会的信頼度の高い人の言葉を借りて販売を行ってきました。しかし、高橋さんの違和感は残ったままでした。

「身長や体重を測るものはある。しかし、手軽に眠りを測るものはない。価格、品質、機能だけでなく、個々人に合う寝具を提供したい。寝具と睡眠はどういう関係があるのかを知りたい」

　高橋さんはそう感じ、睡眠について真面目に考えるようになり、2006年に「眠りで世界の人を元気にする」というビジョンを掲げてエムールを創業しました。以来、全国の寝具メーカーと直接取引を行い、オリジナル商品を開発して、楽天市場などのECサイトや自社サイトで提供してきました。

　同社の売上は、寝具小売業業種別売上高ランキングにおいて全国で8位（1403社中）、東京都で1位（105社中）です。創業以来、増収増益で、経常利益率は、創業直後を除いて10%前後を維持している小売業の中でも高付加価値な企業といえます。

　成長とともに取扱いアイテム数を増やしてきたエムールですが、2013年から次代のビジネスモデルへの準備を始めました。「睡眠の向上」に正面から取り組もうと舵を切ったのです。まず、電気通信大学と共同研究を始め、心拍・呼吸・体動のデータから睡眠の質を推定するアルゴリズムの精度向上に取り組みました。以後、睡眠の研究者である神川康子教授など、多くの学者と共同研究に取り組みました。

　現代社会においては、今後も睡眠の果たす役割は大きくなるばかりで、関心が高まっていくことは間違いありません。技術の面では、モノのインターネットとしてのIoTやビッグデータによる解析技術も進んでいます。高橋さんは2つのサービスによって、この睡眠の課題を解決しようとしています。

# 3 エムールの 2つのサービス

## 第1のサービス

　第1のサービスは、一般のカスタマー向けのものです。2013年にはすでに、世の中には睡眠を測定するアプリなどが出回っていましたが、これらによって睡眠の質が高まったかどうかは疑問です。現存のサービスは、睡眠の時間や深さを推定してくれますが、改善に向けたアドバイスが不十分です。睡眠環境をどのように整えて、どのように生活習慣を直すべきかを具体的に示してくれません。

　そこで高橋さんは2つの工夫によって、一般のカスタマーの睡眠を改善しようと考えました。

　1つ目の工夫は、既存のアプリよりも充実したアドバイスを提示するというものです。高橋さんは自ら睡眠改善シニアインストラクターの資格を取り、専門的な知識をもとにアドバイスできる能力を身につけました。[*3]寝具を含めた睡眠環境で解決できること、生活習慣の改善で解決すべきことを整理して提示できるように学び続けているのです。

　そして、高橋さんが開発したスマホアプリの特徴は、何も身につけなくても睡眠の時間や深さを測定できるということです。デバイスとしては腕時計などがありますが、これらは身につけて寝なければならないので厄介です。スマホアプリの機能で体動から睡眠を推測できるので、4つの側面から「眠りの傾向診断」をすることができます。

スマホアプリの画面

① 就寝時間
② 起床時間
③ 睡眠の深さ
④ 寝返りの回数

　睡眠の質は、専門家でなくてもわかりやすい形で3段階表示されます。たとえば、「一番深い眠り」が1時間15分、「浅い眠り」が4時間36分、「アウェイク」が20分という表示です。体動から、寝返りの回数も推定できます。標準的なパターンや回数と比べながら診断します。

## ソリューション提案

　エムールのアプリは、単に睡眠の時間や深さを測るものではありません。どのように習慣を改善すればよいか、専門的な知見からア

ドバイスしてくれます。睡眠の質を測ることで、たとえば、下記のように具体的に提案ができます。

- 生活習慣……朝ごはん、飲酒量、入浴などについての助言
- 就寝前の環境……寝る前の明るさ、就寝中の部屋の明るさについての助言
- 就寝時環境……マットレス、掛け敷き寝具、パジャマなどについての助言

また、身体情報と組み合わせることでマットレスの硬さやパジャマなどについての助言も可能になります。

すでに世の中には睡眠の質を測る器具が出回っていますが、有効な解決策を提供してくれるわけではありません。高橋さんは、具体的なソリューションを個々人に合わせて提案できれば、よりお客様に役立てるのではないかと取り組んでいます。

さらに、エムールの次代のビジネスモデルを「最適な睡眠環境を物販で届けるサービス」と定め、寝具選びについてのアドバイスとレコメンドサービスを進行しています。利用者の身体情報と睡眠データから、その人にとって最適な寝具を提案できれば、顧客にとっても喜ばれるはずだと考えたのです。

もちろん、それはお節介な提案であってはなりません。顧客自身が興味を持ったときに、最適なものがレコメンドされるようなものが理想です。

2つ目の工夫は、より多くの人に継続利用してもらうための動機づけです。具体的には、利用者に金銭と同じような価値を持つ「スリープポイント（仮称）」を付与することにしました。毎日、アプリを起動して自身の睡眠を測るだけで、買い物やサービスの割引ポ

アプリからのレコメンド

イントが得られる仕組みです。

　このポイントはエムールのオンラインショップで使えます。スリープポイントを貯めれば、利用者は自分に合った寝具を安く買い求めることができます。

　しかし、高橋さんは自社の商品だけでは利便性が低いとも感じています。さまざまな睡眠関連企業と提携して、この割引ポイントをいろいろな商品やサービスに使ってもらいたい。そう考えて、いくつかの企業と提携の話を進めています。

　もし、睡眠を測るだけでスポーツクラブを安く利用できたり、化粧品を安く購入できたりすれば、利用者も今よりも「続けよう」という気持ちになるはずです。多くの人が睡眠を測って改善できれば、「眠りで世界の人を元気にする」ビジョンに近づくことができます。

## 第2のサービス

　もう1つのサービスは、法人向けのコンサルティングです。昨今、従業員の健康管理が大切にされています。高橋さんは、このトレンドが睡眠にも及ぶことを何年も前から予測していました。

　その予測は見事的中しました。2017年にはユーキャン新語・流行語大賞のトップ10に「睡眠負債（sleep debt）」がランクインしています。睡眠不足は、その日だけの問題ではありません。解消しなければ毎日積み重ねられていく恐ろしいものだということが広く知れ渡りました。

　睡眠の質を測るセンサーがあれば、そのデータを収集して睡眠環境や生活習慣の改善に役立てることができます。エムールは手軽に睡眠測定ができる「Sleep Dot」を2018年1月に発売しました。

　Sleep Dotは、睡眠状態を可視化できる直径約3.3cmの小型睡眠モニターです。利用者は、枕カバーにつけて専用のアプリをダウンロードすれば、「睡眠品質」の点数を確認してアドバイスを受けることができます。

　そして、このSleep Dotに個々人の睡眠習慣を調査するプログラムを組み合わせ、睡眠品質と睡眠習慣の双方向から睡眠改善をめざす法人向け睡眠改善サービス「TechNeru（テクネル）」を開発、リリースしました。

　睡眠を「数値化」して、具体的なアドバイスができれば、それに向けた行動が取れるようになります。これはダイエットと同じです。体重や体脂肪率の目標と現状のギャップを数値で示すことで動機づけが高まり、何らかの行動を取るようになります。

　しかも、法人に導入できれば、個々人の意思と努力のみに頼ることなく、お互いに励まし合うこともできます。専門のトレーナーを

つけて改善を進めていくという計画も進めています。

　これまでのように、日々の睡眠状態を把握するだけでは十分ではありません。高橋さんは、目標設定・実行促進・定点観測のサイクルのサポートをしながら、顧客企業の従業員の睡眠改善を進められるようにしました。

　このサービスの導入によって、法人にとっては下記のような効果が期待されます。

　　・従業員の生産性を高められる
　　・従業員の睡眠負債を改善できる
　　・健康経営を実現できる
　　・労働災害、事故リスクを低減できる
　　・メンタル対策を進められる

　副次的な効果として、従業員の健康に配慮する姿勢を内外に伝えられるという点も見逃せません。今後、労働力不足に悩まされる企業にとって、このようなイメージはとても大切です。

　これらの効果は、法人のみならず従業員にとってのメリットにもなります。

　　・生産性を高められる
　　・睡眠負債を改善できる
　　・健康管理がしやすくなる
　　・労働災害、事故に遭うリスクを減らせる
　　・メンタルな問題を予防しやすくなる

　さて、従業員個々人の睡眠情報は、法人管理部門に伝えるべきな

小型睡眠
センサー

従業員用
Sleep Techne
DOT/APP

会社用
Sleep Techne Dash Board
（個人単位の情報は見られない仕様）

のか、実に悩ましい問題です。睡眠状況の把握がメタボ予防と同様、健康診断の一環であるとすれば、個々人の情報はそのまま法人の管理部門に伝えられるべきでしょう。しかし、高橋さんはプライバシーへの配慮から、個人単位の情報は本人にしかわからない仕様を基本としました。

　法人は、個人が特定できないようなかたちで、性別、年代別、部署別、勤務形態別など、さまざまな角度から睡眠状態の集計を見ることができます。良質な睡眠が取れているのかという睡眠品質、良質な睡眠を取るための睡眠習慣、就床時間や起床時間など、さまざまな観点から、社内の睡眠の品質を評価して、職場の改善に役立てることができるのです。

　社内で働きすぎやストレスが高い部署があれば、睡眠のデータにも影響するはずです。将来的には、業界や職種の平均とも比較できるようになるので、セルフチェックに役立てられます。

## サービスの全体像

　高橋さんは、Sleep Dotを軸とした新しいサービスの名前を「TechNeru（テクネル）」と名づけました。従来の寝具の販売ビジネスとは性質が異なるので、2019年にエムールのグループ企業「スリープテクネ」として別に立ち上げて事業を展開することにしました。

　スリープテクネのメインターゲットは、社員の健康に配慮する法人です。睡眠不足による日本経済の損失は、他の国より深刻で、15兆円にも達するといわれます。[*4] それゆえ、高橋さんは日本経済を牽引している大企業、ならびに成長著しいベンチャー企業を最初のターゲットに定めました。将来的には、交替勤務制をとっている鉄道、航空、病院などにも提供したいと考えています（図1）。

　当初、スリープテクネは法人向けのアイディアとして発想されていませんでした。一般消費者向けへの販売を考えていたそうです。しかし、高橋さんは未来予測の分析を行い、健康経営をめざす法人

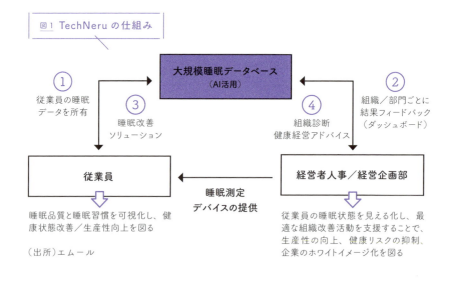

図1　TechNeruの仕組み

（出所）エムール

にフォーカスすべきだという結論にたどり着きました。法人は、データ管理と科学的根拠を適切に評価してくれるので、コンサルティングサービスとの相性がよいと考えたのです。

「一般消費者よりも法人のほうがデータによる確証を重んじるはずなので、まずは、こちらに注力しようと思いました」

　はたして、どのように未来を予測して事業の機会を見出したのでしょうか。

# 4　未来予測

　高橋さんが行った未来予測は、一種のトレンド分析によるものです。具体的には、過去の出来事を結びつけてトレンドを見極め、その延長線上に未来を思い描くという方法です。

- ・定点観測を行う
- ・自身の感覚とのギャップを大切にする
- ・トレンドを象徴するような出来事に注目する
- ・イベントとイベントを線で結ぶ

　実は、このような方法は、スタンフォード大学のデザインスクールで紹介されている未来予測の方法と一致するものでした。その手法と照らし合わせて説明しましょう。

## ヤヌスコーン

　未来予測をするフレームワークの1つに、ヤヌスコーンがあります。これは、スタンフォード大学のデザインスクールで紹介されている手法で、タマラ・カールトン教授たちによって開発されました。[*5] 早稲田大学でもワークショップを開催してくれましたが、日本では、名古屋商科大学の澤谷由里子教授が教育プログラムで紹介しています。民間企業はもちろん、アメリカ政府の国防にかかわるワークショップでも活用された実績のあるフレームワークです。

　このフレームワークは、過去と未来の双方に目を向け、過去に起こった出来事から将来起こりうる出来事を予測しようとするものです。ヤヌスは、ローマ神話の門を守る双面神で2つの顔を持ち、出口と入口、前と後ろを見ることができます。

　左は過去の領域とし、右は未来の領域として、それぞれコーン（三角錐）で示します。過去の出来事は双方が交わる現在に収束していきます。そして、未来に向かって広がっていきます（図2）。

　一見すると、無関係に見える出来事であっても相互に関連し合っ

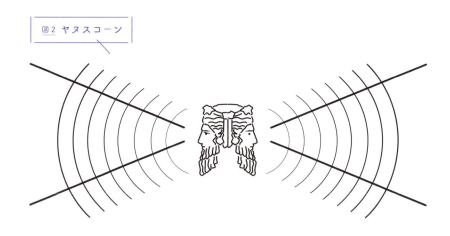

図2 ヤヌスコーン

て将来を形づくるものです。このフレームワークを使うことで、関心のあるトピックのトレンドを理解できます。また、関連する出来事を並べることで、その中にパターンを見出せるようになります。

ヤヌスコーンに記入すべき出来事は、特に定められていません。自身のビジネスに影響を及ぼすもの、あるいは自身が大切だと感じる出来事を並べます。一面的な理解に陥らないように複数の領域にまたがる出来事を記します。

歴史は一直線に伸びるとは限りません。断続的に変化するポイントがあるものです。複数のトレンドが交わり合って相乗効果的に変化が進むこともあるので、注意が必要です。

## ヤヌスコーンの３つの特徴

このフレームワークには、３つの特徴があります。

①過去のトレンドから未来を予測する
②定性的なフレームワークである
③簡便さを武器にしている

ヤヌスコーンの１つ目の特徴は、過去のトレンドから未来を予測している点です。より遠くの的を矢で射るには、より大きく弓をひく必要があります。これと同じように、５年先を見据えるためには10年以上前の過去を、10年先を見据えるためには20年以上前の過去を振り返るべきでしょう。

２つ目の特徴は、これが定性的なフレームワークだという点です。ヤヌスコーンは、印象に残った出来事を記入しながら未来を予測していきます。断片的な事実を多面的に洗い出し、それをイメー

ジに従って配置して線で結ぶことによって、トレンドを描き出します。定量的な数値データを折れ線グラフによって示す手法とは一味違う描き方です。

3つ目は、これが簡便さを武器にしたフレームワークだという点です。トレンドを示した折れ線グラフを作成するには、データを取って数値化して集計を取る必要があります。政府などが統計を取っていれば作成も容易ですが、当該ビジネスに関係するデータが必ずしも手に入るとは限りません。起業家や事業担当者としては、普段の業務で見聞きしたことを書き出すだけでトレンドが見られるのであれば手間暇を省けます。この意味で、きわめて使い勝手が良いフレームワークだといえます。

## 3つのトレンド

エムールの高橋さんは、さまざまな出来事をもとに未来についての予測を立てていました。それを再現したのが図3です。

大きな流れは3つに分けられます。第1は技術にかかわるもの、第2は社会にかかわるもの、そして第3が経済にかかわるものです。

### ① 技術の進展と普及

第1の流れは、技術にかかわるものです。眠りの深さを測るという発想は、もとをたどれば、1990年代前半に睡眠障害の人たちが利用したアクチグラフに由来しています。アクチグラフとは、簡単にいえば、人が睡眠・覚醒のいずれの状態にあるかを判定するための機器です。腕時計型の小型加速度センサーがデータを記録、基礎データを集めて自動判別ソフトと組み合わせて睡眠・覚醒や生活環境のストレスを推定します。

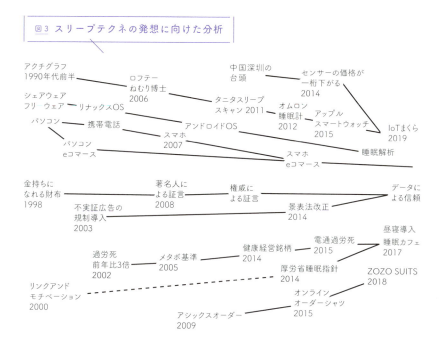

図3 スリープテクネの発想に向けた分析

　日本でも2006年、ロフテーから眠りの深さを測定する「ねむり博士」が発売されました。この商品は、枕にねむりスキャンセンサーを埋め込んだもので、価格は4万7250円でした。現代の基準からすると、ごく簡単な測定しかできないのですが、画期的な商品として話題になりました。

　その後、2011年にタニタからはセンサーマットタイプの「スリープスキャン」（実売価格3万〜6万円）が、2012年にはオムロンから「ねむり時間計」が発売されました。

　これらの製品を開発するためには、睡眠を測定するための各種センサーが不可欠です。高橋さんは、長年、毎年香港のエレクトロニクスショーなどに足を運んで技術進展の確認をしていますが、2014年頃から価格が急激に下がってきたことに気づきました。調べてみる

と、背後には、中国のシリコンバレーと呼ばれた深圳の台頭があったそうです。

　ハードウェアの価格が下がれば、実用化が進み、広く普及していきます。これに伴い、ソフトウェアの入手可能性も高まっていきます。高橋さんは「今後、ソフトもかなり安く調達できるようになる」と考えました。

　ハードもソフトも安く調達できるとすれば、問題は、いかにそれを顧客に届けるかです。幸い、携帯端末の発達は著しく、さまざまなアプリケーションが利用されるようになりました。高橋さんは「スマートフォンの普及によりソリューションが提供しやすくなった」と見ています。

## ② 社会における信頼基盤の変化

　第2の流れは、社会的な信頼にかかわるものです。信頼の基盤が「風評めいたもの」から「信頼できる人の証言」、そして「データによる確証」へと変わっていくというトレンドです。

　人は困ったことがあると藁にもすがる思いになります。たとえ風評にすぎなくても、信じて購入する消費者はあとを絶たないでしょう。その極端な例が「金持ちになれる財布」です。「この財布を使っていれば、あなたもお金持ちになれる」という、今では法的に許されない広告が出されていました。

　1997年に高橋さんが社会人1年目を迎えた当時は、まだこのような売り方が業界で横行していました。「なぜ、そんな売り方で商売になるのか」。高橋さんは世の中の動きと自身の感覚とのギャップを感じました。そして、何が社会的な信頼をもたらすのかについて考えるようになりました。通販のカタログから社会のトレンドを見るようになったのです。

何年か観察を続けていくと、信頼の基盤に変化が訪れました。2003年には不実証広告への規制が導入されました。通販においては、消費者保護の立場から「風評」や「過大広告」を是正する法律が時代とともに整備されています。カタログ紙面にスポーツ選手や有名人が出てきて、その商品がいかに効果的かを語るのです。「集中力が高まった」とか「英語が上達した」という声が紹介されるようになります。

そしてさらに、専門家の博士などがその効果を裏づけるようなコメントも目にするようになりました。データらしきものも少し示されるようになってきました。2014年には景品表示法が改正されて、取締りがより厳しくなりました。高橋さんは、このトレンドから、将来はより科学的な根拠に裏づけられた「データエビデンス」の時代がやってくると考えるようになりました。

しかし、その一方で有名人のコメントから購買を決める消費者が根強く残っているのも事実です。現在も、データよりも友人のSNSのコメントを頼りにするという購買行動も見られます。一般消費者についていえば、データを重んじる人とそうでない人がいるようです。

### ③ 経済における労働者の扱いの変化

第3の流れは、経済にかかわるものです。これは、働き方が変わるということですが、裏を返せば、雇用する側として労働者の扱いを変える必要があるということを意味します。

メタボという言葉が流行り、胴回りや体重をしっかりと測るという習慣が広まりました。メタボと診断された従業員は、適切な指導を受け、生活習慣の改善に励みます。

2014年には株式市場にも変化が訪れます。経済産業省と東京証券

# 健康づくりのための睡眠指針 2014
## ~睡眠 12 箇条~

01 良い睡眠で、からだもこころも健康に。

02 適度な運動、しっかり朝食、ねむりとめざめのメリハリを。

03 良い睡眠は、生活習慣病予防につながります。

04 睡眠による休養感は、こころの健康に重要です。

05 年齢や季節に応じて、ひるまの眠気で困らない程度の睡眠を。

06 良い睡眠のためには、環境づくりも重要です。

07 若年世代は夜更かしを避けて、体内時計のリズムを保つ。

08 勤労世代の疲労回復・能率アップに、毎日十分な睡眠を。

09 熟年世代は朝晩メリハリ、ひるまに適度な運動で良い睡眠。

10 眠くなってから寝床に入り、起きる時刻は遅らせない。

11 いつもと違う睡眠には、要注意。

12 眠れない、その苦しみをかかえずに、専門家に相談を。

（出所）厚生労働省健康局

取引所が「健康経営銘柄」を選定したのです。これは「従業員の健康管理を経営的な視点で考え、戦略的に取り組んでいる企業」のことです。健康管理に積極的な企業が株式市場でも適切に評価されるべきだと考えられたのです。

　健康に対する関心の高まりは、睡眠にも波及しました。厚生労働省は2014年に「健康づくりのための睡眠指針2014」を発表します。

　2015年には、電通における過労死が大きな社会問題として話題になり、2016年には政府の「働き方改革」の活動が始まります。三菱地所などの名だたる会社が昼寝の制度を導入し、2017年には「睡眠カフェ」というようなサービスも登場しました。

　このトレンドは今後も続きそうです。なぜなら労働人口が減少す

ることによって、1人1人が活力を持ってより高い生産性を発揮しなければならなくなりました。健康を保ち、現役として長く働くための健康管理が大切になってきたのです。

従業員の活力という点に関連して、高橋さんがふと思い出したのが、株式会社リンクアンドモチベーションです。同社は2000年に設立されたモチベーションにフォーカスした経営コンサルティング会社です。

「企業がモチベーションの向上にお金を支払うというのは良い社会の変化だ。生きがいや自己実現をめざす社会においては、健康と深い関係にあるだろう睡眠に対してお金を払ってもおかしくない」と考えた高橋さんは、今後、企業は社員の労働環境と健康管理に投資していくだろうと予測しました。

## パーソナル化

これら3つの流れほど大きくはありませんが、高橋さんが気になっているトレンドがもう1つあります。それは、パーソナル化です。

2009年にはアシックスが、1人1人の足のサイズに合わせたシューズを店舗で発注するサービスを始めました。2015年にはオリジナルスティッチが、シャツのフルオーダーを始めました。そして、2017年にはZOZOが体型を測定するスーツを無料頒布し、2018年にはそれぞれの体型に合ったアパレル製品を提供し始めました。

昔から、洋服や靴などのオーダーメイドは、富裕層のみが購入できる限定的なサービスでした。時代が進むにつれてイージーオーダーが進んできましたが、本当にパーソナライズ化された製品やサービスが一般的になってきたのは最近のことです。

# 5 分析から発想へ

　1つ1つの出来事というのは点のようなものです。しかし、その点をプロットして線で結べば、トレンドが浮かび上がってきます。ヤヌスコーンは、その線としてのトレンドを描き出すためのフレームワークです。それゆえ、まず自分のビジネスにかかわる出来事から、複数の線を描き出していくことが大切です。

　線としてのトレンドが見えてくれば、今度は、それらの線が相互に影響を及ぼし合うという可能性が浮き彫りになります。特に、複数の流れが1つに収束していくようなトレンドは見逃してはなりません。大きな流れを意識することで、未来についての予測がよりはっきりと見えてくるはずです。

　たとえば、技術においてハードが安くなり、ソフトの入手可能性が高まるというのはその典型です。ハードもソフトも普及し、コモディティ化が進むと考えられます。より多くの企業が睡眠を測定する機器を開発・販売するようになるでしょう。

　そこに、パソコン、携帯電話、スマートフォンという端末の変化が加わります。より身近で、より便利にネットにアクセスできる環境が整い、IoTによってさまざまな機器が相互に結びつくようになるわけですから、今後、睡眠を測定して何らかの助言をするようなサービスも増えそうです。

　そこに社会的な信頼にかかわるトレンドが加わります。今後、科学的な根拠に裏づけられた「データエビデンス」の時代がやって来るとすれば、睡眠についてデータ収集が進むでしょう。さらに、パーソナル化という流れが合わされば、科学的な根拠によってパーソナ

ルな助言を提供できるようになります。

　しかも経済界においては、企業は従業員の活力と生産性を高めることに躍起です。睡眠についての投資を惜しまない企業も増えてくるでしょう。企業はデータを重んじます。従業員1人1人に対して、睡眠を測定し、その改善のために助言をするようなサービスが求められるでしょう。

　このようなトレンド予測から、高橋さんはいち早く睡眠サービスのビジネスを構想することができたのです。


## 4つのステップ

　最後にエムール、スリープテクネの事例と対応させながら、トレンドを描き出すための4つのステップを紹介します。

### ① 定点観測を行う

　高橋さんは自身が熟知している通販やネット販売において定点観測を行っていました。これは、エムールの事業領域がそこにあるからというだけではありません。場所を定めることで「変化」が見えやすくなるからです。ましてや、事情がよくわかった場所であればなおさらです。高橋さんは、通販業界の動きそのものではなく、その背後にある重大な変化を読み取っていたのです。

### ② 自身の感覚とのギャップ

　次に、高橋さんは自身の感覚とのギャップを大切にしています。「なぜ、身長や体重しか測らないのか」「なぜ、金持ちになれる財布が売れるのか」「なぜ、これほどまでに従業員を大切にする社会風潮に変化していったのか」といった素朴な疑問が重要なトレンドを

読み解くポイントとなっています。ポイントが定まることで、どのような出来事に注目すべきかが、おのずと定まっていくのです。

### ③ トレンドを象徴する出来事

トレンドを読み解くポイントが定まれば、そこから関心を広げてトレンドを象徴するような出来事を拾い出すことができます。「眠りを測れる枕が発売された」「紙面にスポーツ選手が出てきて、その商品の効果を語った」「厚生労働省が健康づくりのための睡眠指針を取りまとめた」といったことを見逃さなくても済むのです。

### ④ イベントとイベントを線で結ぶ

最後に、高橋さんはある出来事と別の出来事とを線で結んでいます。リンクアンドモチベーションの躍進は、一般のビジネスパーソンだと見落としやすい出来事です。少し気になっても、そこから何かのトレンドを読み解こうとは思わないでしょう。

しかし、高橋さんはそれを企業の生産性の向上、自己実現社会への変革という大きな流れと関連づけることができました。「気づき」と「気づき」を線で結べばトレンドが浮き彫りになります。一見するとささいな出来事でも、何か大切なことを象徴している可能性があるということです。

以上、実例とともに未来予測からの発想法を紹介してきました。エムールのビジネスは、まだ始まったばかりです。アプリケーションの開発には資金が必要ですし、ライバル他社も黙って見てはいないでしょう。

しかし、高橋さんのアイディアが優れていることは感じ取っていただけたと思います。そして、近い将来に睡眠の品質を高めるよう

なサービスが誕生し、一定の顧客に受け入れられるのは確かなのではないでしょうか。過去のトレンドから未来予測をしてアイディアを発想できるようになれば、一歩先を行く発想が可能になります。

　次は、このようにして発想したアイディアを実際に形にして検証していく方法について紹介します。

第Ⅲ部

# 発想を
# カタチにして
# 検証

ビジネスモデルを発想しても、それがうまくいくとは限りません。発想が大胆であればあるほど、論理の飛躍も大きいものです。それゆえ、しっかりと検証する必要があります。

　製品であれば、試作品をつくれますし、インターネットサービスであればウェブサイトを構築して検証できます。しかし、ビジネスモデルはそうはいきません。頭の中にある観念なので、「カタチ」にしにくいのです。

　それでも、紙に描いてみたり、プレゼンテーションのスライドにしてみたりして顧客やパートナーの感触を確かめる必要があります。

　第Ⅲ部では、「ビジネスモデルの試作と検証」について解説していきます。発想されたアイディアやコンセプトをいかに「カタチ」にすればよいのか。デザインコンサルタントから学びつつ、その方法を紹介します。

　最初に紹介したいのが「デザイナーの流儀」です。分析・発想・試作・検証をどのように回すのか、ある製品提案の事例から感じ取っていただきます。

Validate
Your Ideas

第 10 章

# 肝心な
# ものは描かない

土地によって木の性質が
決まってくるんです。
間違いありません。
それから言うんでしょうな、
「木を知るには土を知れ」と。

宮大工、文化功労者　西岡常一

# 1 デザイナーの流儀

## 月曜日の懇親会

「月曜日にうちの社に遊びに来ないか」

　今から10年以上前のことです。ある大手スポーツメーカーが、新しいデザインスタジオでお披露目の懇親会を開くことになりました。同メーカーでデザインを統括する部長からziba tokyo代表取締役の平田智彦さんに誘いがあったのです。[*1]

　zibaは、ヒューレット・パッカード出身でイラン人デザイナーのソラブ・ボソジが1984年に設立したデザインファームで、USBフラッシュメモリの発明に協力したことで有名になりました。アメリカのオレゴン州ポートランドを拠点に、東京に支店、スウェーデンのマルメにリエゾンを展開しています。[*2]その東京の代表が平田さんです。

　平田さんは「何かお土産を持っていきたい」と感じたそうでしたが、あまりに突然の話だったため、時間的に余裕がありませんでした。声を掛けられたのが懇親会の3日前、金曜の夜だったからです。

「時間が十分にあれば、提案する製品についての市場動向や競合分析ができるのに」

　そう思いましたが、あと2日間しかありません。
　平田さんは、土曜日の朝に3時間ほど空いていたので、いくつか

のイラストを準備することにしました。先方には事前にメールで「ちょっと提案したいことがあるので、少しだけ時間をください」と伝えたそうです。

　そして当日、1枚1枚のイラストを丁寧に、しかし、くどくならないように説明しました。せっかくのパーティーなので、平田さんは直感的に伝えることを心がけたのです。読者の皆さんも、その場にいた気持ちになって、1枚1枚のイラストをご覧になってください。[※3]

これから新しい商品企画を提案します。それは子どもが使うものです。就学前の子どもで両親に囲まれています。お父さんは大学でスポーツをやっていて、御社のシューズを履いていました。若い頃は有名選手と自分をシンクロさせて、スポーツに打ち込んでいました。お母さんも中学・高校と御社のブランドのファンで、カバンやスポーツウェアを使っていました

第10章 肝心なものは描かない

おじいちゃんとおばあちゃんは、当然、かわいい孫のことを話題にしますよね。元気で長生きしてくれて、携帯で写真などを孫とやり取りしています

やんちゃな時期です。自分の股から顔を出し、逆さに眺めて「股のぞき」。友達も、ついつい真似して、元気いっぱいです

223

友達と遊んだり、お絵描きしたり、初恋もあるでしょう。ここには御社の製品が描かれていませんが、さまざまなシーンで活躍しています。いつもそばにいます

第10章　肝心なものは描かない

走っています。そして将来、こんなアスリートになりたいなっていう思いも生まれてくるかもしれません

御社のおかげで夢を見ることもできます。彼らの姿を通じて御社のブランドとのつながりができていきます

そして、平田さんはオーディエンスに問いかけました。

「これ、冒頭で製品の提案だと言いましたが、何の提案だと思いますか」

　皆さんがオーディエンスの１人だったら、何と答えるでしょうか。
　シューズと答えるかもしれません。しかし、シューズだとありきたりです。シャツやパンツも同じで、どのメーカーもさまざまな商品を取り揃えています。
　そうであればカバンでしょうか。これもほとんどのメーカーがすでにつくっているので新鮮味はありませんが、当たらずといえども遠からずです。問題はどんなカバンであるかです。普通のスポーツメーカーがつくっていない種類のカバンとは何でしょうか。
　実は、平田さんがこの場で提案したのは「ランドセル」でした。今でこそ、さまざまなメーカーが企画して販売していますが、当時、スポーツメーカーによるランドセルは見当たらなかったのです。
　日本では、ランドセルには特別な意味合いが込められています。学童になるとともに購入するもので、成長への１つのステージを象徴します。どの世代からも愛され、楽しい思い出がたくさん詰まっています。それだけにイマジネーションを膨らませることができるのです。平田さんが「ランドセル」と言った瞬間に会場はどよめき、矢継ぎ早に質問やコメントが飛び交いました。

「羽根のように軽いものはどうだろうか」
「メッシュのような素材にしてはどうか」
「スポーティーで、背負って走り回っても疲れないものがいい」
「色は、わがブランドのイメージカラーがいい」

実際、この場でいろいろな声を聞き出すことができたと言います。実は、これが平田さんのねらいなのです。

# 2 何を描き出し、何を描き出さないのか

解説しましょう。なぜ、平田さんはあえてランドセルの絵をイラストに載せなかったのでしょうか。

まず、プレゼンテーションのテクニックとして、聞き手に問いかければ関心を引きつけて退屈させずに済みます。しかし、平田さんのねらいは、それにとどまるものではありません。ランドセルにかかわる美しい経験をメーカーの人たちとともにつくり上げたかったのです。細部まで描き切らないからこそ、想像の余地が生まれます。夢も広がります。新しい発想も生まれます。

このような手法を平田さんは「ホワイトスペース」と呼びます。[*4]ホワイトスペースを意図的に残した提案にはメリットがあります。もし、イラストの中にランドセルを描いていたら、何が起こっていたでしょうか。

・具体的なデザインに関心が向いてしまう
・ランドセルという基本アイディアの検証がしにくくなる
・その具体的な提案に対してイエスかノーかという判断を突きつけることになる
・クライアントのイマジネーションが奪われてしまう
・クライアントがこの企画に参加できず、コミットしにくくなる

平田さんは「すでにあるものや、デザイナーが完璧と思うものを突きつけるべきではない」と言います。特に初期の段階では、たとえ「こういうふうな提案をしたい」というものがあっても、それを詳細に描き出してイエスかノーかの判断を迫るべきではないのです。クライアントを受け身にするのではなく、ともにつくり上げるホワイトスペースを残すべきです。

　ホワイトスペースを残せば、クライアントもそこに自分の考えやアイディアを描き出すことができるようになります。愛着も生まれます。実践する段階になっても、滞りなくプロジェクトを前に進めてくれるでしょう。

　実際、このようにして動きだしたプロジェクトの多くは円滑に進むそうです。ランドセルという提案を気に入ってもらえれば、会社でプロジェクトを立ち上げてくれます。上層部が認めてくれれば、優秀な設計者やデザイナーや材料の開発者などを社内で集めてくれます。社内で開発資金も準備してくれますし、マーケティングや販売の担当者にも声をかけてくれます。プロジェクトとして承認することを前提に進めてくれるのです。このような良い連鎖を生み出してくれるのがホワイトスペースです。その力が数枚のイラストの中に隠されています。

## 背景を説明する

　ホワイトスペースといっても、すべてを真っ白にするわけではありません。すべてが真っ白でよいなら、白い画用紙で事足ります。何を描き出して、何を描き出すべきでないのかが大切です。もう一度イラストをご覧ください。逆説的ではありますが、商品提案の中心であるランドセルは描かれていません。平田さんは、いったい何

を描き出したのでしょうか。

　実は、平田さんが描き出したのはランドセルを取り巻く背景でした。1枚目のイラストを見てください。これは、親の世代から「御社のブランド」との「つながり」があることを示しています。クライアントに対して、この「つながり」を活かし、子どものときからブランドとの接点をつくることはできないかと問いかけます。メーカー側から何か仕掛けられないかと問いかけているのです。

　2枚目のイラストはどうでしょうか。これは子どもの成長を楽しみに見守る大人たちを示しています。日本では少子高齢化が進み、1人の子どもをアクティブな高齢者たちが経済的に支えています。両親だけでなく、父方と母方の祖父母を合わせて6人から子育てに必要な資金が出てくるということで、「6ポケット」と呼ばれていました。

　しかも、子どもが1人しかいなければ、費やされる金額は自然に大きくなります。10万円の革製のランドセルでも売れるかもしれません。スポーツメーカーとしては、ハイテク素材を使うかもしれません。親として、成長期の子どもの体に良いかどうかが気になるはずです。メッシュのような軽い素材であれば、少々高くても出費は惜しまないことでしょう。

# 3　独特な試作と検証

　私は、そもそも平田さんがどのようにランドセルというアイディアを発想したのかが気になり、インタビューに協力してもらいまし

た。彼がスポーツメーカーに提案した手順をいくつかのステップに
分けて整理してみると、やはり「分析・発想・試作・検証」のサイ
クルを回していることがわかりました。念のためにもう一度紹介し
ます。

①分析……まずアイディア発想に先立ち、調査して分析します。
　　　　　大きな問題については、細かく砕いて整理します
②発想……「分析」によって事実を整理できれば、何が大切なの
　　　　　かも明らかになってきます。整理した事実をもとに
　　　　　創造的に「飛躍」させて発想します
③試作……「発想」によって「考え」がひらめいたら、それを形
　　　　　にしていきます。形にしていくことで自身の考えも
　　　　　より具体的になります
④検証……「試作」をつくり、市場に受け入れられるかどうかを
　　　　　実際に確かめます。検証結果は、次のサイクルの「分
　　　　　析」における新しい起点となります

「分析・発想・試作・検証」というのは、基本に忠実なオーソドッ
クスなサイクルです。昔から、経営では、「Plan（計画）→ Do（実
行）→ Check（評価）→ Act（改善）」の４段階を繰り返すことが
大切だといわれてきました。最近では、リーンスタートアップと
いって、最小限の仕様で実際に市場に投入し、仮説と検証を繰り返
すという手法が注目されています。
「分析・発想・試作・検証」のサイクルはデザインコンサルタント
に固有のものではありません。戦略コンサルタントも用いています
し、最近注目されているリーンスタートアップにも通じるものがあ
ります。すなわち、最小限の仕様で実際に市場に投入し、仮説と検

証を繰り返すというものです。ただし、平田さんの回し方にはある特徴があります。詳しく紹介しましょう。

## ①分析

　第1は「分析」のステップです。平田さんはこれを必要最小限にとどめました。分析の精度を高めて揺るぎのない証拠を集めるのではなく、要点だけをまとめました。

- 時代は少子高齢化
- 1人の子どもを両親だけでなく父方と母方の祖父母が支える
- 世界的にも憧れの企業ブランドで、アパレルにも強い
- このスポーツメーカーの商品ラインに日用品はほとんどない

　週末の3時間ほどしか作業にあてられなかったという背景もありましたが、平田さんは細かな分析に立ち入りませんでした。分析というのは、こだわり始めると、きりがありません。分析すればするほど、より細かな点で疑問が生まれます。確かな事実を突き止めようとリサーチを重ねれば重ねるほど、深みにはまります。時間ばかりかかり、結論が出ません。それゆえ平田さんは普段のインプットをベースに分析を最小限にとどめ、発想に移行したのです。

　もともとzibaでは、スタッフが年間を通じて広く浅くトレンドリサーチを行っています。どの業界のクライアントと仕事が始まっても大丈夫なように最低限の知識ベースが準備されています。さまざまなクライアントを想定して、どのような提案が有効かを考えているのです。このような下準備があるからこそ、速やかに発想に移れたのです。

## ②発想

　第2の「発想」のステップでは、良い意味での「論理の飛躍」が必要とされます。デザインコンサルタントがアイディア発想できるのは、普段から顧客のことを考えているからです。顧客というのは2つあって、クライアント企業と、その製品を使う利用者のことです。

　ただし、「クライアント企業やその利用者だけを見ていても絶対に駄目だ」と平田さんは言います。トレンドをどう読むのかが大切です。それをつなぐために、ziba tokyoではコンセプトストーリーをつくるのです。

　クライアント企業とその利用者をストーリーでつなぐという手法によって、平田さんはランドセルの物語を綴りました。スポーツメーカーを理解し、トレンドをふまえて、将来のファンになってほしい子どもと両親と祖父母の絆をつくるのに最適な商品を発想したのです。今回の場合、世界的にも憧れのブランドであることや、クライアントの軽量化の技術をふまえたうえで、幼少期からランドセルを通じて絆をつくっていくというストーリーを展開しました。

　ストーリーが頭に浮かべば、アイディアを膨らませて筋の良さを確かめていくことができます。

　「ランドセルは特別な意味合いを持つ」「成長ステージを象徴する」「どの世代も愛着がある」「楽しい思い出が詰まっている」「親や祖父母の世代との絆を示す」「幼少時代からこのブランドのファンになってくれる」という具合です。

　このような発想はクリエイティブ・ジャンプと呼ばれていますが、ziba tokyoでそのジャンプの筋の良さを判断するための基準が3つあります。

- 新規性……導かれた洞察に、これまでの常識とは異なる新しさがあるかどうか
- 妥当性……その洞察はもっともらしいか、確からしいかどうか
- 汎用性……その洞察が適用できる範囲が広いかどうか

## ③試作

　第3は「試作」のステップです。このステップでは顧客の反応を見るためにプロトタイプをつくります。

　デザインコンサルタントの場合、初期のプロトタイプについては詳細につくり込まないそうです。「ダーティープロトタイピング」といって、ダンボール紙や発泡スチロール、あるいは粘土を用いたラフなものをつくったり、ユーザーの経験を再現してビデオに収めたりします。[*5] 具体的な製品に体現できるものであれば、すぐにダンボール紙や発泡スチロールなどで形にします。サービスのように形にできないもの、社会インフラなどの規模も大きいものは、価値やサービスとお金の流れを模造紙などの上に表現します。

ziba tokyoのダーティープロトタイプをつくる自作の熱線カッター

よく起業家が創業時に紙ナプキンの上に自らのビジネスモデルを描いて投資家を引きつけたという逸話がありますが、これもある種のプロトタイピングです。平田さんの準備したスライドは、これを洗練させたもので「シナリオスケッチ」や「ストーリーボード」と呼ばれ、ビジネスモデル・デザインでも使われます。企業と利用者を結びつけるストーリーをビジネスモデルの試作と見なし、関係者たちの感触を確かめるのです。

　ただし、平田さんのそれはさらに大胆で、「肝心なものは描かない」というものです。

- ・ランドセルは描かない
- ・それを取り巻く背景のみを説明する
- ・絆、愛情の象徴とする

　ランドセルを取り巻く背景については徹底的に描写します。クライアントに対しては説明するのではなく、主体的に感じ取ってもらえるようにします。数多くの情景を描写して、彼らに「絆」と「愛情」というテーマを暗示し、ランドセルの価値を問いかけます。

　デザインコンサルタントの基本として、最初から詳細を描かないというものがありますが、これを究極まで突き詰めて「空白」にしてしまうのがホワイトスペースの手法なのです。

## ④検証

　第4の「検証」のステップでは、製作したプロトタイプを顧客に見せて感触を確かめます。[6] 平田さんの場合、最初の感触を懇親会の会場で確かめました。プレゼンテーションを準備し、クライアン

トの前で新しいカテゴリーを切り開くような製品の提案を行いました。

「肝心なものは描かない」というプレゼンテーションにもかかわらず、会場での評価はきわめて高いものでした。ランドセルを取り巻く脈絡がみんなで共有されたため、クライアントたちは、先述したように素材や機能、色について建設的な意見を述べてくれました。


「羽根のように軽いものはどうだろうか」

「メッシュのような素材にしてはどうか」

「スポーティーで、背負って走り回っても疲れないものがいい」

「色は、わがブランドのイメージカラーがいい」


　数値などでコンセプトが検証されたわけではありませんが、ランドセルという新しいカテゴリーの製品コンセプトについての検証はうまくいったといえます。

　次章ではデザインファームのzibaがいかにストーリーをつくるのか、その具体的なノウハウについて紹介します。

第11章

# 美しい「経験価値」のストーリーをつくる

まずは自分で心の底から面白いと思える
ストーリーをつくること。
優れた戦略構想の出発点はいつもそこにあります。

経営学者 楠木 建

# 1 経験価値

　アメリカ・オレゴン州ポートランド。全米の「住みたい街ランキング」で常に上位に選ばれる美しい街です。バラの街としても有名で、土曜日にはフリーマーケットが開催されます。アメリカ西海岸で最も安全な都市の1つで、夜でも女性が歩き回れるそうです。

　その街の中心地の一角に、スタイリッシュなカフェのような銀行があります。外観はまるでデザイナーズホテルのようですが、一歩足を踏み入れると、カフェの空間が広がり、化粧品のブースのようなディスプレーが目に飛び込みます。そこではポートランドのおいしいコーヒーが味わえて、ネットサーフィンもできる。とても普通の銀行の支店とは思えません。

　セレブのための特別な投資信託銀行なのかといえば、そうではなく地域コミュニティの人々のための銀行です。その名はアンプクア銀行。もともとは農林業関係者向けの銀行であったというから驚きです。

アンプクア銀行
（注）写真はネバダ州リノのストアに設立された第3世代のもの

どのようにして、この銀行が生まれたのでしょうか。背後には、経験価値についてのイノベーションがありました。デザインコンサルティング会社のzibaがそのお手伝いをしていたのです。

この章ではzibaによる「美しい経験価値」のデザインを紹介します。それは「美しい経験価値」ストーリーとしてつくり上げ、企業と顧客を結びつける手法です。

# 2 |事例| アンプクア銀行

## 背景と歴史

アンプクア銀行は、もともとは林業従事者たちが小切手を受け取り、それを換金するための銀行でした。設立されたのは1953年、林業が盛んなオレゴン州キャニオンビルという小さな街で、6人の行員によってサービスが始められました。

アンプクア銀行は、この地域で着実にビジネスを続けてきたのですが、特に目立った業績をあげることはありませんでした。アメリカの多くの地方銀行と同じように、ゆっくりとした成長に満足していました。ある意味で、牧歌的だったともいえます。

1994年、そこにレイ・デイビスという人物がCEOとして赴任しました。もともと銀行コンサルタントだったデイビスは、勤めていた会社が大手に吸収されたのを機に、実際に経営してみようと思ったそうです。[*1]

「私は自分が指導してきたことを現場に戻って実践してみたかった。もしちゃんとした機会があれば、自分の経歴と知識でうまくできるのではないかと思っていた」[2]

## リテールコンセプト

デイビスが行ったのが、地方銀行についてのコンセプトの大転換です。

周知のように、銀行には顧客にサービスを提供するための支店（branch）が存在します。そこには預貯金の預け入れや引き出しなどを行う窓口とATMがあり、用事が終わればすぐに立ち去る、きわめて機能的な場所です。

デイビスはこのあり方を抜本的に見直しました。これまでの支店に対する考え方を白紙に戻し、「ストア（store）」と呼ぶようにしのです。そして、銀行の支店を、まるでリテールストアであるかのように演出しました。

銀行におけるリテールというのは、個人や中小企業を対象にした小口業務のことを指します。しかし、彼がめざした姿はその意味ではありません。カフェや百貨店のようなものです。

そこで、バックオフィスの機能を取り除き、これまで支店で行われた業務の一部を本部に移管しました。行員（テラー）を店員（ユニバーサルアソシエート）として再定義しました。コンセプトを洒落た小売店というものに塗り替えたのです。

デイビスには、あるべき銀行についてのビジョンがあったそうです。しかし、新しい経験というのが顧客にとって、どのようなものになるのか具体化できていませんでした。ただ、それが伝統的な銀行のイメージとは似ても似つかぬことはわかっていました。[3]彼は、

自分の頭の中にあるイメージを現実に変えてくれる企業を探したといいます。何か強く訴えかけるもの、何か真正なもの、しかし銀行業界において伝統的ではないものを求めていました。

「われわれには、新鮮な視点が必要でした。銀行とは一切かかわってこなかった『誰か』の視点です。さらに私は、単に本能に従うだけではなく、自分たちがやっていたことに少しだけより科学的なことを加えたかったのです」[4]

　こうしてデイビスは、デザインコンサルティング企業のzibaに話を持ち掛けて、その答えを見つけようとしたのです。

## パールストア

　2003年3月、アンプクア銀行はポートランドのパール地区にあるアンプクアのストアを刷新してフラッグシップストア（旗艦店）にすると発表しました。外観はナイキの本社を設計したトンプソン・ヴァイボーダが、インテリアについてはzibaが手掛けることになりました。支店の面積は3500スクエアフィート（約325平方メートル）と典型的な広さです。事務作業をセンターに委ねることで、バックオフィスのスペースを節約しています。
　その結果、顧客を歓迎する空間が生まれ、顧客はATMを使う代わりに窓口で用事を済ませ、銀行で隙間の時間を過ごしてくれるようになりました。かつては預金を小切手にして郵送していた顧客が、今では銀行に足を運ぶようになりました。改装にかかったコストは75万ドルであり、通常の改装費と大差はありません。
　まず、入り口をご覧ください。この写真だと目立たないかもしれ

ませんが、左手に入り口があって、その前に三角スペースがあります。通常、ここはペットのための水置き場となっており、ペット連れの来店をさりげなく歓迎しています。

ドアを開けて店に入ると、すぐ左手にカフェの空間があります。煎りたてのコーヒー豆の香ばしい匂いが漂ってきて、利用者は思わずホッとします。そこが銀行であることを一瞬忘れてしまうほどです。

ポートランドは早くからカフェの文化が根づいていました。スターバックスが全米に展開したのは1987年ですが、その前から独立系のカフェが世界中からコーヒー豆を取り寄せて、ラテやエスプレッソを出していたそうです。1983年にはチェーン展開し始めた店もあるほどです。[*5]

カフェの空間にはテーブルがあり、端末も揃っているので、アンプクアの利用者たちは、地元のコーヒーを楽しみながらインターネットを利用できます。

パールストアの入り口とネットカフェスペース

預金の預け入れや引き出しなど、本来の銀行での用事を済ますためには、カウンターに行かなければなりません。そのカウンターがどこにあるかというと、カフェの空間から最も離れたところ、銀行に入って右に進んだ奥の左側に隠されています。目の前にカウンターがあると、ゆったりとくつろぐことができないので、あえて目立たせないようにしたそうです。

　カウンターを奥に引っ込めるのは、ブティックホテルではよくあることです。とはいえ、ブティックホテルから拝借したこのアイディアが銀行にとって冒険であることは間違いありません。

　そのカウンターの背後には、立派な壁画があります。ここには、アンプクア銀行の名前に由来する「川沿いの場所」と「踊れる水」が豊かな自然とともに描かれています。大自然と豊かな森林は、オレゴンの人たちの誇りです。既存の顧客の多くは林業に従事していますし、新規利用の顧客の中には木材加工や流通などの関連ビジネスに携わっている人も少なくありません。また、豊かな森林は働く店員にとっても大切なものなので、彼らの心を豊かにしてくれます。

パールストアの内観

カウンター奥の壁画とカウンター

　カウンターそのものは、まるでホテルの受付のような雰囲気を醸し出しています。そこで働く人たちもホテルの受付やコンシェルジュのような対応ができるように、特別な研修を受けているそうです。スターバックスや百貨店のノードストロームの研修に店員を参加させ、一流ストアのサービス対応を習得させているといいます。

　パールストアは650もの口座の開設を実現しました。その大半が競合の銀行から移ってきたものです。この地域の典型的な銀行が最初の３カ月で1800万ドルを集めるのに対して、アンプクア銀行は2100万ドル以上を集めています。この成功で確信した同行は、2004年５月、類似したストアをオレゴン州ベンドにもオープンすることにしました。

　そして同年７月には、この功績が評価され、インターナショナル・デザイン・エクセレンス・アワードの金賞を受賞することになりました。YouTubeなどのウェブサイトに掲載され、話題になりました。

広告宣伝にほとんどお金をかけなかったにもかかわらず、数億円の宣伝効果があったといいます。この成功について、デイビスは次のように語っています。

「パールストアの最初の9カ月は、1300万〜1500万ドルの預金を見込んだと思います。4月にオープンしたところ、1年を終える頃には3000万ドルを達成しました。十分な投資回収ができただけではなく、ポートランドにおける会社のイメージも上がりました」[*6]

　パールストアでは、顧客がいつ立ち寄ってもいいように、無料でコーヒーを提供しています。新聞を読んだりインターネットがいつでも利用できるようにスペースを設け、ショッピングのコーナーでは、顧客がギフトカードを眺められるようにしています。店員は、顧客の求めがあればさりげなく近づき、地球環境に優しい口座の存在を知らせたり、必要に応じてサービスを提供します。
　ストアには人が集まり、美術の展覧会やヨガクラスまで開かれています。地域コミュニティの1つの拠点となり、読書クラブや裁縫クラブも発足しました。
　パール地区での成功をきっかけに、アンプクア銀行は新しいリテールのコンセプトを他の支店に横展開していきました。フラッグシップストアの成功要因を抽出し、それを横展開して既存店をミニ・パールストアに仕立てたのです。投資にかかるコストは従来の水準に抑えつつ、業績を上げていきました。
　預金高はこれまでの2〜2.5倍で、貯蓄残高もローンの残高も平均の2倍に達しています。より高い年収の家計に対して1種類以上の商品を提供しているという意味でも、平均を凌駕する販売実績をあげているのです。

これは、店舗設計というハードウェアの勝利ではありません。店舗設計はもちろん大切ですが、顧客にとっての美しい経験価値へと結実させなければなりません。そのためには、暗黙の価値を提供する文化や仕組みが必要とされるのです。

# 3 美しい経験価値はどのようにデザインされたのか

## zibaのデザイン手順

実際に、zibaはどのようにして美しい経験価値をデザインしたのでしょうか。ここにリテールコンセプトという発想を「かたち」にして検証するノウハウが凝縮されています。

経験価値とは、製品やサービスを利用した経験から得られる感覚的・情緒的な価値のことです。経験価値が最も効力を発揮するのは、機能面での違いを生み出しにくくなった製品やサービスです。同じような機能を同じようなコストパフォーマンスでしか実現できないようなときは、顧客の感性や情緒に訴えるほかないのです。[7]

ziba tokyoを率いる代表取締役の平田智彦さんからお話を伺うことができました。[8] 当時用いられていた手法やフレームをアンプクア銀行の事例に当てはめて紹介します。[9] その手順は、3つのステップから成り立ちます。

### ① ブランドキャラクターの設定

経験価値のデザインには、多様なプロフェッショナルの参画が不

可欠です。建築を考える人、動線を考える人、デザインをする人など、それぞれがバラバラに構想していてはうまくいきません。そこでまず、サービスを提供する側のベクトルを揃える必要があります。

　活用されたのは、ブランドキャラクターを設定するためのマトリクスです。zibaのチームは徹底的な現場の観察やインタビューを行い、アンプクア銀行のブランドを4つの原型に照らし合わせ、あるべき姿を探っていきました。

　マトリクスの縦軸には「躍動する（Dynamic）」と「安定した（Stable）」が、横軸には「考える（Thinking）」と「感じる（Feeling）」が位置づけられます。そして、それぞれの掛け合わせから下記の4つの類型が導き出されます（図1）。

- 統治者（Ruler）
- 賢者（Sage）
- 冒険者（Explorer）
- 介護者（Caregiver）

　普通の銀行のブランド原型としてよく見られるのが、統治者ないしは賢者です。しかし、現場の観察やインタビューから、むしろアンプクア銀行には介護者としての性質が強く備わっていることがわかりました。創設以来、アンプクア銀行は、林業や農業に携わる人たちと人間味あふれる関係を築いてきました。店員同士の関係も同様です。[10] よく世話をしてくれる「おもてなし銀行」として受け止められていました。

　しかも、そこに冒険者の要素が少し入っているようです。普通の銀行らしくはない、ちょっと風変わりなドキドキ感があるらしいのです。

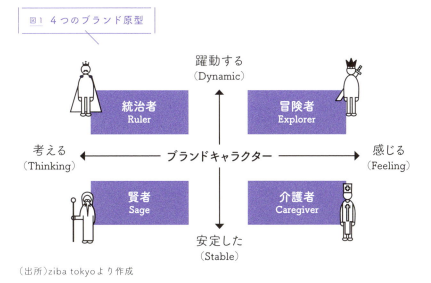

図1 4つのブランド原型

(出所)ziba tokyoより作成

　イノベーションには意外な掛け合わせも必要です。この点について平田さんは次のように語ります。

「直線的に結びつけるような形がベストだとは限りません。むしろ、たとえばレストランに、賢者というキャラクターを結びつけると、もっと面白い。今までにないところに位置づければ、新しさも出るものです」

　冒険者のような性質を帯びた銀行というのは、今までにないブランドキャラクターとなります。そこで、経営者の考えの下でさらに冒険をしてみようということになりました。冒険といっても、資金調達で過度なリスクを取るということではありません。顧客が経験する価値にもっと「冒険」のスパイスを織り交ぜるということです。外から眺めたときにはカフェやブティックホテルのロビーであるか

のように見せ、通りがかりの人に「これ、何物だ？」というインパクトを持たせました。

### ② ブランドアイデンティティーの探求

基本ベクトルをしっかりと合わせた後、ブランドアイデンティティーへの探求が始まりました。アンプクア銀行のアイデンティティーは、図2のように整理されました。

まず、本質は「人間を中心に設計された銀行サービス（Human Centered Banking）」と定められました。これはアンプクア銀行の強みを象徴すると同時に、既存の顧客が期待する姿を的確に表しています。同行は、これまでストアコンセプトを掲げ、リテールサービスを手本に顧客と親密な関係を築いてきました。それが支持されていることが、インタビュー調査などから明らかにされたのです。

価値の部分でもアンプクア銀行らしい言葉が並びます。「普遍的な顧客サービス（Universal Customer Service）」「独特さ／風変わりであること（Quirkiness）」ならびに「コミュニティ（Community）」

図2 アンプクア銀行のブランドアイデンティティー

**本質**
人間を中心に設計された銀行サービス

**価値**
普遍的な顧客サービス
独特さ／風変わりであること
負け犬根性
コミュニティ

**ポジション**
スローバンキング

（出所）ziba tokyo

というのがその典型です。

意外なのは、これらに加えて「負け犬根性（Underdog Mentality）」という側面が抽出された点です。負け犬根性というと、いかにも消極的な言葉に思えます。しかし、裏を返せばそこを刺激すれば強みにもなりえます。ニッチ市場や効率性を超えた何かを提案していこうという姿勢につながるからです。大手銀行にはできないこととして、たとえば地域のニーズを注意深く探してみようという姿勢です。

こうして一般の銀行とは逆をゆくポジショニングが明確になりました。それが「スローバンキング（Slow Banking）」です。銀行といえば、「お金のことだけを処理して終わり」というイメージが強いものです。用事もないのにウロウロしていたら、おそらく不審がられるでしょう。速くて効率的でなければならず、特別な融資の相談でもない限り、5分とか10分で立ち去るのが普通とされます。その逆を突き、ゆったりくつろぐという風変わりなあり方を追求したのです。

ちょうど、スローフードが流行り始めていた時代でもあります。「用事がないなら早く立ち去れ」ではなく、「普段からゆったりとくつろぎに来てください」というのは、時代のニーズにも合っていました。

### ③ 経験をデザインする

基本ベクトルが定まり、ブランドアイデンティティーが明確になれば、経験のデザインに本格的に取り組めるようになります。アンプクア銀行においては、具体的に経験をつくり込むのに先立って、他のストアでの経験価値も参照されました。主にモデルとなったのは、スターバックスとWホテルです。いずれも銀行にとっては意外

なお手本であるため、新しい結びつきを生み出すことができます。[*11]

お手本があれば、その経験を持ち込むような形でストーリーが描けます。そのプロセスについて平田さんは、次のように語ります。

「zibaは、顧客の喜ぶシーンは何かということで体験を調べていきました。そうするとオレゴンやワシントンにあるブティックホテルに行き着いた。日本でいうと、デザイナーズホテルのようなものです。白黒の写真がいっぱい貼ってあって、洒落た椅子がある。そこのカフェだとかロビーでお茶を飲んだりする経験が好きだという。だから、その経験を銀行の中に持ち込みました」

## 4 「脚本、舞台、役づくり」による試作と検証

### 三位一体のストーリー

zibaは経験価値をデザインするとき、脚本を準備し、舞台を整え、役をつくって演じさせます。これら3つの要素が三位一体となって、1つのストーリーが生まれます。構成要素を1つずつ説明していきましょう。

- Plots（脚本）
- Scenes（舞台）
- Roles（役割）

Plots（脚本）とは、一言でいえばストーリーの筋書きのことです。演劇でいえば脚本にあたり、誰が、何を感じ、どのように振る舞うか、そしてその結果、何が起こるかを書き綴ります。

経験価値を提供するストーリーというと、いかにもロマンチックに聞こえます。しかし、大切なのは、それによって何を成し遂げるかです。アンプクア銀行だと、店員がコンシェルジュとして気持ちよく働けるというだけでは不十分です。むしろ、それを演じることで新しい顧客を獲得できるという点が大切です。既存の顧客に喜ばれ、新規顧客も開拓できるという筋書きだからうまくいきます。このようなストーリーを論理的に示さない限り、経営者の投資を促すことはできません。

Scenes（舞台）というのは、全体の舞台装置です。パールストアだと、ガラスで囲まれた開放感あふれるスペース、通常の店舗の2倍近くある高さの天井が舞台となります。そこに置かれる接客のカウンターは、大道具の典型です。アンプクア銀行の店員は、ホテルや百貨店の従業員向けの研修を受けていますが、このカウンターなしにコンシェルジュのサービスは続きません。研修直後はコンシェルジュのように振る舞えても、相応の舞台がなければ数週間も経たないうちにもとに戻ってしまうそうです。

小道具も大切です。zibaが重視しているのは、ビジュアルアイデンティティーです。ポートランドは教育水準の高い街ですが、林業や農業に携わる人たちの識字率は低いです。それゆえ、文字で埋め尽くされるような表示は避けなければなりません。ビジュアルで理解できるアイコンを用い、1つのサインボードには1つのメッセージと限ります。同時にデザインにこだわり、都会のインテリ層にもアピールできるようにしました。

最後に、Roles（役割）というのは、舞台上で演じられる役のこ

とです。以前のアンプクア銀行であれば、林業に携わる人が作業服と長靴のままで支店にやって来ました。気取らない行員がいて、友達口調で会話するのが普通でした。

もし、行員にコンシェルジュという役を新たに与え、リッツ・カールトンの研修プログラムに参加させたら何が起こるでしょうか。行員はその役に没頭し、一流のサービスを習得するかもしれません。実際、このような取組みによって服装、応対、お辞儀の仕方まですべて変わったそうです。そして興味深いことに、舞台が変わり、行員の振る舞いが店員のそれへと変わると、顧客も変わったそうです。長靴を履いていた客も、身だしなみを整えて来店するようになりました。

何もお互いに無理をしているわけではありません。双方ともこれまでと同様に親しい関係を維持しています。そのうえで、もう1人の自分を演出しているわけです。

平田さんはこれを「セルフキャスティング」と名づけ、ストーリー構築を進化させる手法として提唱しています。役者たちが自発的に変われるように、独自に工夫を加えて脚本と舞台と役を準備して取り組んでいるのです。

## セルフキャスティング

セルフキャスティングというのは、舞台に立つそれぞれの役者が、経験価値をともにつくり上げるために、なりたい自分を演出することです。より正確には、「商品・サービスを通して従業員、顧客そして取引先が自らの変わりたいという願望または潜在的欲求を満たし、それぞれが主役となるストーリーを展開する状態を実現するもの」と定義できます。

脚本と舞台と配役を三位一体にできれば、セルフキャスティングは絶大なる効力を発揮します。変わりたい自分をストーリーの中で展開させ、自発的にあるべき姿に近づけられるからです。この点について、平田さんは次のように語ります。

「人というのは化ける楽しみというのを、人間の本質として持っている。仮面舞踏会だってそうだし、秋葉原の（メイドカフェの）『ご主人さま』もそうかもしれない。ハロウィンだって同じ。性別や年齢にかかわらず、メイクしたりするのは楽しい」

コンシェルジュとして研修を受けると、パールストアでそれらしい言葉遣いや振る舞いをするものです。実はその時点で、行員たちのセルフキャスティングは始まっています。わずか２週間前には友達口調で接客していた行員たちが変わり始めます。

そして、舞台装置ができていれば、元に戻ることもありません。以前のように友だち口調で接客していることのほうが不自然になります。店全体がブティックホテルになり、マネジャーも今までと違う形で行員に接します。だからこそ、店舗設計をした建築家は、彼らがコンシェルジュとして演じ切れるように設計をするのです。

会社が指令しているようではセルフキャスティングにはなりません。アンプクア銀行の例でいえば、行員が自分の役として主体的に演じることで、良い循環が生まれるのです。顧客の服装も変わり、双方の言葉遣いも変わっていきます。こうして新しい経験価値が生み出されるのです。

セルフキャスティングは、多様な主体を巻き込みます。ストアでの演劇というのは顧客だけでは成立するものではありません。サービスを提供する従業員がいて初めて成り立ちます。脚本づくりにお

いては、従業員と顧客とのやり取りが徹底的に検証されます。大きなスペースに実物大の大道具や小道具を準備し、サービスのプロトタイプをつくり、実演しながら確かめられます。

　端から見ると、まるで演劇の稽古のようです。このプロトタイプの検証では、多様な専門家が参加してそれぞれの視点で評価を行います。デザインコンサルタントは、業界の事情を知らないがゆえに気づくことがあります。逆に、検証に参加したり観察したりするクライアント企業は、業界の事情を知っているからこそ提案できるアイディアを持っています。

## セルフキャスティングの強み

　セルフキャスティングを活かした演劇づくりには、ある強みがあります。それは、セルフキャスティングによって、登場人物たちの自発性が促され、行動も進化していくという点です。すでに述べたように、セルフキャスティングは自発的に心のスイッチを入れます。憧れの姿、なりたい自分。理想の姿を追い求めるようになります。無理に強いられているわけではないので、今日の自分よりも明日の自分、明日の自分よりも明後日の自分というように進化し続けるのです。

　これが組織レベルで進んでいくと、コンセプト自体の進化へとつながります。演じる役者だけではなく、脚本も進化し、舞台道具も進化していきます。企業として追い求めていた姿を超えて、さらなる一歩を踏み出せるようになります。実際、アンプクア銀行も第2世代、第3世代へと進んでおり、出店する地域や店舗の大きさなどによって、さまざまな進化を遂げています。この点について、平田さんは次のように語っています。

「文化を回し出すっていうことは、そこから始まっていくと今度は、あるところで勝手にその文化は回り出しますよね。そのときは、やはり彼女たちがセルフキャスティングしている瞬間ですよね」

アンプクア銀行の強みは、そのブランドアイデンティティーにあります。合併吸収を繰り返し、規模が拡大しても変わらぬDNAです。実際、デイビスが就任して以来数多くの銀行を吸収して成長してきましたが、アンプクア銀行らしさはまったく失われていません。

なぜか。平田さんの言葉を借りれば、それは、新しく加わった行員をストアに招き、次々にセルフキャスティングを促しているからです。脚本と舞台が揃っているので、役者は、基礎的なトレーニングを受けるだけで、一流の店員のように振る舞えるようになります。

ビジネスモデルというのは、顧客にいかに価値を届けるかの論理です。ストーリーとして語れば、顧客やパートナーの反応を見ることができます。キャンバスに描かれたビジネスモデルに命を吹き込むこともできます。「ビジネスモデル・キャンバス」や「ピクト図解」のようなビジネスモデルとストーリーとは補完関係にあるのです。

しかし、いきなり「ストーリーをつくれ」と言われても戸惑う人がほとんどでしょう。次章では、初歩的なストーリーづくりについて紹介します。

# 第12章

# パートナーと「共創する」

自力と他力は相反するものではありません。
他力とは、自力を呼び覚まし、育ててくれるもの。
自力をひっくるめて包んでいく大きなものが他力です。
言わば、他力は自力の母なのです。

小説家 五木寛之

# 1 共創に向けた試作づくり

## 大事を成すために

　1人ではできないこと、自分の会社だけでは成し遂げられないことがあります。このようなときは、パートナーを見つけてともにビジネスモデルをつくるべきです。良きパートナーに恵まれれば、自社の力は何倍にもなります。スタートアップ企業はもちろん、大企業でも同じことでしょう。

　ただし、成し遂げようとすることが大きいと、周囲からの協力を得るのが難しくなります。パートナーだけでなく、社内でも物議をかもすかもしれません。

　こんなときこそ、アイディアをかたちにする必要があります。「かたち」にすることで、次のような便益が得られるからです。

- ・自分の考えを整理することができる
- ・他人に伝えられるようになる
- ・実行に移すときに協力を呼びかけて皆を巻き込むことができる

　アイディアをかたちにすることで、試作と検証が可能になります。最初は、ワクワクする青写真を準備して、それを実現する筋の良いストーリーを練りましょう。次はその実現可能性を示すデータを集めます。小さな実験から始めて、少しずつ規模を大きくすればよいのです。

　この章では試作づくりの方法から、検証の実際までを紹介します。

# 2 |事例| KUMONとBRAC

　すでに世界でも就学率が上がってきていますが、単純な読み書きや計算ができないような子どもたちが世界にどのぐらいいると思いますか。ユネスコの調査によれば、基礎学力が身についていない小学校就学年齢の子どもは、2013年の段階で2億5000万人にも達したそうです。[*1] 国連はもちろん、各国の政府、そして、教育機関も教育の質に課題意識を持たざるをえません。

## ビジネスモデルの限界

　この状況を少しでも改善しようと、真摯に取り組んでいる企業があります。第6章で紹介したKUMONです。同社は創業間もなく、グローバルな視点から「地球社会に貢献する人材を育成する」という理念を掲げて、それを実践する集団を築き上げてきました。

### 公文の理念

われわれは
個々の人間に与えられている可能性を発見し
その能力を最大限に伸ばすことにより
健全にして有能な人材の育成をはかり
地球社会に貢献する

KUMONのビジネスモデルはフランチャイズ教室によるものです。現地法人を設立し、その法人がフランチャイザーになって直接フランチャイジーを育てるという仕組みです。

　しかし、この方法には限界もあります。国や地域によっては、政治情勢や治安が不安定で、また、フランチャイズそのものの概念がないケースもあり、サービスを展開できないところもあるからです。

　また、現状のフランチャイズ展開だと、一定の所得がある人たちにしかサービスを提供できません。日本では一般家庭が通える教室となっていますが、途上国などではどうしても所得水準の高い家庭向けへのサービスとなってしまいます。潜在的な顧客のほんの一部にしか公文式を広められないのです。

　それゆえ、途上国をはじめとする国や地域で基礎学力をつけることができない子どもたちに、公文式をいかに広めることができるのか。社内では機会あるごとに協議されてきました。

　現地に根を下ろした、事情のわかった強力なパートナーがいれば、公文式をもっと広げることができます。このような可能性も社内では議論されてきましたが、具体的に話が進むことはありませんでした。

## 転機が訪れる

　転機が訪れたのは、2013年5月でした。世界有数のNGOであるBRACのファザル・アベド総裁が訪日したとき、株式会社公文教育研究会の角田秋生代表取締役社長（当時）と会談することになったのです。

　BRACは、バングラデシュ独立戦争後の開発を目的に、1972年に創設されたNGOで、現在ではマイクロファイナンスから、医療、

教育、職業訓練、農業開発などの分野で活動しています。すでにアジアやアフリカの11カ国で活動しており、予算規模500億円、職員数11万人を超える巨大組織です（2018年現在）。スイスのNGOアドバイザーが国際NGOのランキングを①革新性、②社会的インパクト、③ガバナンスの項目から評価して発表していますが、BRACは500を超える国際NGOの中で1位に選ばれました。

特筆すべきは、BRACはNGOでありながら寄付への依存度が非常に低いことです。マイクロファイナンスによる収入、投資による収入、そして百貨店の経営や乳製品の販売などの営利事業の収入などによって、予算の7割がまかなわれています。

このBRACを創設したアベド総裁が、KUMONを高く評価していたのです。

アベド総裁夫人の親類が、アメリカのニューヨークのマンハッタンでKUMONの指導者をしており、アベド総裁と夫人が実際にKUMONの教室を見たとき、「公文式をぜひバングラデシュで活用したい」と考えたそうです。KUMONの理念・考え方にも共感したということでKUMONにコンタクトがありました。

## 素朴な構想

KUMONが最初に思い描いたのは、BRACスクールで自分たちの教材を使ってもらうという夢でした。

BRACは教育事業を積極的に進めていて、当時、バングラデシュ国内に約2万のスクールを保有していました。学校は都市部のスラム街や農村部など公立の学校がないところにあり、独自のカリキュラムで5年一貫の教育サービスを、貧しい人たちに無償で提供していたのです。

「66万人（当時）が学ぶこのスクールに公文式の教材を導入して、貧困層の子どもたちに公文式を届けたい」

KUMONは公文式を外部の教育プログラムの1つとして採用してもらえないかと考えました。しかし、BRACの教育部門の人たちからは次のように言われたのです。

「公文式は高い。紙を使うのがもったいない」

公文式では、紙に印刷された教材を使います。ところが、BRACスクールの学習では、石板も活用して学びます。それゆえ紙を使用する教材費用が問題視されました。

試算してみると、公文式を導入するとコストが倍になることがわかりました。つまりBRACスクールの1人当たりにかかるコストとほぼ同じ金額が公文式の導入にかかるのです（2013年の試算）。

こうしてBRACスクールでKUMONの教材を使ってもらうという構想は夢に終わりました。

## 教室で稼いでもらう

当時、経営企画室長であった井上勝之さんは、このときの心境について次のように語っています。

「われわれとしては、学習効果を発揮するためには、紙と鉛筆を使わなければ難しいと考えていました。だからBRACの仕組みをそのまま使うことはできないということが、早い段階でわかったのです。そうであれば、彼らにKUMONの教室を運営してもらおうと思

いました。彼らに教室を運営できるだけの力があることはわかっていました」

　こうしてKUMONが考えたのは、BRACとともにバングラデシュでビジネスをして、BRACスクールへの公文式導入のための資金を生み出すというアイディアです。バングラデシュは経済発展によって所得水準も上がり、富裕層もいます。その人たち向けにBRACがフランチャイズビジネスで中高所得層向けに教室を運営し、その収入を貧困層向けのBRACスクールでの公文式導入に回してもらうという筋書きです。

　この青写真は、早速、1枚の図にまとめられました（図1）。

　KUMONにとって、これは助成事業でもなければ慈善事業でもありません。「ライセンスビジネス」といって、BRACの売上から一定の割合で収入が得られるという新しいモデルでした。

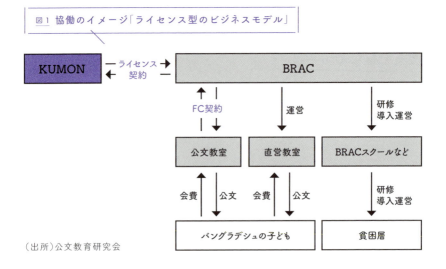

図1　協働のイメージ「ライセンス型のビジネスモデル」

（出所）公文教育研究会

## JICAの助成に申し込む

　ちょうどそのとき、JICA（国際協力機構）が途上国における貧困層向けのビジネスに対する助成を公募していました。かつて、ビジネスの対象とはなりえないと考えられていた貧困層が、今後、成長市場になる可能性がある。JICAは、民間企業が途上国での事業化の可能性を調べる調査（フィジビリティ・スタディ）をサポートする制度を創設し、2010年に公募を開始していました。[*2]

　JICAのねらいは、民間企業が貧困層向けのビジネスを展開することをサポートし、民間のビジネスを通じてその国の開発に貢献することでした。

　KUMONはこれに応募しました。

　計画は２つの実験から成り立っています。最初に「先行パイロット」として３カ月間、３つのBRACスクールにいる100人の生徒を対象に公文式学習を提供します。目的はBRACスクールにおけるオペレーションの確認です。

　次のステップでは「パイロット」として規模を拡大し、８カ月間の実験を行うというものです。目的は公文式の学習効果の検証で、週に６日、30分だけ公文式に取り組んでもらいます。東京大学教授の澤田康幸さんたちから助言をもらい、公文式を導入した17校と、導入しない17校で学習効果を比較するという計画を練りました。

## 第１ステップ　「先行パイロット」での検証

　この計画を練るにあたって、BRACのアベド総裁や経営幹部、そして教育部門の人たちと協議したそうです。

　アベド総裁をはじめ、BRACの経営幹部はみなライセンスビジネ

BRACスクールの
導入実験

スを理解し、賛同してくれました。しかし、教育部門の人たちは十分に理解できなかったようです。彼らは教育から収益を上げるという発想ができませんでした。BRACには収益事業がありますが、教育事業はそれとは別だと考えられていたのです。

さらに、教育部門の人たちは公文式に懐疑的だったそうです。なぜなら、BRACには独自の教育カリキュラムがあり、彼らはそれに相当な自信を持っていたからです。

バングラデシュでは、小学校の卒業認定試験があります。これに合格しなければ中学校に進学することができません。BRACスクールでは公立小学校6年間のカリキュラムを5年で済ませ、試験合格率99.9％を誇っています。それゆえ、あえて公文式を導入する理由がないと判断されたのです。

しかし、2つのステップの実験を経てBRACの教育部門の人たちの認識は変わります（図2）。まず、最初の実験で学力向上のわかりやすい成果が出ました。わずか1カ月で全員が頭の中でちゃんと数字をイメージできるようになり、計算するときに指を使わなくなったのです。

指を使って計算すると、どうしてもスピードが落ちてしまいま

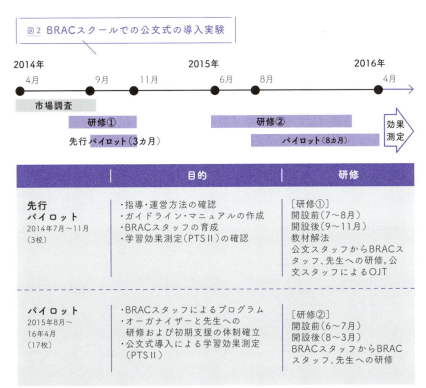

(出所)公文教育研究会

す。いつまでも指を使っていると、中学に入ってからが大変です。実際、卒業試験に合格しても、中学に入ってから半分以上が脱落していました。

　現場にいた職員たちは公文式の効果を実感し、次の8カ月の実験に、より一層積極的に協力してくれたそうです。

　そうはいっても、この成果を目の当たりにしたのは現場にいた職員だけです。公文式がいくら世界に広がっているといっても、確証がなければ受け入れてくれません。

　さらに、BRACには教育部門とは別に評価部門があり、ここも公

文式に対して批判的でした。なぜなら、教材は計算問題ばかりで、図形もなければ文章題もないからです。カリキュラムとして成り立っていないように見えたのです。

## 第2ステップ 「パイロットでの検証」

　教育の専門家たちに認めてもらうためには、身についた能力について定量的に証明する必要があります。

　KUMONでは、このような事態を想定して2011年から公文式の学習効果を測定するツールを開発していました。教育効果には計算力のように目に見えるものと、集中力、自己管理能力、ならびに自己肯定感のように目に見えにくいものがあります。

　そこで、このツールを用いて公文式を導入している17校と、導入していない比較対象群17校を比べたところ、統計的に有意な違いが認められました。比較対象群の上昇はわずかなのに対して、公文式を導入した学校の生徒たちは、計算力はもちろん、見えない学力も

図3 公文式導入の結果（小学4年生）

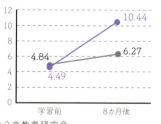
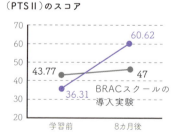

（出所）公文教育研究会

大きく伸びていました（小学4年生の結果は、図3を参照）。

この結果がBRAC全体の態度をガラリと変えました。評価部門が公文式の価値を認め、「公文式は素晴らしい、ぜひ導入すればいい」と太鼓判を押してくれたのです。

第1ステップの実験段階では、まだ現場の理解と口コミの域を出ませんでしたが、効果を示す客観的なデータによって組織全体が認めてくれました。

## アベド総裁からの重い言葉

第2ステップの実験での成果を議論する会議でアベド総裁の口から出た言葉が、KUMONとBRACのパートナーシップをより確かなものにしました。

「子どもたちが自分で考えるようになった」

とてもシンプルな言葉なのですが、バングラデシュの社会においては、非常に重大な意味を持ちます。

バングラデシュでは、長い間、指示されたことを効率的にこなすための教育が重視されてきました。そのためバングラデシュには自分でものを考えて実行できる人材が育っていなかったといいます。

実際、バングラデシュに進出した日本企業の悩みの1つが、現地に中間管理職になれる人がいないことです。指示されたことはできても、自分で課題を見つけて解決するのが難しいというのです。

アベド総裁はこのような現状をふまえ、KUMONが上げた成果を評価したようです。こうしてKUMONとBRACは正式にバングラデシュにおける公文式の展開をともに進めていくことが決まりまし

た。バングラデシュに教室をつくっていこうということになったのです。

BRACスクールの指導者も「算数嫌いで授業への参加意識がなかった子が、意欲的になった」「算数だけでなく、他の教科もよくできるようになった」「遅刻や欠席が減った」とコメントします。

また、それを支えるスタッフは「他の学校の子どもたちと比べ、大きな違いがある。自信があるし、計算が速い。また他の授業においても、姿勢が良く、意欲的で、参加意識が高い」と言います。

一方、BRACスクールで学ぶ子どもたちからは「KUMONのおかげでよくできるようになったし、もっと良くなりたいと思うようになった」「足し算も引き算もできなかったけれど、今は問題を見た瞬間にすぐにできる」「どんな問題でも、できると思う」というような感想をもらいました。

## 直営教室による実験

プロジェクトチームのメンバーには、公文式を体感するために研修に参加してもらうことにしました。インドに出向いて5週間缶詰になるという、非常にタフなものです。彼らはここで無事、すっかり公文色に染まったようです。

いよいよ教室をつくるというとき、BRAC側からあるリクエストが寄せられます。それは、直営の教室を実際に出したいというものでした。彼らが本当に運営できるかどうか、そしてバングラデシュの社会に受け入れられるかどうかを確かめたいというわけです。

そこで、首都ダッカに直営の教室を2つ出すことになりました。指導者を公募したところ、2人の募集に対して1300人の応募がありました。2人ともきわめて優秀な女性で、そのうちの1人は名門

ダンモンディ教室

ダッカ大学の数学科を卒業した人物です。バングラデシュにおけるBRACのブランド力のすごさを物語っています。

2018年の時点で、教室の運営は順調そのものです。生徒数は2教室を合わせて150を超えるまでになりました。公文式を始めて急速に能力を伸ばした生徒も何人もいます。1年が経過し、BRACに教室を運営する力があることがわかりました。

直営教室を立ち上げるうえで必要なことは、現地の教育事業の認可を取ることですが、このときに活躍してくれたのが、BRACの法務部でした。国外の企業が現地の認可を取るのは容易なことではありません。パートナーとなる現地のNGOが認可取得の勘所を押さえているからこそ、スムーズに進めることができました。

KUMONとBRACのライセンス契約が実現すれば、さらなる可能性が広がります。経営企画室長のときからこのプロジェクトに携わってきた井上さんは、これについて次のように語っています。

「今、正式なライセンス契約の交渉をしているところです。ライセンス契約を結んで今後5年くらいで、まずは50くらいの教室をダッカで立ち上げていただきたいと思っています。そうすれば生徒数が

5000人を超えて十分収益も生まれますので、次のステップとして、貧困層の方々への提供も実現していくのではないかと思っています。KUMONとしても新しいチャレンジですので、一歩一歩前進していきたいと思います」

# 3 パートナーとの試作と検証

## ビジネスモデルの試作と検証の実際

　ビジネスモデルづくりについて振り返ってみましょう。KUMONの場合、ビジネスモデルの「試作と検証」は、5つの段階を経て行われました。

①素朴な構想……BRAC スクールでの導入という夢
②ビジネスモデル設計……ライセンス事業の青写真とロードマップの提示
③プレパイロット実験……BRAC スクールでの 3 カ月のオペレーション実験
④パイロット実験……BRAC スクールでの 8 カ月の学習効果測定
⑤小規模なビジネス展開……直営のパイロット教室でのビジネス展開

これら５つの段階による「試作と検証」は、基本に忠実なものなので一定の汎用性があります。それぞれの段階について、詳しく見てみましょう。

### ① 素朴な構想

　第１段階では、頭の中で「素朴な構想」を描きます。「ああすればいい」「こうしてはどうか」と思うままに可能性を探ります。ジャストアイディアでも、言葉にすればよいのです。言葉にしてパートナーや関係者に提案してみれば、その反応でいろいろなことがわかり、相手の感触を確かめられます。

　どのようにすればよいかわからないときに、「どうすればいいですか」と尋ねても前に進みません。後になって「事情がわかっていなかった」と恥ずかしくなるようなアイディアでも、実際に提案してみることでわかることがあります。

　ビジネスモデルデザインの制約要因を聞き出すためにも、素朴な構想は大切です。

### ② ビジネスモデルの設計

　第２段階は「ビジネスモデルの設計」です。さまざまなアイディアを提案して状況が把握できれば、押さえるべき勘所もわかってくるはずです。さまざまな発想法を駆使して、創造的に課題を解決しましょう。設計図の描き方は、第４章で紹介したものがありますが、相手に正確に伝わらなければ意味がありません。図１のようにKUMONが箱と矢印によってわかりやすく表現したように、自分なりに工夫すべきでしょう。

　なお、このときに作成した資料が語るべきストーリーの素材になります。ロードマップを描けるのであれば描くべきでしょうし、顧

客の経験価値がイメージできるのであれば、それをイラストなどで示してもよいかもしれません。

いずれにしても、この段階では関係者の共感を得ることが大切です。

### ③ プレパイロット実験

第3段階以降は、絵に描いた餅では済まされません。製品を提供するのであれば試作品が必要ですし、ウェブサービスであれば実際のサイトをつくるべきです。KUMONのようなサービス事業だと、少し大がかりになりますが、小さな規模での実験ができれば理想的です。

最初から大規模な実験をするのが最善とは限りません。できるだけ少ない予算で確かめたいことを確かめましょう。そのためには、検証すべきポイントを最も大切な点か、あるいは最も基本的な点に絞るべきです。 KUMONの場合、基本的なオペレーションのみに絞りました。

### ④ パイロット実験

第4段階では、実験を本格化させていきます。製品であれば、より精巧な試作品をつくり、市場に問いかけることになるでしょう。ウェブサイトだと実際にサービスを開始する場合もあります。

この段階を過ぎると、投資も時間もかかってしまうので、前の段階で描き出した「ビジネスモデルの設計図」が本当に実現可能かどうかを確かめる必要があります。ここまで進んでくると、望ましい結果を得たいばかりに、都合の良い解釈をしかねません。実験というのは、至らない部分を見出すためのものなので、客観的なデータに向き合い、厳しく精査する必要があります。

## ⑤ ビジネス実験

　第5段階では、実際にビジネスとして立ち上げます。本当の意味で「ビジネスモデルの設計図」がうまくいくかどうかの検証が始まるわけです。これは分析・発想・試作・検証の「終わり」でもなければ、「終わりの始まり」でもありません。「始まりの終わり」なのです。

　それゆえ、実際にビジネスとして回してみて、絶え間なくサイクルを回しつつ修正を繰り返して、より良いビジネスモデルをつくり上げていく必要があります。サイクルは、事業が継続する限り永遠に続くのです。


# 4　共創を成功させるカギ

## 学ぶべきこと

　KUMONのビジネスモデルづくりから学べることはたくさんあります。ここでは、ポイントを絞って紹介します。

　まず第1は、パートナー選びの基準です。ビジネスモデルをなぜパートナーと共創するかというと、単独では十分なものをつくれないからです。パートナーの力を借りなければ、顧客に十分な価値を提供できるものではありません。

　共創のビジネスモデルのカギはパートナーにあるといえます。パートナーの力が強くて補完関係にあるほど、自社の強みをレバレッジできます。てこの原理で、単独では成し遂げられない成果を

追求できます。自分の力が何倍にもなります。それゆえ、いかに相手の力を利用するか。また、相手に自分の力を利用してもらうのかについて考える必要があります。自社の強みが明確でなければ、強いパートナーからは見向きもされないことも肝に命じておく必要があるでしょう。

　第2のポイントは、実績を示す必要があるということです。大きな組織、パートナーを動かすためには、データが必要です。絵に描いた餅だけでは限界があります。餅をつくって味わってもらわなければ、本当の意味での賛同が得られません。困難が降りかかったとき、あっけなく崩れてしまうでしょう。

　2016年7月にダッカでテロが起きて日本人が殺害され、渡航が許されなかったときでも、BRACが着々と準備を進めてくれたのは、公文式の有効性を心の底から信じていたからだといわれます。教育現場での実感、科学的な実験による根拠、そして総裁からの一言があったからこそ協力が得られたのです。

## 「三方良し」を超えるために

　貧困層向けのビジネスというのは、政治・経済・社会についての不確実性が伴うものです。地域も文化圏も異なる国際的な取組みなので、ミスコミュニケーションも起きやすくなります。

　KUMONの場合、まず、ビジネスモデルを「かたち」にして、互いにWin-Winとなる関係を可視化してパートナーを巻き込みました。

・KUMON は公文式を広めるという使命を果たせる
・JICA は資金提供して途上国ビジネスを育成できる

- BRACは自国の貧困層を救える
- 貧困層は無償で公文式の教育を受けられる

　次に、そのビジネスモデルを成り立たせる教材の有効性を検証していきました。共創に向けたビジネスモデルでは、パートナーの力を得るための検証が大切です。かたちにして確かめたからこそ、政治・経済・社会についての難局を乗り越えられたのです。この「試作と検証」なしには、この提携は実現しなかったかもしれません。

　KUMONには、「自学自習」と「ちょうどの学習」を実現する教材と教室運営のノウハウがありました。それゆえ、これらを前提にビジネスモデルを「かたち」にして、パートナーの協力を得ることができました。

　しかし、スタートアップ企業の中には、このような技術やノウハウを開発しながらビジネスを始めなければならないところもあります。パートナーに協力を呼びかけ、技術や製品の開発と市場の開発を同時に行うようなケースです。次章では、技術開発をしつつ市場を見つけ、ビジネスモデルづくりを行った事例を紹介します。

第 13 章

# 技術と市場の「運命の出会い」

自分が自分自身に出会う、
彼女が彼女自身に出会う、
お互いが相手の中に自分自身を発見する。
それが運命的な出会いというものだ。

芸術家　岡本太郎

# 1 動物から靭帯を移植する

## アスリートの致命傷

　スポーツ選手のケガで致命傷となりうるものは何でしょうか。その1つは前十字靭帯の損傷でしょう。飛ぶ、着地する、跳ねる、踏ん張る。この動作を繰り返し、膝に過度な負担がかかったとき、膝の真ん中にある交差した靭帯が断裂することがあります。前十字靭帯の損傷の症例は非常に多く、日本では年間おおよそ3万件、アメリカでは30万件にも達するそうです。[*1]

　トップアスリートというのは常々体の限界ギリギリまでトレーニングを続けるものです。その分だけ損傷のリスクは高まります。ソチ五輪に出場予定だった日本人113人のうち、3人もの選手が大会前に靭帯を損傷してしまったというニュースもありました。

　切れた靭帯が自然に癒合することはないので再建手術が不可欠ですが、決定的な治療法はありません。人工靭帯は磨耗が激しく、5年のうちに約半数が切れてしまうといいます。また、ドナーからの移植には拒絶反応のリスクが伴います。

　結局、現在のところ自家腱移植がベストとなります。多くの場合、太ももの裏から自分の腱の一部を取ってくるそうです。

　ところが、健常な自家腱を採取するため、術後には痛みが伴います。再び同じ場所、または異なった場所で靭帯損傷を繰り返してしまう人もいます。そのつど切り取っていくうちに自家腱が不足し、もうこれ以上は切り取れないということにもなります。しかも、自家腱を採取したことによって運動が制限されてしまいます。

これは何もトップアスリートに限ったことではありません。近年は健康寿命という考え方が広まってきています。若い人だけではなく、高齢者が靭帯を損傷してしまっても日常生活を送れるように、拒絶反応を起こさない強靭な移植用靭帯が必要とされているのです。

## 牛や豚の腱から人工靭帯をつくる

　この問題をユニークな方法で解決しようというビジネスが日本で生まれつつあります。それは牛や豚の腱から人工靭帯をつくって、人間に移植しようというものです。

　このアイディアの実用化を進めている中心人物は、早稲田大学理工学術院教授の岩崎清隆さんです。岩崎さんはこの移植を可能にする技術を開発して特許を取りました。そして2016年にCoreTissue BioEngineeringを設立し、CTOに就任したのです。

　始まりは、靭帯ではなく、学生時代から熱中してきた人工心臓のプロジェクトにあります。岩崎さんは早稲田大学の学部学生でありながら東京大学の人工心臓の研究活動にも参加していました。「人工心臓というのは素晴らしいものだ」と彼は言います。瀕死の状態の患者をそれによって救うことができるのです。これを実感し、とても充実した研究生活を送っていました。

　しかし、その一方で、人工心臓には限界もあります。機器としての寿命はもちろん、血液との適合性という面でも期間限定でしか活用できず、パーマネントな医療機器とはなりえないのです。そこで、彼は生体と融合できる医療機器の開発に取り組みました。

## 2つのアプローチ

　生体と融合できる医療機器開発のアプローチは2つあります。1つは組織をゼロからつくり上げるというもの、もう1つは別のところから移植、転用するというものです。

　岩崎さんが選んだのは、別の動物から移植するという第2のアプローチです。[*2] この最大のメリットは、組織の構造を残すことができる点にあります。

　組織というのは、束になって構造をなしています。しかも、その構造は階層状になっていて、大きな束の中に小さい束があり、その中にさらに小さな束があります（図1）。これがコラーゲンという構造体です。細胞というのは、実はこの構造の中にあります。構造なしには強さは生まれません。

　もし組織をゼロからつくるという第1のアプローチを取るとすれば、この構造体をいかにつくるかが問題になります。ところが、これが難しいのです。たとえていえば、建築物における鉄筋などの構

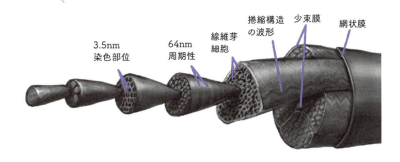

図1　腱・紐帯の構造

（出所）Johnson and Pedowitz (2007) pp.45-47

造体をゼロからつくらなければならないからです。岩崎さんはハーバード大学でこのアプローチを試した経験があり、その経験をふまえて次のように説明します。

「結局、体の中にある組織を、階層的、構造的につくらなければなりません。いかにつくるかというのが組織工学ないし再生医療では非常に重要で、どのようなアプローチで攻めるかが大切です」

　移植すれば構造づくりの問題は自動的に解消します。なぜなら、構造そのものは残されるからです。

　ただし、拒絶反応を防ぐためには、切り取った動物の組織から細胞を取り除く必要があります。これを脱細胞といいます。脱細胞できれば構造を維持したまま組織を移植できます。そして、人間の細胞をそこに根づかせることができます。

　そうすると問題は、いかにして脱細胞化するかになります。脱細胞化するプロセスで組織の構造が壊されると脆弱になります。かといって、脱細胞が不完全だと拒絶反応が出てしまいます。

　医療先進国のアメリカではすでに脱細胞化の研究が進められていましたが、日本国内では細胞を取り除く装置はありませんでした。そこで2002年から脱細胞化する装置のプロトタイプをつくり始め、1年ほど集中的に取り組んで完成させたのです。2003年10月の第31回日本人工臓器学会で発表したところ、オリジナル賞（学会賞）を受賞することができました。

# 2 発想のきっかけ

## 最大の障壁、滅菌の壁

　もちろん、その装置さえあればよいというものでもありません。人間に移植するためには、脱細胞化した組織を徹底的に滅菌する必要があります。菌を除去し、死滅させなければさまざまな副作用を引き起こし、人体に計り知れない悪影響を及ぼすからです。

　一般に、滅菌の方法は３つあります。１つ目は熱を加えるというもの、２つ目は放射線を当てるというもの、そして３つ目はエチレンオキシドというガスを吹きつけるというものです。

　岩崎さんは2008年から３年間の大型のプロジェクトを組んで、豚の心臓弁で実験しました。早速、熱と放射線の方法を試したところ、滅菌自体は成功したのですが、いずれの場合でも強度が著しく低下してしまいました。熱や放射線の影響で、組織が石灰化して硬くなったのです。硬化してしまうと、豚から豚への移植でさえも受けつけません。そこで岩崎さんは、ガスによる滅菌に希望を託しました。

## 遠い世界からのアイディア

　ガスを用いるときのポイントは、乾燥と復元にあります。ガスを吹きつけるには、まず組織を乾燥させる必要があります。そして、乾燥させた組織にガスを吹きつけて滅菌します。最後に、その組織に水分を加えて元の状態に復元させるのです（図２）。

図2 滅菌の4つのステップ

1 構造を残して脱細胞する
2 特殊な糖が入った溶液に浸す
3 乾燥
4 ガスを吹きつける

　岩崎さんは、この手順に従い、乾燥させた後に水に浸してみたそうです。しかし、水がなかなか浸透せず、うまくいきません。ラーメン好きだった彼は、カップ麺のことを思い浮かべてお湯をかけてみたのですが、やはり熱で組織の構造が壊れてしまいました。

　岩崎さんは、さまざまなことから何か学べることがないか探索しました。*3 いろいろと探索しているうちに、重大なヒントとめぐりあうことになります。

「何かの拍子に、乾燥しても、水に浸すと、元に戻る生物の話を雑誌で目にしたのです。アフリカの乾燥地帯で3年ぶりに雨が降ったときに、ちゃんと生き返る蚊の幼虫みたいなものがいた。それを調

べると、ある糖が異常なほど多く含まれていることがわかり、これだと思いました」

元の姿に戻るということは、乾燥しても組織の構造が保存されていたということになります。なぜ、水に浸して復元するのか、その秘密を調べてみると、そのネムリユスリカの幼虫が、特殊な糖を保持しているために、乾燥しても構造が保たれていることがわかりました。

そこで岩崎さんは、糖の入った液体に組織を浸してから凍結乾燥という方法で乾燥させることにしました。そして水に浸したところ、良好な結果が得られたのです。

しかも、乾燥した組織が復元できるということは、保存が利くということを意味します。心臓弁にしても靭帯にしても、つくってからすぐに患者に移植できるとは限らないので、長期に保存できるということは大きな強みになります。

## 靭帯への活用

もともと心臓弁に思い入れがあった岩崎さんでしたが、この滅菌技術は靭帯に適用することにしました。その理由は2つあります。

1つには、症例数が圧倒的に多かったからです。2004年に渡米したとき、アメリカのバイオ系のベンチャー企業の社長さんから、スポーツが盛んなアメリカでは、ケガに悩まされる選手が多く、靭帯の損傷は選手生命を左右する切実な問題だと聞かされました。しかも、そのニーズは他の方法で満たすことが難しいと知りました。「この滅菌技術でしか解決できないとすれば自分がやるしかない」と感じた岩崎さんは、まずは靭帯での適用を考えることにしました。

## 心臓弁の難しさ

　岩崎さんが靭帯に適用しようとしたもう1つの理由は、靭帯のほうが早く実用化できると考えたからです。裏を返せば心臓弁は実用化への道のりが遠く、タイミング的にも時期尚早だと判断せざるをえませんでした。

　「今はまだ心臓弁をやるタイミングではないと思いました。やはり、技術が社会からどのように受け入れられるかが大切です。技術の力だけで普及していくものではありません。しかし、靭帯はどこにも代わりがありません。今、自分の腱を取っているのですが、そうしなくて済むのであれば、絶対に広まると思いました。そう考えて、滅菌ができたときに靭帯をやろうと思ったのです」

　最終的には、代替技術がないということが決め手となりました。岩崎さんは、溶ける材料をチューブ状にして、その上に細胞を乗せ、血管をつくっていくという実験をハーバード大学で行い、組織を生み出すことの難しさを体感しています。「靭帯のように大きな荷重がかかる組織をゼロから大量につくるのは、今は難しく、脱細胞化された組織でしかなしえない」と確信したそうです。

# 3 試作と検証

## 段階を経たプロトタイピング

　特殊な糖を加えて凍結乾燥して滅菌するという実験は、ステップ・バイ・ステップで進められました。まず、ラットという大型のネズミに豚の腱を移植してみたところ、見事に成功しました。

　ただし、ラットの体重は、300〜400グラムです。人間に適用できるかどうかはラットのデータから推測しにくく、ラットからいきなり人間への適用可能性を語ったとしても、関係者は耳を傾けてくれません。

　そこで次に、強靭さを検証するためにも羊に対して同様の実験を行うことにしました。豚は脚が短くて参考になるデータが取りにくく、牛のような大型の動物だと多大なコストがかかってしまいます。

　文部科学省の科学研究費助成の基盤研究（B）を取得し、１匹の羊に、プロトタイプとなる豚の靭帯を移植したところ、うまくいきました。黒くてかわいい羊でしたが、移植後もピョンピョンと元気に跳ねて飛び回ってくれました。この様子を早速ビデオに収録し、ベンチャーキャピタルのウエルインベストメント（以下、WERU）に見せました。

　WERUの代表取締役社長の瀧口匡さんは、その動画を見たときの印象を次のように語っています。

「僕は、この動画を見て、いけると思いましたね。やはりラットだけでは判断できないです。さすがに負荷が違う。羊のデータを拝見

したときにわれわれなりに理解して、市場に出していけると思いました」

　ベンチャーキャピタリストとして決断した瞬間でもありました。もちろん、まだビジネスとして投資する段階ではないので、より大規模な実験をするための資金繰りについて協議しました。何十匹もの羊への実験ができるようにするために、文部科学省の大学発新産業創出プロジェクト（START）にも申請して無事採択されました。*4
　少し補足しましょう。工学系において、試作と量産はそれぞれ異なるステージにあるとされます。ベストな試作データのみによって判断を下すことはできません。いわゆるチャンピオンデータだけでは十分な説得力は生まれないのです。一定水準のものを量産できるという確証を得て、初めて次の段階に進めます。
　岩崎さんの場合、1匹への処置なので「たまたまうまく処置できたのではないか」という疑問が残ります。「再現性はあるのか」とか「量産しても安定的に同様のパフォーマンスが期待できるのか」という疑問に答えるには、複数の羊について安定した効果が得られるかを検証しなければなりません。

脱細胞牛組織で膝前十字靱帯を再建した羊

何十匹もの羊なので、かなり大がかりな実験規模となります。羊1匹の値段が約40万円、それを飼育するのに200万円ぐらいかかります。

　岩崎さんはまず、複数の羊に豚の腱の組織を移植しました。すべての組織がしっかりと根づいてくれました。

　次に、より強靭な牛の腱の組織を複数の羊に移植してみました。こちらも実験は成功し、期待どおりの成果を安定して得ることができました。

　移植される靱帯は脱細胞化されているので、元の動物の細胞は残っていません。しかし、時間が経つにつれてホストである羊の細胞の核（DNA）が目立つようになります。3カ月も経つと豚や牛の組織の微細構造に羊の細胞が入っていくのです。きわめて画期的で、さまざまな分野に応用できそうです（図3）。

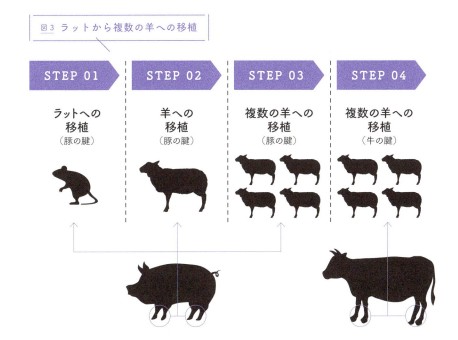

図3 ラットから複数の羊への移植

## 特許申請と会社の設立

　実際に大量の靱帯をつくってみると、さまざまなことが判明しました。腱の取り方にしても、どのように取り出すのか、牛と豚とではどちらがよいのか、どの腱がよいのか。やはり、実際に移植してみないと、生体の反応はわかりません。細かなことではありますが、ノウハウが蓄積されていきました。

　しかし、これらのノウハウを特許にするのは難しく、岩崎さんは滅菌の技術に絞って特許を申請することにしました。岩崎さんのプロジェクトは研究開発の途上でしたが、ベンチャーキャピタリストの瀧口さんの助言もあって会社を設立することにしました。

　これまでも瀧口さんは、岩崎さんの研究を支えてきましたが、さらに一歩踏み込んで、資金面でもコミットすることになります。

　瀧口さんが、岩崎さんの事業が有望だと考えたのには理由があります。第1にグローバルな市場があると認められたからです。実用化を前提に市場性を評価していった結果、しっかりとした市場ニーズがあることが確認できました。

　第2に、岩崎さんが技術者としてストーリーを描くことができたからです。今後、さまざまな障害や予期せぬことが起きることは間違いありません。3年、5年、7年というさまざまなタイムスパンで、しっかりとストーリーを描くことができるのか。そして、瀧口さん自身もそのストーリーに納得できるかを確かめました。ベンチャーキャピタリストとしてストーリーに耳を傾け、ビジネスモデルのデザインには問題はないと考えたそうです。

　2016年11月29日、岩崎さんはWERUや早稲田大学研究推進部の支援を受けて、CoreTissue BioEngineeringを設立しました。代表取締役は、この業界の経営に精通している城倉洋二さんです。2018

年には、国立研究開発法人日本医療研究開発機構（AMED）の医工連携事業化推進事業に採択され、動物の腱を人体に移植する実験へと進めることができました。AMEDの採択によって実用化はますます加速することでしょう。

# 4 複線型の仮説検証

　この事例を振り返ってみると、岩崎さんが探索行動を取りつつ、仮説検証のサイクルを繰り返していることがわかります。

## 小さく、早く、賢くサイクルを繰り返す

　まず、岩崎さんが「分析・発想・試作・検証」のサイクルを繰り返してきたことに注目したいと思います。滅菌にかかわる技術開発に絞っても、6回はサイクルを重ねていることが確認できました（図4）。

　1回目では、滅菌の方法について調査分析し、熱処理・放射線・ガス噴射の発想を得ます。そこで、一通りの方法を試してみて検証したところ、組織の構造が壊れてしまうことがわかったのです。

　この検証結果から、2回目においてはガス噴射のために乾燥させる必要があることを論理的に導くのですが、その方法が思い浮かびません。たまたま雑誌で見つけたネムリユスリカの記事から糖が乾燥のカギとなることを知り、実際に特殊な糖に浸して乾燥させたところ、滅菌がうまくいきました。

　3回目では、豚の腱をラットに移植して同じようなサイクルを回

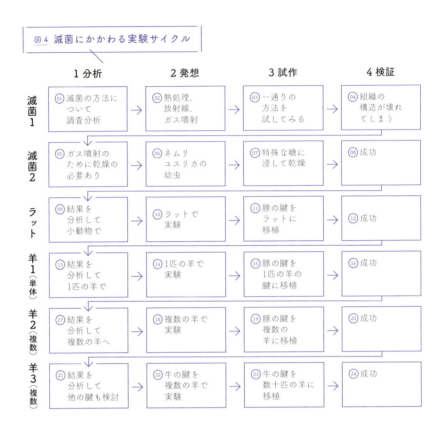

し、4回目では1匹の羊に移植してみます。そして、5回目においては複数の羊について豚の腱の移植を成功させ、量産へのロードマップを描きました。そして6回目では、より強靭な牛の腱について同様の実験を行い、複数の羊に移植してうまくいくことを示しました。

　岩崎さんのサイクルの回し方には一貫性があります。それは、「小さく、早く、賢く回す」ということです。医療機器の開発には時間がかかり、実用化までに何十年とかかることも珍しくありません。それだけに、早く感触を確かめることが大切です。できるだけ早くフィードバックが得られるように、開発段階を分け、実験を計画し、

研究資金もそれに合わせて調達しました。

## 複線型の検証サイクルであること

しかし、岩崎さんの事例の面白さはこれにとどまりません。2つの実験サイクルを統合させて解を導いています。第1は技術開発にかかわるもので、第2は市場開発にかかわるものです。これら2つを車の両輪として推進していきました。

### ① 技術開発

強靭な人工医療機器（心臓弁や前十字靭帯）をつくるのに、どのようなアプローチで技術を開発すべきなのでしょうか。化合物を使うのか、組織を脱細胞化して使うのか、あるいはゼロから細胞を創造するのか、少なくとも3つのアプローチがありました。

岩崎さんは、博士学位を取るまで高分子化合物のアプローチに取り組み、その後に脱細胞に転じます。この脱細胞の装置が評価されて、ハーバード・メディカルスクールで研究することになるのですが、渡米後はあえてゼロから組織を創造するアプローチを試みます。一定の成果をあげつつも、時間とコストがかかることを実感します。そして帰国後、岩崎さんはさまざまなアプローチの強みと弱みを吟味し、脱細胞のアプローチを選びます。3つの技術アプローチをすべて試したうえでの決意でした（図5）。

### ② 市場開発

市場の選択についていえば、岩崎さんにとって2つの可能性がありました。それは、心臓の弁にするか膝の前十字靭帯にするかというものです。

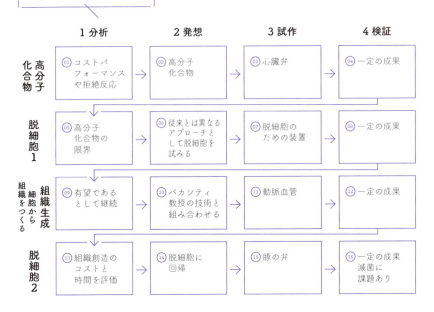

図5 技術開発のサイクル

　もともと、岩崎さんがこの世界をめざすきっかけをつくったのは人工心臓です。心臓弁へのこだわりは並大抵ではなかったはずです。実際、渡米中も基本的には心臓弁を第一に考えていましたし、10年を超える歳月を人工心臓に捧げてきたのだから当然でしょう。

　それゆえ、心臓弁よりも前十字靱帯を優先させるというのは、岩崎さんにとって、重大な「方向転換」（ピボット）であったはずです。開発の途中から見守ってきたWERUの瀧口さんも、岩崎さんの思い切りの良さに驚かされたそうです。社会に認められる技術に育てるためには、一刻も早く実用化して、ビジネスとして継続していかなければならないという判断でした。

　この判断をもたらしたものが、アメリカでの企業訪問でした。岩崎さんがプレゼンテーションにおいて、スライドに描かれたプロト

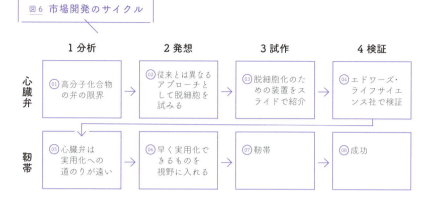

図6 市場開発のサイクル

タイプをデータとともに説明したとき、大いに評価された一方で、実用化への道のりが遠いことを知らされます。

このときの経験が、実用化に向けた仮説検証の役割を果たし、重大な方向転換に結びついたのです。

以上のように、岩崎さんは技術開発のみならず、市場開発のごく初期の段階でも、アイディア創造サイクルを回しています。2つのサイクルをいったん切り分けたうえで巧みに統合して、「脱細胞化技術を前十字靭帯に適用する」というアイディアを導いたのです（図6）。

## 多様な次元の知識を蓄積し、組み合わせる

注目すべきは、このような複線型の検証サイクルによって多様な知識が得られるということです。技術開発だけに没入した場合、技術を実用化レベルにまで育てられず、資金不足に陥ることが多いものです。

逆に、市場開発だけに力を注いでも、肝心の技術が開発できなければ意味がありません。それゆえ、技術と市場という異なる次元でサイクルを回す必要があります。そして、両者を結びつける必要があるのです。

　技術と市場というのは車の両輪です。技術に偏ると顧客のニーズが置き去られ、市場に偏ると自社の強みが消え去ります。当たり前のことのようですが、大学に籍を持つ研究者の多くは、これら2つを同じレベルで考えることはできません。どうしても技術を軸にして考えてしまいます。

　岩崎さんの場合、「社会に役立ち、求められる技術」を大切にし、「医療機器という具体的なプロダクトでそれを実現しよう」と一貫して取り組んできているからこそ、車の両輪を回すことができたのでしょう。

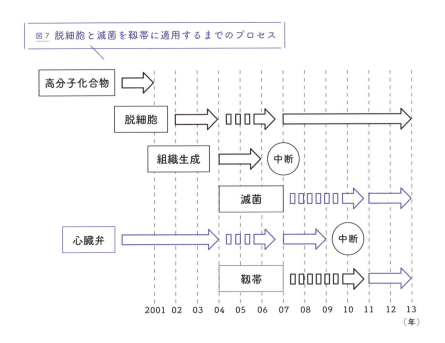

図7　脱細胞と滅菌を靱帯に適用するまでのプロセス

## 探索的実験計画

　岩崎さんが進めたプロセスは、「探索的実験計画」とも呼べるようなものです。技術アプローチについては、①人工物、②脱細胞、ならびに③組織生成という3つのアプローチについて実験を重ねました。

　市場ターゲットについては、①心臓弁、ならびに②膝前十字靱帯という2つのターゲットについて感触を確かめました。技術と市場の双方を探索しながら、事業化の可能性を探り当てていったのです。

　その探索範囲は広く、特定の技術や市場にこだわり続けるということもありませんでした。対極となるような技術アプローチを試し、異なる市場にも目を向けました。このような探索的な実験を重ねることによって、「異なる次元を結びつける飛躍」が実現したといえます。

　異なる次元を行き来しながら飛躍するというのは容易なことではありません。一歩踏み誤ると、「やり散らかす」ことになるからです。研究者にしても起業家にしても、熱しやすく冷めやすい人はいます。互いに関連しない領域をあちこち飛び回って活動するのですが、専門性を高められないまま価値を生み出せない人もいます。

　しかし、岩崎さんのイノベーションは「やり散らかす」こととは違い、実に創造的な対応が行われているのです。[*5] なぜかというと、すべてが「実用化できる技術」というところに収束しているからです。目的が明確だからこそ、無駄な拡散はしません。1つ1つの探索に意図があり、最終的な目的と密接に結びついています。だからこそ、うまくいったのでしょう。

　この章に引き続き、次章でも技術を開発しながらビジネスモデルをつくり上げていった事例を紹介します。別の分野の最先端ともいえる人工知能についての事例です。

第 IV 部

# ビジネスモデルの発展的学習

Advanced Learning of
Business Models

ビジネスモデルをつくる醍醐味とは何でしょうか。それは、たとえて言えば「時計づくり」にほかなりません。

　『ビジョナリーカンパニー』を著したジム・コリンズとジェリー・ポラスは、経営者の役割を時計づくりにたとえました。「時を告げる経営者」（ヒット商品を言い当てる）と「時計をつくる経営者」（組織をつくる）を対比させ、偉大なる経営者は、前者よりも後者をめざすべきだと説いたのです。

　どれほど優れた経営者でも人間である以上、いつかはこの世を去ってしまいます。会社をいつまでも繁栄させ続けるためには、常に、市場のニーズを正確に言い当てられる仕組みをつくらなければならないのです。

　これこそがビジネスモデルづくりの醍醐味です。いつどこにいても正確な時を言い当てられるのは素晴らしいことでしょうが、時計をつくることができれば、その仕組みが永続的に価値を生み出し、周囲の人たちに分け与えることができるのです。

　人々の心に残るビジネスモデル。本書を締めくくるにあたって、第IV部では、インパクトがあり、成長が期待されるビジネスモデルをつくるための「発展的学習」を行います。

　まず第14章では、「成長するビジネスモデル」について考えていきましょう。

第14章

# 好循環を
# つくる

人を大切にする集団は必ず好循環を生み出し、
強くなるだけでなく人に愛され、
憧れの集団になるのだと思う。

ラグビー選手 五郎丸歩

# 1 急成長の秘訣

## 急成長をめざして

　ビジネスモデルをつくる機会というのは、頻繁にあるわけではありません。せっかくつくるのであれば、大きく成長する事業にしたいものです。

「どのようなビジネスモデルが成長を可能にするのか？」

　誰もが知りたがる論点です。アメリカのマサチューセッツ工科大学が発刊する学術誌にも、成長を可能にするビジネスモデルについての記事が掲載されています。[*1]

　現在、私たちがよく知るグーグル、アップル、フェイスブック、アマゾン・ドットコムはGAFAと呼ばれ、その成長には目を見張るものがあります。中国にもバイドゥ、アリババ、テンセント、ファーウェイという巨大企業が存在し、BATHとしてすさまじい成長を果たしています。

　それだけではありません。頂点をいく巨大企業の裾野には、これらを凌駕するスピードで成長している企業がいくつもあるのです。これらの企業が近い将来、世界の経済を牽引していくことは間違いありません。

　もちろん、巨大企業に買収されるものも少なくないでしょう。しかし、買収や合併も含めてアメリカや中国の産業の原動力になっているのは確かです。

## 好循環の仕組み

　GAFAをはじめとする巨大企業が急成長を遂げられたのはなぜなのでしょうか。古今東西、さまざまな成長企業を調べてみると、実に単純な理由があることに気づきます。それは、「好循環の仕組みを築くことができた」という事実です。

　マネーがマネーを呼ぶ。情報が情報を生み出す。ある時点での価値創造が、次の時点の価値創造へとつながる。ビジネスモデルの視点から見れば、「好循環を生み出す仕組みづくり」によって、成長軌道に乗せていることがわかります。

　第3章で紹介したアマゾン・ドットコムの創業者ジェフ・ベゾスさんが紙ナプキンに描いたビジネスモデルを思い出してください。取引量を拡大させることで、ボリュームディスカウントと品揃えの充実を実現し、それがさらなる成長へとつながる様子が描かれています。

　次代を担うビジネスを生み出した起業家たちは、大なり小なり好循環の仕組みをイメージできているように思えます。いずれもスタートアップ企業なので、自らの手足を縛るしがらみや、守るべき既得権益もありません。何にこだわり、何を割り切るのかが明快で、既存の体制に挑戦することもあります。彼らは、このイメージを描き出し、ストーリーを語って協力を呼びかけるのです。

## システムシンキング

　このような好循環をビジュアルに描き出すツールに、システムシンキングがあります。たとえば、低価格化によってマーケットシェアと販売数量が増加し、それが規模の経済に結びついて商品原価を

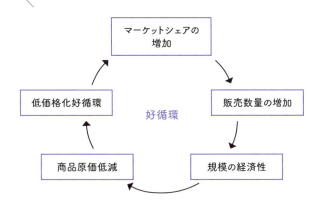

図1 低価格化から始まる好循環

（出所）西村（2005）p.25

下げ、さらに価格を下げることができるようになるという因果関係を示すことができます（図1）。[*2]

一見すると「当たり前じゃないか」と感じるかもしれません。しかし、これは2つの点で画期的だといえます。第1に、因果関係をループによってつないでいるという点です。通常、因果関係を示すとき、原因と結果を1本の直線の矢印で結ぶことが多いはずです。その結果が次に何をもたらすのかについて、さらに考えが及ぶことはありません。なぜ、それが起こったのかの原因を特定できれば十分だと考えてしまうからです。

第2に、矢印で結ばれる箱の部分が「数値で表せるもの」でなければならないという点です。すなわち、価格やマーケットシェアはもちろん、ブランドイメージのような概念であっても、それを測定して得点化できることが前提です。

一般によく使われる箱と矢印の図の多くは、さまざまなものが入れられます。ビジネスモデルの場合は、企業や顧客といったプレイ

ヤーが入ります。業務の流れを示すフローチャートであれば作業内容が入ります。直感的に理解できれば、これらが混在しても問題にしないという場合がほとんどです。しかし、システムシンキングではすべて数値で表せるものでなければならないとされます。

そう思って「低価格化から始まる好循環」を眺めてみると、因果関係がループしていることに気づきます。また、価格、シェア、数量、経済性、原価の各要素は、いずれも数値の増減によって表せることがわかります。

システムシンキングの優れた点は、このような好循環を示すにとどまりません。好循環を強化するサイクルのみならず、それに歯止めをかけるようなサイクルも描き出せるのです。

たとえば、図1でいえば、好循環が続くと無限ループに陥って低価格化が極限まで進むように思われるかもしれませんが、実際は、そうはなりません。低価格化は、時間差を伴ってブランドイメージの低下を引き起こし、マーケットシェアの増加も頭打ちになるからです（図2）。

ベゾスさんは、ビジネスモデルをシステムシンキングによって表現しましたが、これは稀なケースです。ビジネスモデルのデザインでは思ったほど普及していないのです。私なりにその理由を考えたことがありますが、システムシンキングの特徴が、難しさにつながっているように思われます。もう一度その特徴を示しましょう。

・「数値で表せるもの」と「数値で表せるもの」の関係を表す
・原因と結果という直線的な関係ではなく、循環的な因果関係でループさせる

はたして私たちは、普段からこのような捉え方をしているので

### 図2 「ブランドイメージの低下」を加えた因果ループ図

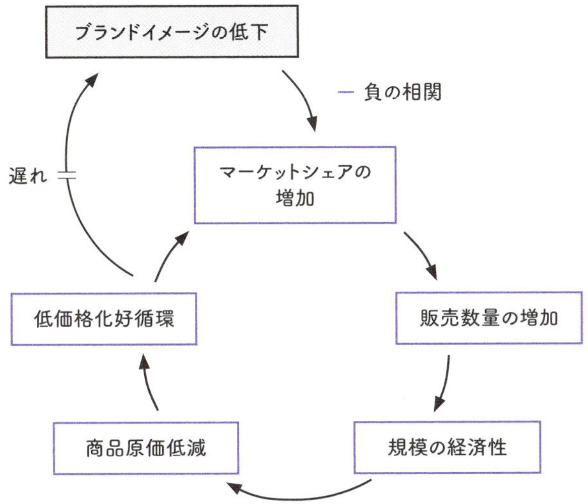

ブランドイメージの低下

ー 負の相関

遅れ

マーケットシェアの増加

低価格化好循環

販売数量の増加

商品原価低減

規模の経済性

（出所）西村（2004）p.28

しょうか。専門家を除く多くの人は「数値で表せるもの」を矢印で循環させるという思考には慣れていません。

その結果、説明とトレーニングなしには描けないというツールとなってしまいました。慣れてしまえば「かたち」にすることはできるのですが、自分が描いたものがどれだけ正しいのかわかりません。誰が描いても同じにならず、描いた人の数だけ図ができてしまいます。私もいろいろな場面で社会人や学生に試してもらいましたが、細かく描きすぎたり、逆に見落としがあったりして難しさを感じました。

システムシンキングは、思考法の1つとしてはきわめて有効です。そうであるがゆえに、この思考法をビジネスモデルづくりに生かす必要があります。

そこで、この章ではそのお手本事例、すなわち好循環をつくることを意識してビジネスモデルをつくっている企業を紹介したいと思います。

　それは、世界最先端の技術をもとに、グローバルな土俵で戦おうとしているスタートアップ企業のHEROZ株式会社です。将棋の人工知能（AI）を開発している会社です。2013年にはHEROZのAIエンジニアが現役プロ棋士に初めて勝利しました。

　HEROZは、どのようにして好循環を生み出そうとしているのか、そのビジネスモデルを整理することで、システムシンキングの思考への理解を深めていきたいと思います。

# 2 |事例| HEROZ

## 将棋から始まる

　HEROZは、AIを活用したインターネットサービス、ならびにビジネスソリューションを企画・開発・運営する会社です。そのミッションは「AI革命を起こし、未来を創っていく」というもので、2018年には東証マザーズに上場し、さらなる成長に向けて、将棋で培ったAIをビジネスに展開しています。従業員はわずか40人程度ですが、理工系の学位を有したエンジニアが3分の2を占める少数精鋭の集団です。

　創業者であり代表取締役CEOを務めるのは林隆弘さんです。代表取締役COOの高橋知裕さんとともに、インターネットとソーシャ

ルメディアの流れに賭けてみようと2009年に創業しました。2人は、同じ早稲田大学の出身で、揃ってNECに技術開発職として入社、ともに経営企画部での勤務経験を積んだ仲間です。

事業の始まりは、将棋AIの開発にあります。林さんがアマチュア選手として全国優勝の実績があったので、将棋に詳しいAIエンジニアがHEROZに集まってきました。

そもそもAIの発達の歴史は、頭脳ゲームにおける人間との戦いの歴史といえます。IBMの開発した「DeepBlue」というAIがチェスにおいて人間に勝利を収めたのは1997年。チェスの指し手の可能性は約$10^{120}$通りもあり、当時は大変な話題になりました。

しかし、将棋の$10^{220}$通りや囲碁の$10^{320}$通りと比べると単純です（図3）。これに挑戦しようとするHEROZに優秀なエンジニアが集まるのも納得がいきます。

その後15年もの間、AIは将棋や囲碁のプロ棋士に勝つことはできませんでしたが、転機となったのは2013年です。HEROZに所属するエンジニアが開発した2つのAI「Ponanza」と「ツツカナ」が現役のプロ棋士に勝利したのです。さらに、2017年にはPonanzaが現役の将棋名人にも勝利しました。

囲碁の世界ではグーグルが2014年にディープマインド社を買収し、そのAIをもとに「AlphaGo」を開発、2016年に現役のプロ棋士に勝利しています。

好きな将棋で得意なAI技術を生かそう。HEROZはシンプルな発想で2012年に「将棋ウォーズ」という対戦ゲームを開発して配信し、大成功を収めます。そして自社のAIの学習システムを「棋神 Kishin」と名づけて、さまざまなサービスを展開しました。

> 図3 頭脳ゲームプログラミングの歴史

チェス（1910年代〜）

指し手の可能性＝約$10^{120}$
DeepBlueが人間に勝利（1997年）

将棋（1970年代〜）

指し手の可能性＝約$10^{220}$
HEROZのエンジニア開発のAIが現役プロ棋士に勝利（2013年）

囲碁（1970年代〜）

指し手の可能性＝約$10^{320}$
AlphaGoが現役プロ棋士に勝利（2016、17年）

- 棋神降臨……対局中にAIが5手／120円で代わりに指してくれます
- 棋神解析……対局後にAIが形勢判断や局面の最善手を教えてくれます
- 精密解析……AIがお気に入りの対局からユーザーの棋力を数値で知らせます
- 対局相手……ユーザーはレベルに応じた人間とのマッチングや将棋AIとランダムに対局できます

　将棋ウォーズは日本将棋連盟公認アプリとなり、ゲーム内の段級位によって公式の免状・認定状が発行されるまでになりました。2018年現在のユーザー数は500万人を突破し、毎日24万局以上のオンライン対戦が行われています。

将棋ウォーズの対局画面

## ユニークな課金

　将棋ウォーズでユニークなのは、その課金方法です。課金方法は2つあって、まず、毎月何度でも対局できる「対局数制限解除」に課金（500円〜）します。この継続課金モデルによって、繰り返し将棋を楽しむユーザーたちから安定的な収益を得ることができます。

　もう1つは、オンラインゲームによく見られるアイテム課金です。人間を凌駕するAIの棋神が、ユーザーの代わりに次の一手を5手まで指してくれるサービスを加えました。これを「棋神降臨」と呼んで120円で販売したのです。将棋がわかる人であればあるほど、その指し手に感動するといいます。今でこそアイテム課金は広く知れ渡っていますが、AI課金としては将棋ウォーズが史上初でした（図4）。

　どのような考えでこれらの課金を思いついたのでしょうか。そこには林さんたちのこだわりがありました。

「高速道路のようなインフラと同じですね。初めに道路をつくっておけば、そこを車が通るたびにチャリンチャリンと利用料が入って

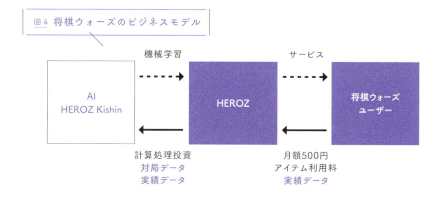

図4 将棋ウォーズのビジネスモデル

くる。ああいう感じのビジネスモデルをイメージしました。自転車
操業みたいにあくせくするのではなく、仕組みをつくって、ユー
ザーがコンテンツを楽しめるようになれば、自然にコンテンツが充
実していきます」*3

　林さんたちがつくった高速道路というのは、ネット上のものなの
で設備投資が少額で済みます。サーバーは必要ですが、外部のもの
を利用できます。サービスを開始できればすぐにキャッシュが手元
に入ってくるので、倒産もしにくいのです。
　それだけではありません。将棋というのは、伝統的な頭脳ゲーム
であるため、老若男女のファンも多く、流行にあまり左右されませ
ん。それゆえ、着実にユーザー数を増やすことができました。将棋
ウォーズの１日当たりのアクティブユーザー数は、2012年にリリー
スして以来、着実に伸び続けています。月額課金とアイテム課金に
よって得られる収益もこの数に比例するわけですから、収益構造も
安定するのです。

## 異なる分野に展開

　頭脳ゲームにおける世界のトップランナーに立ち、将棋ウォーズ
で事業の足場を固めることができたHEROZは、将棋で培ったAIを
さまざまなビジネスに展開していきます。
　一番初めに応用したのは、性質が似通ったオンラインのゲームで
した。まず、同じ頭脳ゲームである囲碁やチェスなどに展開してい
きました。その中で１つの転機になったのが、株式会社ポケモンと
の共同開発です。
　現在のゲームの主流は、パッケージで売り切るものではなく、オ

ンラインでつなげる運用型です。運用型の成功の秘訣は、ゲームの難易度のレベルデザインです。ゲームというのは、難しすぎても易しすぎても楽しむことはできません。リリース直後は好調でも、レベルのデザインを間違えると、あっという間に失速してしまいます。それゆえ、毎月のレベルデザインを適正に保ち、ユーザーから支持され続ける必要があるのです。

そこでHEROZは、ポケモンにAIを搭載し、戦略思考のゲームを誕生させ、AIを活用して多様なキャラクターを生み出しました。難易度のレベルについても適切な水準を見極めてゲームバランスを調整、自動監視するサービスを提供したのです。

次にHEROZがAIの活用を進めたのが、金融業界です。将棋の世界で生み出したAIを金融の世界に持ち込んで株価を予測するという、HEROZにとっても大きな挑戦でした。しかし、実際に着手してみると、早い段階から「これはいける」という感触をつかめたそうです。値動きパターンや決算情報から将来の株価を予測できました。今では短期から長期まで、さまざまな時間幅のトレンドモデルを開発しています。

さらに、建設業界へと手を広げ、一級建築士が行ってきた構造設計のうち定型的な業務をAIによって支援するという取組みが進められました。これによって構造設計業務を70%減らし、設計士たちはより創造的な業務に専念できるようになります。この取組みはメディアでも話題になりました。

「竹中工務店は建築物の構造設計に人工知能（AI）を導入する。AIベンチャーと提携し、設計支援システムの開発に着手した。新システムにより定型的な構造設計業務を70％減らす。建築物の設計業務にAIを導入するのは珍しく、生産性や設計品質の向

上につなげる。

　将棋ソフトなどのAIを開発しているベンチャーのHEROZ（ヒーローズ、東京・港）の第三者割当増資を引き受け、1億円を出資した。竹中工務店が自社開発システムで設計した数百棟の建築データをヒーローズが分析し、AIによる強化学習などを通じて設計支援システムを開発する」[4]

## パートナーとしての顧客企業

　AIが世間で注目されるようになってから、トップを走り続けてきたHEROZにはたくさんの企業から「パートナーになって欲しい」と声がかかるようになりました。同社が掲げる志としてのビジョンは「AI革命を起こし、未来を創っていく」です。サービス展開としては、特定の業界に絞ったほうが効率的だという面もありますが、声をかけてくれた企業すべてに真摯に向き合ってきました。

　もっとも、社内のエンジニアの数も限られているので、おおまかな選別基準があります。一言でいえば、それは「大きな社会的価値を生み出せるのか」です。HEROZは次の基準に照らし合わせてパートナーシップを結びます。

- 市場規模
- 業界のボトルネック
- プラスアルファの価値
- 自社の強みと競合の有無

　まず、注目するのは市場規模で、たとえば建設業界の場合、56兆円あると考えます。その10%が設計にかかわる実質的な市場だとし

ても、5兆6000億円という巨大市場です。

次に、その業界での困り事、すなわち価値創造のボトルネックを検討します。建設業界の場合、人手が足りておらず有効求人倍率も高くなっています。AIの導入によって生産性が大きく向上すると考えられました。

さらに、プラスアルファの価値を考えます。建設業界の場合、グローバル展開が容易な業界とはいえません。しかし、日本が世界に対して、非常に高い技術力を持っているため業界の競争力を高めることの意義は大きいと考えられました。

最後に、同じくAIを扱っているライバル企業についての競合分析が行われます。IBMやグーグルなどが手がけていない業界や分野であるか。これらの企業と直接競合せずにすむのか。自社の強みを生かし、社会的な価値を発揮しやすいかどうかを分析するのです。

こうして、パートナーを選んでいくうちに、林さんは興味深い共通点があることに気づいたそうです。それは、「職人」と呼ばれる人がいる会社ばかりだという点です。

「一緒に組んだパートナーさんというのはむしろ、これまで職人と呼ばれる人がいる会社さんが多いのです。その職人芸をわれわれのAIで取り込みましょうというイメージを持っています。少しずつブレークダウンしながら行っています」

## 課金の方法

パートナーとしての顧客選びをするときに、もう1つ重要なポイントがあります。それは、HEROZの課金の方法を受け入れてくれるという点です。課金といっても、グローバルに見れば特別なもの

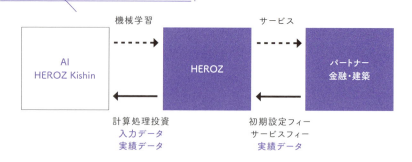

図5 金融・建設などのビジネスモデル

ではありません。初期の開発は「初期設定フィー」を収め、運用は「サービスフィー」を支払うというものです（図5）。

このような課金は、ソフトウェアではSaaS (Software as a Service) として普及が進んでいます。ユーザーは、パッケージを購入して自らのコンピュータにソフトをダウンロードするのではなく、インターネット経由でサービスを提供するプロバイダーのソフトを利用します。そして、利用した期間や量に応じた料金を支払うのです。

AIによる機械学習の場合、ソフトウェアではなくマシンラーニングをもとにするので、MLaaSと呼ばれます。グローバルにはSaaSと同様、期間や量に応じて課金するのが標準で、HEROZもこれにのっとっています。

この課金の特徴は、サービスが優れている限り、顧客との継続的な関係を築きやすいという点です。AIサービスを使うことにメリットがあれば、顧客はそれを使い続けます。サービス内容が優れていれば、安定収入が見込めるのです。顧客とともに価値を創出し、その価値に応じた課金をするという発想です。

これに対して受託型のビジネスというのは、顧客の要件に合わせてAIシステムを構築して収めます。一時的には、膨大な金額を得

ることができるかもしれませんが、そのあとの継続的な関係は見込めません。保守サービスなど付随することもありますが、微々たるものです。開発したシステムの対価は、どれだけの人件費が必要とされるかによって積算されます。生み出しうる価値ではなく、かかるコストから対価が導かれます。

HEROZは、受託開発をしてシステムとして顧客に収めるのではなく、サービスフィーから収益を上げています。顧客の多くはサービスを継続しており、顧客が増えればそれだけ売上が積算され、資産としてストックされていきます（図6）。

情報通信業界では、もはや受託ビジネスでグローバルに成長することは困難です。グローバルな舞台にスタートアップとして挑戦するためには、営業人員や開発要員といったマンパワーに頼らない仕組みが必要なのです。

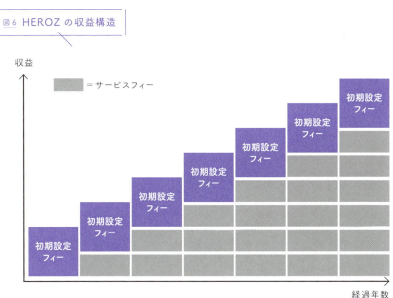

図6 HEROZの収益構造

## 開拓した業界を深耕する

　さまざまな業種にAIの活用を広げることができれば、今度はそれを耕すこともできます。HEROZは、さまざまな業界の基幹部分についてAIの導入を果たした後、その周辺のニーズを掘り起こしていきました。たとえばゲームであれば、ゲームデザインの難易度のレベル調整を手がけた後、それがどのような状況でも正常に動作するかを検証するサービスを提案しました。

　金融では株式の市場予測にAIを活用した後、与信判断や異常取引を検知するサービスを提案しました。決算書の企業データや過去の取引情報をAIが学習し、問題があれば自動的に知らせてくれるようにしたのです。

　建築についても同様に、構造設計について取り組んだ後、異常・故障診断をするために、建物の状態の画像や音データを学習し、異常・故障を発見するサービスを提供しました。これによって、目視などに頼っていた属人的な業務の精度を向上させるとともに、効率化も図れます。

「金融だけでも、いろいろなところにAIの活用場面があります。建設領域でも構造設計だけではなく、異常検知や現場のスケジューリング工程をAIに任せるなど、いろいろなところでAIの活用があるのです。それを僕は深さと呼んでいます」

　各業界で、いろいろなことにAIは活用できます。林さんはこれを「深さ」と呼び、ニーズを掘り起こしていったのです。

　HEROZ社内では、これらの経営課題を深く掘り起こして100を超えるオプションとして整理しました。オプションは、ビジネスとし

て高い価値を出せるところ、あるいは新規性があって面白いところから着手しました。このような課題は、HEROZだけではなく、パートナーとしての顧客も解決したいものだからです。

　深耕を進めるために、HEROZは、最初のAIの活用は、顧客にとってのメインストリーム（基幹）で行うように意識しました。周辺部分にAIを活用しても、たいした波及効果は見込めないからです。基幹系と呼ばれるメインストリームから手掛けると、それに付随してさまざまな案件が出されるので、さらなる価値創造が可能になります。


# 3　好循環の論理

## 好循環を描いてみる

　将棋ウォーズや金融・建設のAIサービス事業から、ビジネスモデルの基本的な循環を描いてみると、図7のようになります。ビジネスの基本は投資回収です。左半分が種まきとしての「投資のステージ」、そして右半分が刈り取りとしての「回収のステージ」です。これらを交互に繰り返し、事業規模を拡大させていきます。

　まず、将棋ウォーズにおいて膨大な対局データをAIに入力して機械学習を促します。対局データというのは、膨大なものがストックされているだけでなく、ノイズのない良質なデータばかりです。優れたアルゴリズム（問題解決の手順）にデータの量と質が伴ってこそ、優れた機械学習が実現します。

　次に、AIの完成度が高まれば、将棋ウォーズとしてのサービス

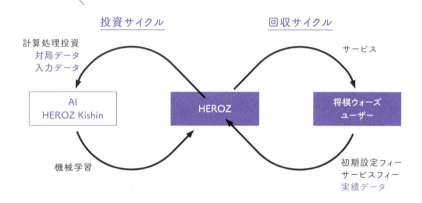

図7 HEROZの好循環の仕組み

が提供できるようになります。月額課金とアイテム課金によって、安定した収益が見込めれば、クラウドにあるコンピュータに投資して計算処理能力を高めることができます。同時に、ユーザーが対局したデータなども投入できるので、AIはますます賢くなります。

金融や建設などの領域でも、HEROZ Kishinを進化させることができます。適切なパートナーを選別し、適切な契約を結べば、良質のデータが大量に手に入ります。それを入力して機械学習を行い、顧客にサービスを提供します。

課金による収入は初期設定フィーだけでなく、サービスフィーから得られるので、長く続ければ続けるほど安定した収入が見込めます。これを再投資してAIをますます賢くするわけです。領域に特化した実績データも手に入るので、それをインプットすれば、まさに鬼に金棒です。

これをよりオーソドックスなビジネスモデルの図式にすると、図8のようになります。実績が評判を呼び、資金が賢いAIを育てるので、パートナーとなりうる顧客が自然に集まってくるのです。

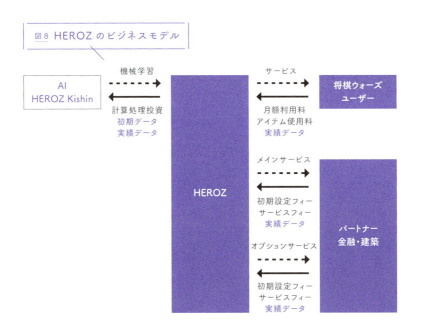

図8 HEROZ のビジネスモデル

## 営業はしない

　HEROZは世間でいう「営業」はしません。積極的に営業を仕掛けなくても顧客が集まってくるからです。しかも、その顧客は勉強熱心な経営者層であることがほとんどだそうです。これによってトップから迅速に合意を取りつけ、パートナーとなった顧客からデータをスムーズに提供してもらえるようになります。

　また、自分から仕掛けないことには大きなメリットがあります。意図せざる顧客から声がかかり、HEROZ自身も思いもよらない活用法を開拓できるようになるからです。このような開拓を経営学では「知の探索」と呼びます。*5

　「金融から声がかかったときは、最初はできるかどうか半信半疑で

した。でも、やってみたら、結構『これできる』と思いました。そういう感じで進んでいって道が拓けたのです」

　イノベーションというのは、新しい結びつきによって生まれるものです。誰も思いつかないような新しい結びつきは、意図的にできるものではありません。意図してねらえるようなものは誰もが考えつくからです。HEROZの場合、顧客から声をかけてもらうことによって、自らの意図を超えた縁結びができました。

　HEROZの好循環は、これにとどまりません。開拓していった新しい領域を深耕していくからです。顧客の基幹部分で実績を出せば、それに関連して周辺部分のニーズを掘り当てることができるようになります。これをオプションにして提案すれば、さらなる価値の創造が実現するのです。このような深耕を、経営学では「知の深化」と呼んでいます。*6

　HEROZの好循環は、開拓と深耕、すなわち「知の探索」と「知の深化」から成り立っています。これらは車の両輪。２つが揃ってイノベーションを生み出しつつ、収益を安定させることができます。

　「将棋で培った基礎知識を食いつぶしていくのではなく、いろんな付き合いの中で、さらにそれ自体を進化させていく。どんどん、さらに付加価値が上がっていくようなイメージです。マシンスペックが上がると、いろいろ試せますし、試すのも早くなります。だから、深層学習を含む機械学習が、非常に高速になります。計算処理が上がったことによって、この進化が止まらないのです」

　それでは、このような好循環をどのようにつくればよいのでしょうか。最後に、そのための戦略的な組み手について検討します。

# 4 　戦略的な組み手

## 好循環をつくるために

　好循環の仕組みづくりにとって大切なのは、初期の段階での「組み手」です。これらの戦略的な組み手によって、早い段階から良い連鎖が続くようにしなければなりません。林さんは、このような組み手を「構造優位」と名づけて、次のように言い表します。

　「構造優位性を築くというのは大切です。柔道とかで、組み手の瞬間に勝負は決まるといいますよね。僕の好きな将棋も実は組み手で勝負が決まることがあります。駒組みの段階で、組み終わったら、もう城の築き方で全然差がついてしまう。僕はビジネスでも同じだと思っていまして、そこの城のつくり方で、後で不利になってしまうのは避けたいのです」

　ここで述べられている構造優位というのは、防御に強いことだけではありません。高速道路の課金システムのように、最初につくっておけば継続的に利用料が入ってくるようなビジネスモデルも含みます。いわば、好循環の構造をつくり、それを作動させるための組み手です。良い波及効果を生み出すためのポイントともいえるでしょう。

　それではHEROZの場合、どのような戦略から組み手を決めたのでしょうか。その背景には、代表の1人である林さんの生き方や経験、ならびにHEROZの志としてのビジョンがあります。

## ビジョンが組み手を決めた

　幼少期から「何でもいいから一番になれ」と言われていた林さんは、水泳、サッカー、テニスなどいろいろなことを試したそうです。地区大会などでは良い成績を収めても、なかなか全国一になる目処が立ちません。そんなときに始めた将棋では、相性が良かったのか、全国レベルに行ける感触がつかめたといいます。

　会社を立ち上げるときも、一番になるつもりで取り組みました。林さんは「世界を驚かすサービスを創出する」とグローバルな視野で語ります。日本のスタートアップがグローバルな土俵に上がり、そこで勝利を収めるためにはどうすればよいのか。相性の良い将棋からAIを開発し、「AI革命を起こし、未来を創っていく」というビジョンを掲げるに至ったのです。

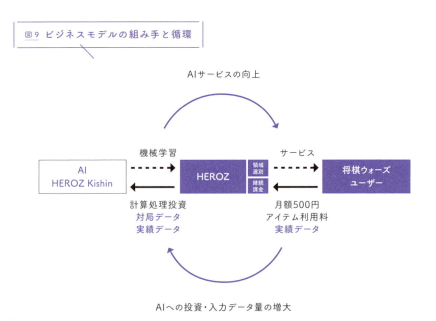

図9　ビジネスモデルの組み手と循環

このビジョンを実現するためにとった戦略が、得意分野で価値を生み出せる領域に絞り、有力な企業とパートナーシップを結んで、ともに価値を分け合うというものです。HEROZのビジネスモデルの場合、組み手の原則はこれら２つに集約できると考えられます。

・「顧客を選ぶ」＝高い社会的な価値が出せる領域に絞る
・「継続課金をする」＝創造した価値に応じたリターンを得る

実は、これはビジネスモデルにとって重要な価値の創造と獲得にかかわります。いかにして価値を創造し獲得するのか、その最初の組み手がその後の成長を左右するというわけです。組み手も含めて描き出すとHEROZの基本的なビジネスモデルは、図９のようになります。

最後に、２つの原則に注目し、林さんたちの戦略的な意図を吟味していきましょう。

## 社会的な価値が出せる領域に絞る

HEROZは得意なところにフォーカスして、オンリーワンをめざします。将棋が好きなAIエンジニアが集まってできた会社なので、まず、そこで実績をあげました。

頭脳ゲームで人間の知性を超えたのは、将棋のHEROZの他には、チェスのIBMと囲碁のグーグルしかありません。HEROZは、人間の知性を超えるという瞬間を実際に経験したエンジニアが所属する数少ない会社の１つなのです。そこで、まずその実績を伝え、知名度を上げることにしました。

「僕らは将棋の世界で、人間を超えていく瞬間とか、超えていった後にどういうことが起こるのかを見てきたので、何が起こるかというストーリーを経験から説明できます」

　そして、この実績を発信すれば、パートナーとしてふさわしい顧客企業が声をかけてくださるそうです。ほとんどの場合、IT部長といったレベルではなく、最初から経営者クラスの方たちと協議を始められます。これまでの経験から、HEROZに何ができるのかはその場で即答できます。トップ同士の話し合いなので、契約の条件やデータの利用の方法などについても迅速に話が進むのです。
　そもそも、HEROZは小さな規模の会社であり、社員の3分の2がエンジニアです。営業のコストをかけずに自分たちの強みを生かそうとすれば、知名度を上げて声をかけてもらうのが一番です。

## 創造した価値に応じたリターンを得る

　もう1つの原則は、価値の獲得にかかわるものです。HEROZの考え方は、AIの導入によって付加的に生み出せた価値の一部を分けてもらおうというものです。林さんは、「生産性を上げた分のお釣りが僕たちの利益になる」と説明します。AIが生み出した価値をベースに考えようということです。
　そのためHEROZは、受託ビジネスを手掛けません。受託ビジネスはコストベースの考え方が支配的だからです。通常、当該システムを構築するのにどれだけの人員が必要とされるのか、そのコストに利益を上乗せするようなかたちで対価が決められます。システム開発に必要な人数と月日の掛け算から割り出されるので「人月課金」とも呼ばれます。

しかし、HEROZが求めるのは、創造した価値に応じたリターンです。AIをつくるためには、データを入力して機械学習させなければなりません。必要なデータは顧客が持っているので、パートナーでもある顧客とともに価値を創造します。そして、AIによって生み出した価値の一部を分けてもらうのです。

AIが価値を生み出し続ける限り、顧客は継続的に利用してくれます。それをサービスフィーとして課金し続けるわけです。

「生産性を上げた分のお釣りが僕たちの利益になるので、AIインパクトが大きいほうがよいのです」

HEROZは、顧客にとって価値創造が大きいメインストリームから手をつけて、付随するサービスへと深めていきます。それぞれについて、初期設定フィーとサービスフィーという課金によって、顧客と継続的な関係を構築します。こうして安定的かつ継続的なストック型のビジネスモデルを構築するわけです。

次章からは、画期的なビジネスモデルをつくるための「創造性」について議論していきます。どうすれば創造性が高まるのか。これを出発点にして理解を深めていきましょう。

第 15 章

# 創造性の神話を超えて

私は神話をつくり、神話の中で生きる。

プロボクサー　モハメド・アリ

# 1 正しい理解

## 5つの質問

 これから創造性に関する5つの質問をします。「そのとおり」と感じたものにはYes、「違う」と感じたものにはNoとつけてください。

- 創造的なアイディアは偶然のひらめきによってもたらされる
- 創造的な仕事や画期的なアイディアは、孤高のクリエイターによって1人で生み出される
- 創造的な解決策を見つけるためには高度に専門知識のある人に頼るべき
- 創造性が育ち、発達していくには、完全な自由が必要であり、何かの縛りがあるとクリエイティブな可能性が潰されてしまう
- 最高のアイディアを生み出しさえすれば、世界は喜んでそれを受け入れる

さて、あなたがYesとつけた数はいくつあったでしょうか。いずれも、もっともらしい仮説なのですが、実際に調べてみると、必ずしも当てはまらなかったり、むしろ逆の傾向を示したりすることが

わかってきました。これらの仮説の科学的な根拠は十分ではなく、単なる「思い込み」である可能性が高いのです。

　イノベーションと創造性を研究しているデビッド・バーカスは、これらを「創造性の神話」[*1] と呼び、思い込みにまどわされずに創造性を生み出すプロセスを正しく理解するように注意を呼びかけます。

## 神話の逆を行く

　実際の創造のプロセスというのは、これらの神話とは逆を行く側面を持ち合わせています。「ひらめき」以前に「努力」、「1人」ではなく「チーム」、「専門家」よりも「分野外」、「完全な自由」ではなく「適度な制約」、そして最高のアイディアは「ゴール」ではなくて「出発点」というようにです。

　逆といっても、なかなかイメージしにくいので、具体例を示すことにしましょう。これから紹介するビジネスはきわめて創造的なアイディアがもとになっています。このアイディアがどのようにして生まれたのか、その経緯を理解することで、「創造性の思い込み」を捨てることの大切さがわかるはずです。

# 2 |事例| JINS MEME と Think Lab

## 集中できる場所

　あなたは集中して仕事がしたいと思ったとします。一番集中して仕事ができる環境はどこでしょうか。オフィスでしょうか、図書館でしょうか、新幹線でしょうか、ホテルのロビーでしょうか、あるいは喫茶店、場合によっては公園かもしれません。

　ある会社が、集中力を測定する機器を開発して人体に取りつけて科学的に検証したところ、最も集中できるのが公園、2番目がカフェ、3番目がホテルのロビー、4番目が新幹線の車内、5番目が図書館であることがわかりました。驚くべきことに、最も集中できない場所がオフィスだったのです。

　なぜでしょうか。人間が集中するまでに要する時間は平均で23分だといわれています。人によって周囲の音の環境による違いはあるものの、公園だと、電話が鳴ったり話しかけられたりしないので集中しやすいようです。カフェも注文した商品が届けられた後は、基本的に邪魔されることはありません。

　ところがオフィスだと、デスクに座って、思考が深まろうとするときに邪魔が入ったりします。だいたい23分ほどかけて集中度を高めていくものですが、データを取ると、平均11分ほどで「ちょっといいかな」と話しかけられ、思考が中断するのです。しかも、たいていの場合、「ちょっと」では済まされないので、やっかいです。

　昨今、「働き方改革」が叫ばれており、勤労時間を短くして生産性を高めようと、どの会社も躍起になっています。しかし、本質的

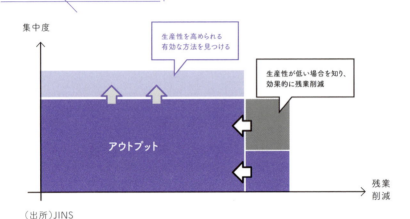

図1 職場の生産性に関する2軸

（出所）JINS

に生産性を上げるためには、残業削減（time）ばかりでなく、時間当たりの集中度（performance）を高めなければなりません。集中度についても測定し、それを高める有効な方法を見つけるべきです（図1）。

　集中度の問題を提起し、それに対するソリューションを開発しているその会社は、アイウエアの製造と販売を手がける株式会社ジンズ（以下、JINS）です。JINSは、メガネに集中度を測定するセンサーを埋め込み、人がいつどのような場所で集中できるかを測定できるメガネを開発しました。その名は「JINS MEME（ジンズ・ミーム）」といいます。メガネを着けている人の眼球の動きや瞬きの回数だけではなく、加速度・角速度センサーをつけることで、利用者の動きを測定することも可能にしました（図2）。

　当初から、自動車を運転する人につけてもらって事故を防いだり、散歩やジョギングなどの健康管理に利用してもらおうという考えはありました。しかし、実際に製品化してみると、人事部門や職

図2 JINS MEME とアプリケーション

三点式眼電位センサー

加速度・角速度(六軸)センサー

場の生産性の専門家の人たちから大きな関心が寄せられたのです。このメガネがあれば、仕事をしているときの集中度が測定できます。いつ、どこで、どのように作業すれば集中力が高まるかがわかるのです。

　JINS MEMEを用い、約15万時間のデータを集めると、さまざまなことがわかってきました。

- 夏のエアコン設定は28度が推奨されているが、人が集中できる温度はもっと低く、男性で23〜25度、女性だと26度である
- 水曜日は「ノー残業デイ」とされているが、1週間を通してみ

鳥居をモチーフにした入り口をくぐると、目の前には参道をイメージした薄暗い通路が続く。森林のほのかな香りを感じながら、ゆっくりとその通路を歩くことで、適度な緊張を感じることができる。そして、通路を抜けると、明るく開放されたスペースが眼前に広がる。緊張状態から解き放たれることで、人の脳は集中できる状態になるという。植物の種類や量にも気を配り、科学的に最適な空間をつくり出している

ると、働く人たちの集中度が最も高いのは水曜日で、逆に最も低いのは月曜日と金曜日であることがわかった
・ 朝と夜のどちらが集中できるかは個人に依存するので、同じ時間帯に働くのが最善とは限らず、個々人の適性に合わせた勤務形態が有効だという可能性が示唆された

データがあれば、「いつ」「どこで」「どのように」働けばよいのかを科学的に検証し、理想的なあり方を探求できます。「オフィスの環境」について具体的な提案ができるようになるのです。その理想を1つの形にして世間に示したのが「Think Lab（シンク・ラボ）」です。

## Think Lab

Think Labは、「世界一集中できる場をめざし、進化し続ける会員制ワークスペース」です。東京・飯田橋のJINS本社の29階にあり、広さは約1390.37平方メートルもあります。その中には、個々人が集中して作業できるオープンデスク、モニタとホワイトボードを常設したミーティングルーム、会員が無料で利用できるカフェ、作業の合間にマッサージしてもらえるリラクゼーションルーム、フォンブース、ユーティリティスペースがあります。

注目すべきはその設計コンセプトです。集中力を最も高める空間のヒントが「神社仏閣」にあるとして、これを模したのです。利用者は、鳥居に似た扉から入り、参道をモチーフとした長い通路をゆっくりと歩きます。そして、徐々に非日常の世界に入ってきたことを実感する頃、眼前に東京の摩天楼の世界が広がります。このルーティーンにより、集中に必要な「良質なストレス」からの「リラックス」を体験し、集中するための脳の準備が整います（図3）。

部屋には観葉植物があり不思議と落ち着くような空間が広がっています。緑の比率は10〜15％で、リラックスしつつも集中度が高まるバランスとなっています。置かれている椅子はさまざまで、リラックスしてアイディア発想しやすい角度のものから、集中してパソコンに向かえる角度のものまでが準備されています。

Think Labには、五感に訴える工夫がなされています。視覚はもちろん、匂いや音までもリラックスしつつ集中できるように気配りされているのです。川のせせらぎと森林の香り、鳥の鳴き声など、利用者はテーマに合わせてリラックスしながら作業できます。その効果はいずれもデータから検証されており、科学的なエビデンスによって裏づけられているのです。

しっかりと集中して仕事をこなした後に利用者たちを待っているのは、コワーク（コラボレーション体験）できるスペースです。まさにサロンのような感覚で、そこに集った会員同士が情報交換できるように設計されています。Think Labには軽食やソフトドリンクはもちろん、アルコール類も準備されているので、リラックスした

図3 神社仏閣における集中のプロセス

神社仏閣の構造から学び、「最高の集中体験」を実現するための構造をオフィス空間で実現する

（出所）JINS

雰囲気の中で互いの意見を触発できます。

　以上のように、株式会社ジンズは、人の集中度を測ることができるJINS MEMEというメガネを開発し、約15万時間分のデータを取得しました。そのデータをもとに、画期的なワークスペースであるThink Labをつくったのです。

# 3　神話との照合

　それでは、これらの画期的なアイディアはどのようにして生まれたのでしょうか。ウェアラブル端末としてのJINS MEMEとそのデータを活用したThink Labの2つに分けて考えていきましょう。

　始まりは、集中度を測定するためのウェアラブル端末にあります。先に紹介した創造性の神話と照らし合わせながら検討してみましょう。

## 「ひらめき」の神話

　まず第1は、「ひらめき」の神話です。アイディアの起点となったJINS MEMEについて考えてみます。

神話1

**創造的なアイディアは偶然の「ひらめき」によってもたらされる。**

　JINSの創業者であり、代表取締役CEOの田中仁さんは、その風

貌や語り口からしてクリエイターの典型のような人物です。また、このMEMEをリードしてきた井上一鷹さん（Think Labグループ事業統括リーダー）も、才能あふれる若きカリスマといった雰囲気を醸し出しています。

私は、これら2人のいずれか、あるいは双方の天才的なひらめきや相互作用によってこのアイディアが生まれたのだろうと予想していました。2人が独創的にプロジェクトを進めていったのだと考えたのです。

ところが、実際にインタビューをしてみると、その考えは見事なまでに覆されました。アイディアの発端は、脳科学で有名な東北大学教授の川島隆太さんの一言にあったのです。

「メガネというのは、パンツの次にずっと身につけているものだ」[*2]

メガネというのはずっと身につけているものなので、そこから身体データを取得できます。目の動きや瞬きの回数などから脳がどれだけ活性化しているか、その集中度を測れば面白いデータが取れるはずです。川島さんの一言をきっかけに、田中さんや井上さんは、メガネはそのための端末になると考えました。

チームが協議していたのは2011年ですから、ちょうどこの頃、グーグルもメガネをウェアラブル端末にしようと開発していた頃です。ただし、グーグルが開発していたのは、情報を出力するための端末です。ネット検索、道案内、天気予報など必要な情報をメガネに映しだそうとしていました。

しかし、川島さんの一言から得た発想は、これとは逆を行く先進的なものです。ウェアラブルといっても利用者に外界の情報を集めて示すのではなく、利用者の内面の情報を集めて示すもので、「内

面を見るメガネ」でした。利用者に外部の情報を出力する端末ではなく、利用者の生体情報を入力する端末として開発しようと考えたのです。

このコンセプトが製品化されて生まれたのが「JINS MEME」です。発売されたのが2015年11月ですから、着想からわずか4年間で製品化したことになります。ハードやソフトの開発資源を持っていない企業としては驚異的なスピードだといえます。

JINS MEMEのアイディアは、田中さんや井上さんの偶然のひらめきによって生まれたものではありません。川島さんたちと時間をかけて協議することで生まれたものです。そして、きっかけをつくった川島さんも、その着想は決して天から降ってきた類のものではなく、これまでの研究の積み重ねから生まれたものです。普段から脳の動きを測定するデバイスについて考え続けてきたからこそ、JINSの人たちとの対話をきっかけに出てきた発想だと考えられます。

学術研究においても、「ひらめき」というのは創造のプロセスの一部にすぎないといわれています。心理学者のミハイ・チクセントミハイは、画期的なアイディアは突如として降ってくるものではなく、①準備、②培養、③ひらめき、④評価、⑤精錬という5つのステップから生まれることを解明しました。[*3]

つまり、問題意識を持って「準備」して、少し意識を他に向けて時間をかけて「培養」することで、何かをきっかけに「ひらめき」が生まれ、それを「評価」して「精錬」することで、真に創造的なアイディアとなるわけです。

JINSの事例にしても、カリスマ的な起業家やクリエイター単独の「ひらめき」によって生まれたわけではありません。むしろ地道に、かつ真剣に考えてきたことが、時間をかけて有機的に結びついたとき、アイディアとして結実したということではないでしょうか。

## 「孤高のクリエイター」の神話

　世間は、カリスマ起業家やクリエイターの英雄物語が大好きです。彼らのイニシアティブによって画期的な製品やサービスが生まれると信じられています。

**神話2**
**創造的な仕事や画期的なアイディアは、孤高のクリエイターによって1人で生み出される。**

　しかし、英雄物語というのは「つくられた神話」であることも多いようです。エジソンは「発明王」として名高いのですが、大半の発明は彼自身ではなく、研究所のチームメンバーが生み出したものだといわれます。エジソンが発明したと語るとメディアから注目され、研究開発の資金が集めやすかったので、あえてチームの功績とはしなかったのです。

　JINSの場合も、田中さんや井上さんの英雄物語にすることもできました。しかし、その実態に迫るためには、そもそもなぜ脳科学者から貴重な一言を聞き出すことができたのかに注目すべきです。実は、ここに、JINSという会社のすごさがあります。

　メガネは1300年頃にイタリアで生まれて以来700年もの間、利用目的も基本技術も大きな変化がなく、イノベーションが起きていません。しかし、田中さんは「メガネにはもっとできることがある」と思い、のちにThink Labをリードする井上さんたちとともに産学連携を精力的に進めていきました。さまざまな分野における超一流の研究者たちと対話を重ね、アイディア発想を試みたのです。

　その1人が川島さんでした。田中さんは、脳科学という視点から

何かできないか、月に一度の頻度で川島さんたちとブレーンストーミングを行ったそうです。川島さんは、「Google Glass」のようなウエアラブル端末ではなく、むしろ目の動きから、いろいろなことがわかるというほうが新しいと考えていたそうです。

この話からもわかるように、JINS MEMEという革新的なメガネは、特定の個人ではなく、オープンなチームから生まれたものなのです。学術の世界においても、多様なメンバーからなるチームが創造性を発揮することは、よく知られています。経歴や専門性が似通っていると、同じような発想に偏ってしまい、新しいアイディアは生まれません。社会ネットワーク論では、共通の知識基盤と新しい視点がほどよく交わったときにイノベーションが発生しやすいと主張されます。[*4] JINSのオープンなチーム編成の方法は、まさにこれを体現しているといえます。

## 「専門家に頼るべき」という神話

この事実から、次の疑問がわいてきます。画期的な解決策は、結局は専門家によってもたらされるのではないか。実際、JINS MEMEのアイディアは、専門家である川島さんの一言がきっかけで生まれました。そして、それに続くThink Labの構想も別の専門家たちのアイディアが組み合わされてできあがっていったのです。

はたして、「専門家」の神話は正しいのでしょうか。

神話3
創造的な解決策を見つけるためには高度に専門知識のある人に頼るべき。

| | 氏名 | 専門分野 | 得られた知見 |
|---|---|---|---|
| ① | 川島隆太 | 脳科学者 | メガネを<br>センシングデバイスにできること |
| ② | 入山章栄 | 経営学者 | コミュニケーション×集中が大切 |
| ③ | 石川善樹 | 予防医学 | 寺社に通じるデザイン |

表1 アイディア創造に寄与した3人の専門家

　この点について、興味深い話を紹介しましょう。田中さんは、普段からチームメンバーに「自分で考えすぎるな」と伝えているそうです。新しい事業をつくるとき、その内容をすべて自分たちだけで考えるべきではない。むしろ、関連する領域について長年にわたって考えている人たちを巻き込むべきだということです。

　それでは、実際にJINSのチームは、どのような専門家から何を教わったのでしょうか。インタビューを通じてお名前の挙がった方をリストすると、表1のようになります。

### ① 川島隆太さんからの学び

　まず、川島さんからは、数々のアイディアのヒントをもらいました。

「メガネはパンツの次に着けている時間が長いはず、パンツと違ってメガネは毎日同じだから、その人のことを一番よく知っている」[5]

　このように言って、チームのメンバーを刺激して、ものの見方を転換させてくれました。チームは川島さんたちと協議を重ね、「自

分の目の前のものを見る」メガネではなく、「自分の内面を見る」
メガネを開発するというアイディアを育んでいきます。

### ② 入山章栄さんからの学び

　次に、早稲田大学ビジネススクールの入山章栄さんからは、イノ
ベーションの理論を学びます。

　「イノベーションはゼロから生み出されるものではなく、すでに存
在する知と知を組み合わせることで生まれる。ただし、月並みの組
合せでは新規性は生まれないので、意外な組合せを探し出す必要が
ある」[*6]

　彼はこう言って、「知の探索」の大切さを説明しました。しかし、
探索には時間とコストがかかります。それをまかなうためには、手
元にある知の価値を理解し、それを活用して収益を上げなければな
りません。この活動を「知の深化」といいます。「知の探索」と「知
の深化」は車の両輪、どちらか一方ではイノベーションを安定して
生み出すことはできません。双方のバランスを取りながら、経営し
ていく必要があるのです。
　井上さんは、イノベーションの理論を聞き、「知の探索＝コミュ
ニケーション」であり、「知の深化＝集中」であると理解します。
そして、双方のバランスの大切さに気づいたのです。

### ③ 石川善樹さんからの学び

　集中が大切だというのは、予防医学研究者の石川さんからも指摘
されました。彼は、興味深い持論を展開します。

「日本で最初に集中に悩んだ人物は空海であり、彼が過ごした場所に集中を高めるヒントがある」[7]

　空海は中国に渡り、20年をかけて修得する経典を、わずか2年で修得して帰国したという稀代の天才です。卓越した集中力があり、お経を100万回読むことで暗唱したすごい人物だとされます。

　しかし、帰国してから空海は自らの集中力が著しく低下したことに気づきました。なぜかというと、20年かけて覚えるような情報を短期間でインプットしたため、情報過多に陥ったからです。情報が多すぎると、処理しきれなくなります。思念するにしても、雑音が多すぎて気が散ってしまいます。そこで空海は、あえて辺鄙なところに高野山を開いて集中力を高めたのではないかというわけです。

　最初に悩んだのは空海だというのは、石川さん独特のユーモアなのかもしれませんが、神社仏閣にヒントがあるというのは「なるほど」と思える仮説でした。しっかりと調べてみると、確かに集中度が高まるような設計になっていました。そこで、JINSのチームは「東京に高野山をつくろう」と言ってThink Labのコンセプトを固めていったそうです。

　以上の3人は、JINSのチームがアイディアの創造において頼りにした専門家です。創造性に大きく寄与したこの3人を見ると、あることに気づきます。

　それは、この中にはメガネの専門家がいないということです。メガネのイノベーションを志し、将来のメガネのことを考えようというときに頼ったのは、メガネの専門家ではなかったのです。

　おそらく、メガネの専門家に尋ねても、視力補正以外のことは思いつかなかったでしょう。だからこそ、その道の専門家ではなく、

隣接する専門家を選んで声をかけていったのかもしれません。しかも、声をかけたのは当代一流でありながら、視野が広い専門家です。

　ヒントになった言葉も、とても意外なものでした。脳科学者の川島さんからは、「メガネというのは、パンツの次にずっと身につけているものだ」ということに気づかされました。経営学者の入山さんからは、「知の探索と知の深化のバランスが大切」ということを学びます。予防医学博士の石川さんからは「空海は高野山で集中した」という見解をもらいました。メガネとは直接関係のない話を聞いて画期的なアイディアを生み出したという事実は注目に値します。

　学術研究においても、専門性が高まりすぎるとアイディアの創出率を下げるという見解が打ち出されています。[*8]

　また、ある分野における困難な課題を解決できるのは、当該分野の周辺領域の人たちであるともいわれます。その課題を理解するだけの知識を持ちつつも、別の領域での専門性を持ち合わせていることが大切なようです。

## 「制約」にかかわる神話

　JINS MEMEのアイディアを商品化するときも、Think Labのサービスを開発するときも、チームメンバーは外部に頼って創造性を発揮していきます。なぜJINSが外部のパートナーを頼ったのか、裏を返せば頼らざるをえなかったのかを考えると、第4の神話についての知見を得ることができます。その神話は、制約が創造性を阻むというものです。

神話 4

**創造性が育ち、発達していくには、完全な自由が必要であり、何**

かの縛りがあるとクリエイティブな可能性が潰されてしまう。

　制約があると創造力を発揮しにくくなるというのは、もっともなことに思えます。会社で何かを生み出すときに、才能あふれるスタッフと最新の設備を揃え、時間もお金も無尽蔵なほどふんだんに使えるほうが創造的になれるような気がします。

　しかし実際は、制約によって創造性が引き出されることも少なくありません。JINSの場合、「自分たちだけでは何もできない」ということが制約となりました。

　裏を返せば、このような制約が外部との協働を促し、JINSをオープンイノベーションへと駆り立てたのです。

　メガネの製造小売であるJINSが、自分たちだけでできることには限りがあります。アイディア発想、試作づくり、ハードウエア開発、感知したデータを処理するアルゴリズム構築、アプリ開発のすべてにおいて、外部のパートナーの協力が不可欠でした（表2）。

　パートナーに頼ることは、必ずしも悪いことではありません。結果的には、わずか4年でこの画期的なメガネを製品化することができました。制約があったからこそ、1つの会社内では起こせないようなイノベーションを生み出すチャンスをつかんだのです。

　制約が創造性を生み出すというのは、ビジネスの世界に限った話ではありません。文学の世界では短歌や俳句は、限られた文字数で心の中の情景を大きく広げます。芸術においても枠組みがあるから、創造性が生まれます。デビッド・バーカスは、「制約が枠組みとなり、その枠組みを通して問題を理解し、真に画期的な解決策を考え出せるようになる」と語っています。

　また、心理学者にして創造性の権威であるテレサ・アマビールによれば、真っ白な紙を渡されて、何でも好きなものを描くように言

> **表2 JINS MEME のアイディアの着想から商品発売まで**

| | |
|---|---|
| 2011年04月 | 眼電位検出技術のアイディアをもらう |
| 2012年06月 | プロトタイプで瞬きを検出 |
| 2012年09月 | ハードウェア開発パートナーの選定 |
| 2013年01月 | R&D（研究開発）室の立ち上げ |
| 2013年07月 | ハードウェアデザイナーの参画 |
| 2013年09月 | アプリ開発パートナーとの出会い |
| 2014年04月 | 商品発表会（コンセプト） |
| この後 | サービス開発のパートナー探し |
| 2015年11月 | 商品発売 |

われたとき、多くの人は何を描いてよいのかを躊躇してしまうそうです。ところが、そこに1本の曲がりくねった線を引いて、何かを加えてくださいと言うと、たいていの人は楽しんで思いがけない絵を描いてくれるそうです。

　何を解いてよいのかがわからないという曖昧な状況よりも、この問題を解決すればよいという制約が与えられたほうが創造的になれるものです。制約が問題の構造を明らかにして、創造的なアイディアを促すのです。

## 「最高の製品」の神話

　それでは、JINS MEMEという画期的なメガネを世に送り出したJINSですが、いかにしてこれをビジネスにしていけばよいのでしょ

うか。

創造性の第5の神話は、優れたものを世に出せば必ず社会に受け入れられると説きます。[*9]

**神話5**

最高のアイディアを生み出しさえすれば、世界は喜んでそれを受け入れる。

JINS MEMEは700年の歳月を経て、メガネにイノベーションを起こそうという画期的な製品・サービスです。新規性がきわめて高く、応用領域も多岐にわたります。しかし、まだ新しすぎるため、サービス開発をして収益を上げるのは、容易ではありません。

田中さんと井上さんたちは、この新しいメガネの社会的な価値を高めてくれるパートナーを探しました。JINS MEME、ならびにそれを通じて集まるデータを活用して、顧客が喜んで対価を支払ってくれるビジネスをつくろうとしたのです。

まず、もともと考えていたアイディアとして、運転手の居眠り運転防止のために役立てることにしました。2012年、関越自動車道でバスの運転手が居眠りをして事故を起こし、7人もの尊い命が犠牲になりました。この知らせがきっかけで、自動車を運転する人の覚醒度を測って知らせる「DRIVE系」のサービスを将来行うべきだということになったそうです。

次に、健康管理に役立ててもらうために「FITNESS系」に注目しました。JINS MEMEには加速度・角速度センサーが付いているので、人が走ったり歩いたりしている様子を測定できます。走っているときの重心や、前後左右のズレまでも検知できるのです。体感のズレがリアルタイムで測定できれば適切なタイミングで助言も

きます。右に寄っていたら、音声でそのことを知らせ、改善を促すこともできます。JINSは、フィットネスクラブのルネサンスと提携し全店舗へのJINS MEME導入を行うなど、トレーニングのあり方を科学的に助言できるサービスを提供することにしました。

これらの試みの中で、有望視されているのが「OFFICE系」のサービスです。データがあれば、デスクワークの職場においても「カイゼン」が可能になります。先進国の中で最下位だといわれてきた、ホワイトカラーの生産性を高める活路を見出すことができるのです。

JINSのチームは、「優れたものを世に出せば、それが自動的にビジネスになる」という神話は信じていませんでした。だからこそ、第一線で活躍する専門家や企業を巻き込んで市場を立ち上げようとしているのです。

「僕らが考えなきゃいけないのはコンテンツではありません。優れたパートナーたちを巻き込むためのストーリーです。これができれば、JINS MEMEを使って新しいビジネスをつくろうとする人たちが集まります。楽しくてしょうがないから協力的になってくれるのです」[*10]

## オープンなチームによるイノベーション

JINS MEMEとThink Labの製品・サービスが生まれたプロセスをたどっていくと、創造性についての5つの神話が必ずしも適切でないことがわかります。

「内面を見るメガネ」というコンセプトは、特定の個人の天才的なひらめきによって生まれたものではありません。専門家は確かに大切ですが、ズバリそのものの専門家よりも、周辺領域の専門家のほうが面白いアイディアを出すこともあります。また、制約は創造の

敵だといわれますが、JINSの場合、「自分では何もできない」という制約がオープンイノベーションを促しました。

オープンイノベーションを支えているのは外部のパートナーです。彼らは、JINSが知らない情報を提供し、JINSだけではできないことを支援しています。創造性の神話ではカリスマ的なクリエイターや起業家の活躍がよく語られますが、大切なのは組織としてオープンなチームをつくることではないでしょうか。それぞれのメンバーが強みを発揮して互いに補い、触発し合える多様なチームが理想的です。

JINS MEME事業部の場合、その中核となる田中さんと井上さんは絶妙な関係にあるように思われます。

「デザインや物に対するこだわりは強く持っています。僕は感性的ではないのですけれど、創業者の田中が感性的な人で、非言語化されている部分を私は支えています。このようなバランス、いわばアートとサイエンスのようなバランスを取っているのかもしれません」[11]

アートとサイエンスのバランスについては、さまざまな経営者が語っています。続く第16章では、事業創造はアートなのかサイエンスなのかに迫ります。

第16章

# 事業創造は サイエンスか アートか

人が芸術と科学を探求しようとする最も強い動機の一つは、日常生活の単調さと軽薄さから脱出して、自分のつくり出すイメージの世界に逃避したいと願うことです。

物理学者 アルベルト・アインシュタイン

# 1 その発想は 分析か直感か

　ここまで「事業創造」にかかわるさまざまな発想法について紹介してきました。そして経営学では、経営者は科学者のように分析して発想しているのか、芸術家のように直感的に判断して発想しているのかについて議論されてきました。[*1]

　そもそも「事業創造」というのはサイエンスなのでしょうか。それともアートなのでしょうか。一刀両断にできないまでも、興味深い問いかけです。ビジネスモデルづくりを終盤に迎えた今、これを考えてみたいと思います。

　経営の現場においては、緻密な分析をしなければ処理できない問題があります。逆に、直感を働かせなければたどり着けない答えもあります。優れた経営者は、その時々に応じて、2つの能力を使い分けながら、経営を実践します。経営学の権威、ヘンリー・ミンツバーグ教授は、科学者と芸術家の思考や行動を対比的に描き、経営者はどちらの特性を備えるべきなのかと問います。

　確かに、発想法に絞っても、科学者と芸術家とではずいぶんと異なるように思えます。筆者の研究室では、この点について調査してみて一定の裏づけが得られました。[*2] たとえば、ノーベル賞を受賞した博士たちは、関連分野の研究を転用・応用するアナロジー発想（遠い世界からの模倣）が得意です。一方、世界的に活躍するポップアーティストは逆転の発想に長けています。

## 科学者の発想法

　科学の世界では、新しい発想の多くがアナロジーから生まれています。1949年にノーベル物理学賞に輝いた湯川秀樹さんは、アナロジーによって未知の領域を開拓しました。

「もしも核力の場を、陽子、中性子間のキャッチボールと見直したなら、その球の役目をする素粒子は何であろうか」[*3]

　2012年にノーベル生理学・医学賞を受賞した山中伸弥さんもiPS細胞の開発において、アナロジーを用いて言います。

「何とか受精卵を使わずに、ES細胞と同じような細胞ができないかなと思ったのが、今のiPS細胞につながった研究です」[*4]

湯川秀樹

山中伸弥

## 芸術家の発想法

　一方、ポップアートの世界では、逆転の発想から作品が生まれることは少なくありません。「芸術は爆発だ」という言葉を残した岡本太郎さん。代表作の1つ「太陽の塔」はあまりにも有名で、ポップアートの金字塔ともいえます。既成の体制の逆を行くような彼の作風は、どうやら芸術家としての思考様式と密接な関係がありそうです。

「人生は積み重ねだと誰でも思っているようだ。僕は逆に、積み減らすものだと思う」[*5]

　また、気鋭のポップアーティストである村上隆さんの発言からも逆転の発想を感じます。

「日本の芸術作品は世界で認められにくいのですが、それなら日本のアートではない媒体の自己表現をあえて取り上げて、西洋美術におけるアートの概念自体の革命を起こせばよいのではないか」[*6]

岡本太郎

村上隆

ノーベル賞を受賞した2人の科学者とポップアーティストの2人の芸術家の著作や発言内容を比べてみると、発想法に明確な違いが読み取れました。そうだとすれば、経営者にも同じような傾向が読み取れるはずです。そう考えた私たちは、科学者、芸術家、ならびに経営者の著作に書かれている発言内容を相互に比較することにしました。

# 2 発言内容から分析する

　発言内容から発想や思考を推し量るための調査方法[*7]として、内容分析があります。内容分析は、もともと広告におけるコミュニケーション・メッセージの諸特性を捉えるために発達した調査方法で、「コミュニケーションの明示的内容の客観的、体系的および量的記述のための調査技術」[*8]とされます。

　歴史はかなり古く、2度にわたる世界大戦のときの戦時プロパガンダについての研究がきっかけとなっています。初期の研究はとても素朴なもので、広告でどのような言葉がどのくらいの頻度で用いられているかを単純に集計したものがほとんどでした。現在は高度な解析手法で分析が進められていますが、言及頻度が問題にされているという点では同じともいえます。

　内容分析は、その意味内容を丁寧に解読するという質的な研究と、どのような言葉が数多く発せられたかをカウントして傾向を見る量的な研究とに分けられます。質的な研究では、調査者が文章を実際に読んで脈絡を読み取り、1つ1つの文章が意味する内容を理

解していきます。接続詞に注目しながら文章の構造を読み解いたり、論理展開などを追ったりします。人間がチェックするので、読み込める文章量に限りが出てくること、調査者によって解釈に幅が出るという弱点があります。

これに対して量的な研究というのは、特定のキーワードがどのくらいの頻度で用いられているかに注目します。網羅的にキーワードを拾い出し、より多くの文章について調べようとするのです。検索エンジンやマイニングソフトが発達しており、脈絡や構造への配慮よりも、統計的な一般化を志向した研究方法です。

## オズボーンのチェックリスト

本人の発言や考えを文字にしたテキストデータには、その人物の認知や考え方、態度や行動が反映されています。[*9] 今回、ビジネスモデル・デザインに結びついた発想法を調べるにあたって、質的な分析と量的な分析を組み合わせ、1つ1つの文章が意味する内容を理解して頻度を数え上げました。[*10]

発想法の違いを確認するために用いたのは、「オズボーンのチェックリスト」です（表1）。アレックス・オズボーンは、アメリカの広告代理店のトップにまで上り詰めた実務経験者です。彼自身「趣味はイマジネーション」と言うほどで、創造性の大切さを啓蒙し、数々の著作を世に出してきました。

その著作の1つである『独創力を伸ばせ』[*11]には数多くの発想法が紹介されています。後の研究者たちが、この書籍から発想法を整理してまとめたのが、今、私たちが手にしている9分類です。

ご存じの方も多いとは思いますが、改めて9つの分類について表にまとめておきましょう。本書で紹介してきた発想法とのかかわり

でいえば、「転用」「応用」は、遠い世界からの模倣に、「逆転」は
反面教師からの学びにそれぞれ該当します。

このチェックリストを使って、代表的な作品、理論、ビジネスが

表1 オズボーンの発想法の9分類とチェックリスト

| 発想法 | チェックリスト |
|---|---|
| ⑴ 転用<br>Put to<br>other uses | 他に使い道はないか？　そのままで新しい使い道は？　改造して他の使い道は？ |
| ⑵ 応用<br>Adapt | 他にこれと似たものはないか？　何か他のアイディアを示唆していないか？　過去に似たものはないか？　何か真似できないか？　誰かを見習えないか？ |
| ⑶ 変更<br>Modify | 新しいひねりは？　意味、色、動き、音、におい、様式、型などを変えられないか？　その他の変化は？ |
| ⑷ 拡大<br>Magnify | 何か加えられないか？　もっと時間は？　頻度は？　より強く？　より高く？　より長く？　より厚く？　付加的価値は？　材料をプラスできないか？　複製は？　倍加は？　誇張は？ |
| ⑸ 縮小<br>Minify | 何か減らせないか？　より小さく？　濃縮？　ミニチュア化？　より低く？　より短く？　より軽く？　省略は？　流線型に？　分割できないか？　内輪にできないか？ |
| ⑹ 代用<br>Substitute | 誰か代われないか？　何か代用できないか？　他の構成要素は？　他の素材は？　他の製造工程は？　他の動力は？　他の場所は？　他のアプローチは？　他の口調は？ |
| ⑺ 置換<br>Rearrange | アレンジし直したら？　要素を取り替えたら？　他のレイアウトは？　他の順序は？　原因と結果を置き換えたら？　ペースを変えたら？　スケジュールを変えたら？ |
| ⑻ 逆転<br>Reverse | 逆さにしたら？　ポジとネガを取り替えたら？　逆はどうか？　後ろ向きにしたらどうか？　上下をひっくり返したら？　逆の役割は？　靴を換えたら？　テーブルを回したら？　他のほうへ向けたら？ |
| ⑼ 結合<br>Combine | 組み合わせたら？　ブレンド、合金、品揃え、アンサンブルはどうか？　ユニットを組み合わせたら？　目的を組み合わせたら？　アイディアを組み合わせたら？ |

（出所）星野（2005）p.134をもとに作成

どのような発想から生まれたのかを特定します。

　分類にあたっては、学術の作法に従って「読み違い」がないように注意しました。具体的には1人が判断するのではなく、チームを組んで複数の人が多様な視点から判断して確定するという作業を行いました。[*12]

# 3　科学者と芸術家の発想法

　分析は、大きく2つのステップに分けられます。まず、科学者と芸術家の発想法について調べて、その傾向をパターン化します。次に、名だたる経営者の発想法を調べて、科学者と芸術家のどちらのパターンに近いのかを評価しました。

　さて、創造的な芸術家や科学者は普段はどのような発想をしているのでしょうか。言及頻度分析によって、ポップアーティストの2人、ノーベル賞を受賞した科学者の2人がよく口にする言葉を分類して集計し、その傾向を比較してみました。

　すると、明確なコントラストが確認されました。オズボーンの発想法の分類（転用、応用、変更、拡大、縮小、代用、置換、逆転、結合）に従って発言内容を分類したところ、以下の2つの表のような結果となりました。

　なお、ここで「転用」と「応用」は、ほぼ同義なので、両者を一括して「転用・応用」として解説を進めます。

## 2人の科学者の発想法

　表2をご覧ください。湯川さんが最もたくさん用いている発想法（考察含む）は、「転用・応用」です。これは湯川さんの発言および記述の中に、転用・応用に分類される内容が、全体の65.3%あったということです。

　科学者が転用・応用によって発想を得ることは、きわめて自然なことです。ある科学分野で証明されているということは、その知見がデータや論理から立証されていることを意味します。自分の分野でも同じことが成り立つかもしれないと考えるのは、もっともなことでしょう。

　他の発想法ですと、このレベルの確かさを求めるのが難しいのか

表2　2人の科学者の発想法（考察含む）

| 発想法 | 湯川秀樹 | | 山中伸弥 | |
|---|---|---|---|---|
| | 個数 | 比率（%） | 個数 | 比率（%） |
| 転用 | 1 | 4.4 | 1 | 3.3 |
| 応用 | 14 | 60.9 | 13 | 43.3 |
| 変更 | 2 | 8.7 | 3 | 10.0 |
| 拡大 | 1 | 4.4 | 3 | 10.0 |
| 縮小 | 2 | 8.7 | 4 | 13.3 |
| 代用 | 0 | 0.0 | 2 | 6.7 |
| 置換 | 0 | 0.0 | 0 | 0.0 |
| 逆転 | 2 | 8.7 | 3 | 10.0 |
| 結合 | 1 | 4.4 | 1 | 3.3 |

もしれません。たとえば、「逆転」の発想というのは、意外なアイディアを出すのにはよいのですが、それが本当に成り立つかどうかは定かではありません。逆転させたものが本当にうまくいくかを確かめるためには、実際に吟味して検証する必要があります。

創造性というのは、新規性と有効性を兼ね備えたものです。[13] つまり、新しいだけでは創造的であるとは見なされず、その新規のアイディアが実際に有効である場合（つまり、社会に受け入れられる場合）のみ、創造的であると評価されます。

「逆転」の発想というのは、新規性を担保しやすい反面、有効性の面では不確かなため、科学者はそれに頼りすぎないようにしているのかもしれません。

山中伸弥さんについても、同様のことがいえます。湯川さんほど極端ではありませんが「転用・応用」が多く、両者をあわせると46.6％に達します。科学者である2人は、どちらもアナロジーを上手に使って発想しているようです。

## 2人の芸術家の発想法

次に、2人の芸術家の発想法について検討しましょう。芸術家といっても、岡本さんや村上さんは、ポップアーティストの典型ともいえます。それゆえ、彼らによって芸術家全体を語ることはできませんが、その特徴を捉えやすいのも事実です。

岡本太郎さんの発想・考察法を見てみると、圧倒的に「逆転」が多いことがわかります。このことは実際、著作を読んでみると一目瞭然です。発想や考察にかかわる言及の、実に66.7％が逆転に分類されました（表3）。

岡本さんの言及には一定のパターンがあります。それは、「一般

表3 2人の芸術家の発想法（考察含む）

| 発想法 | 岡本太郎 | | 村上隆 | |
|---|---|---|---|---|
| | 個数 | 比率（%） | 個数 | 比率（%） |
| 転用 | 0 | 0.0 | 9 | 5.5 |
| 応用 | 4 | 3.1 | 34 | 20.6 |
| 変更 | 7 | 5.4 | 5 | 3.0 |
| 拡大 | 18 | 14.0 | 27 | 16.4 |
| 縮小 | 3 | 2.3 | 3 | 1.8 |
| 代用 | 3 | 2.3 | 0 | 0.0 |
| 置換 | 8 | 6.2 | 3 | 1.8 |
| 逆転 | 86 | 66.7 | 69 | 41.8 |
| 結合 | 0 | 0.0 | 15 | 9.1 |

に……といわれる」というような通説ないしは一般論の紹介があり、次に、「しかし……本当だろうか」や「裏を返せば……ではないか」というような疑問が続きます。そして最後に、「だから私は……と考える」というように、岡本さん自身の逆転の発想について書かれているのです。

　岡本さんの場合は、逆転のパターンが多数を占めていました。普段のものの考え方も何かするときの発想も、通説とは逆を行っているようです。

　日本を代表するポップアーティストの村上隆さんにも同様の傾向が読み取れました。逆転が全体の41.8％を占めます。また、岡本さんと同じように「拡大」についての言及も16.4％と多く見られました。2人ともグローバルな視野に立っているので、その考えや発想

が言葉の節々に表れています。

　このような共通がある一方で、相違もありました。村上さんの場合は「転用・応用」も目立ちます。２人の著作を読み比べれば一目瞭然なのですが、村上さんのほうがより科学者に近い考察や発想をしています。自らの作品を欧米に認めさせるために、世界の芸術について入念に調べ上げ、自らの作品の価値づけを戦略的に行っているのです。

　彼の一連の作品は、オタクのサブカルチャーから生み出されたものです。フィギュアにしてもペインティングにしても、何の説明もなければ、芸術作品とは見なされません。彼は、自身の作品がどのような意味において、欧米の芸術のフロンティアを開拓するのかを入念に説明しました。海外での評価を先に高めてから日本に逆輸入することで認めてもらうという計画も立てました。

　このような作業は、学術研究の基本です。研究価値を認めてもらうためには、このような価値づけができなければ、論文にも掲載されません。独り善がりの独創性として、学会から無視されないためにも、研究のフロンティアを抑え、どのような新しさや貢献があるのかを説明しなければならないのです。

# 4 経営者の発想法

## 科学者タイプの経営者

　それでは、事業を創造する経営者たちはどのような発想でアイディアを生み出しているのでしょうか。まず、その内容を質的に分析してみましょう。調査対象としたのは、次の6人の経営者と彼らが生み出した革新的なビジネスです。

小倉昌男さんの
「宅急便」

似鳥昭雄さんの
「ニトリ」

森川亮さんの
「LINE」

坂本孝さんの
「俺のイタリアン」

鈴木敏文さんの
「セブン-イレブン」

三木谷浩史さんの
「楽天市場」

いずれも、本書で強調した「分析・発想・試作・検証」によってビジネスモデルを創造してきた名だたる経営者です。

　私たちは、彼らが、どのような発想でアイディアを生み出しているのかを同じくオズボーンの発想法に照らし合わせて分析しました。その結果、科学者タイプ、芸術家タイプ、バランスタイプの3つに分けられることがわかりました。

　「転用・応用」といったアナロジー発想が得意なのは、宅急便の生みの親である小倉昌男さん、ニトリを創業した似鳥昭雄さんです。どちらも分析が上手で、分析から得られた事実をベースにしつつ、アナロジー発想で海外や異業種のアイディアを自分の業界に持ち込んでいます。湯川さんや山中さんと傾向が似ているという意味で、科学者に近いといえそうです（表4）。

表4 科学者タイプの経営者の発想法（考察含む）

| 発想法 | 小倉昌男 個数 | 小倉昌男 比率(%) | 似鳥昭雄 個数 | 似鳥昭雄 比率(%) |
|---|---|---|---|---|
| 転用 | 8 | 5.0 | 2 | 3.8 |
| 応用 | 58 | 36.3 | 17 | 32.1 |
| 変更 | 10 | 6.3 | 8 | 15.1 |
| 拡大 | 17 | 10.6 | 8 | 15.1 |
| 縮小 | 15 | 9.4 | 4 | 7.6 |
| 代用 | 1 | 0.6 | 1 | 1.9 |
| 置換 | 3 | 1.9 | 0 | 0.0 |
| 逆転 | 43 | 26.9 | 10 | 18.9 |
| 結合 | 5 | 3.1 | 3 | 5.7 |

具体的に見てみましょう。「宅急便」の小倉さんは、お手本となるモデルとの運命的な出合いを果たしています。ニューヨークのマンハッタンの十字路で、4台のUPS（ユナイテッド・パーセル・サービス）の集配車を目にして宅急便の可能性を確信したそうです。

「UPSの集配車がニューヨークの十字路の周りに4台停まっている。それを見て、私は、はっとひらめいた。ネットワークの収支は、全体の損益分岐点を超すか超さないかが問題だが、いまひとつ、集配車両単位の損益分岐点というものがあるのではないか」[14]

　この出合いを通じて確信を得た小倉さんは、「これを日本で考えるとどうなるか」という発想で集配車1台ごとの収支を計算しました。これは高度な分析を伴った模倣（「応用」）だと考えられます。
　小倉さんの経営については、その卓越した論理性について広く社会から認められており、経営者はもちろん、経営学者からもお手本とされることが多いようです。[15]科学者に近いということに異論を挟む者はいないでしょう。
　似鳥さんについていえば、その破天荒なキャリアが有名で芸術家タイプとも思われがちです。確かにそういった側面はあります。しかし彼は、優れた師を見出してその教えを忠実に守りつつ、創造性を発揮するタイプの経営者です。アメリカのチェーンストアをお手本として、優れたコストパフォーマンスを実現したのです。

「米国の家具は色やデザインがしっかりとコーディネートされ、ダイニングやリビングも豪華で美しい。…（中略）…帰国し、参加者の中で気の合った仲間と話し合った。『米国風のまねをしてみよう』。顧客のニーズを先取りすることで、競合店にも勝てる」[16]

偉大な先行者から多くを学び、応用していくという意味で科学者に近いと考えられます。

ビジネスの世界では成長が大切なためでしょう、小倉さんも似鳥さんも「拡大する」という発想も多用していました。宅急便は全国に広げるからこそ価値が出ます。全国規模の運送ネットワークへの投資を回収するためにも、多くの荷物を運んで収益を伸ばさなければなりません。

ニトリにしても「お、ねだん以上。」という価値を達成するためには、チェーン店を拡大してコストパフォーマンスを上げなければなりません。どちらも規模の拡大が成功のカギとなっているのです。

## 芸術家タイプの経営者

一方、「逆転」の発想が得意なのは、社長としてLINEを世に送り出した森川亮さん、ならびに、俺のイタリアンを発案した坂本孝さんでした。岡本太郎さんや村上隆さんと同じく「逆転」が多いという意味で、ポップアーティストタイプといえるかもしれません（表5）。

森川さんの経営は、逆説にあふれるものです。伝統的な大企業で良しとされているようなことを疑い、小さくて小回りが利くことの強さを説きます。まさに、相手の強みを弱みにし、こちらの弱みを強みにするような発想です。

「僕はこう考えています。リソースに恵まれた環境にいることは、必ずしも喜ばしいことではない、と。むしろ、『何もない』という状況でこそ大きく成長できる」[17]

表5 芸術家タイプの経営者の発想法（考察含む）

| 発想法 | 森川亮 | | 坂本孝 | |
|---|---|---|---|---|
| | 個数 | 比率（%） | 個数 | 比率（%） |
| 転用 | 5 | 3.9 | 15 | 12.1 |
| 応用 | 12 | 9.2 | 20 | 16.1 |
| 変更 | 3 | 2.3 | 6 | 4.8 |
| 拡大 | 3 | 2.3 | 15 | 12.1 |
| 縮小 | 40 | 30.8 | 3 | 2.4 |
| 代用 | 2 | 1.5 | 0 | 0.0 |
| 置換 | 2 | 1.5 | 4 | 3.2 |
| 逆転 | 60 | 46.2 | 50 | 40.3 |
| 結合 | 3 | 2.3 | 11 | 8.9 |

　なお、彼の発想法において「縮小」が多いのは、限られた資源をフォーカスして投入するという姿勢を表しているからです。無駄を省き、必要なものだけに焦点を合わせるといった言及が何度も登場しています。LINEを世に送り出すときにも、ユーザーのニーズの本質に迫り、機能を絞り込んで開発を支援しました。

　坂本さんについても同じような傾向が認められます。新しい業態を立ち上げるにあたって意識したことは「人が考えていないことを考え出して、いかに早く飛びつくことができるかでした」[18]と語っています。

　彼は、高級イタリアンや高級フレンチとは真逆ともいえるサービスやオペレーションを展開していきました。狭い店内で立ち食いスタイルとし、食材原価率を高くする一方で回転率を高めて収益を伸

ばしました。シェフに裁量権を持たせ、伝統的なレストランではできない試みを思う存分にチャレンジさせたのです。

## バランスタイプの経営者

　セブン-イレブンを創業した鈴木敏文さんの分析結果は、表6の右の合計比率を見ればわかるように、「転用・応用」が29.8％、「逆転」が28.7％とほぼ同率です。他にも「変更」（9.6％）、「拡大」（16.0％）、「縮小」（9.6％）、ならびに「結合」（6.4％）など、さまざまな発想法が併用されています。

　このことから、鈴木さんは科学者タイプでも芸術家タイプでもな

表6 鈴木敏文さんの発想法と考察法

| 発想法 | 鈴木敏文 | | | | | |
|---|---|---|---|---|---|---|
| | 発想 | | 考察 | | 合計 | |
| | 個数 | 比率（％） | 個数 | 比率（％） | 個数 | 比率（％） |
| 転用 | 4 | 6.9 | 3 | 8.3 | 7 | 7.5 |
| 応用 | 13 | 22.4 | 8 | 22.2 | 21 | 22.3 |
| 変更 | 9 | 15.5 | 0 | 0.0 | 9 | 9.6 |
| 拡大 | 7 | 12.1 | 8 | 22.2 | 15 | 16.0 |
| 縮小 | 5 | 8.6 | 4 | 11.1 | 9 | 9.6 |
| 代用 | 0 | 0.0 | 0 | 0.0 | 0 | 0.0 |
| 置換 | 0 | 0.0 | 0 | 0.0 | 0 | 0.0 |
| 逆転 | 19 | 32.8 | 8 | 22.2 | 27 | 28.7 |
| 結合 | 1 | 1.7 | 5 | 13.9 | 6 | 6.4 |

く、バランスタイプの発想法といえるでしょう。数々の事業を立ち上げ、さまざまな経験を積んできたという経歴からも納得できます。

たとえば、コンビニエンスストアという業態は、アメリカのサウスランド・アイスが開発したものをお手本にして生まれました。

「アメリカではスーパーマーケットやショッピングセンターが日本よりもはるかに発達している。その中で小型店のチェーンを4000店も展開しているのだから、これは相当な仕掛けがあるに違いない。日本で活かすことができれば、大型店との共存共栄のモデルを示せるはずだ」[19]

しかし、コンビニエンスストアという業態は、当時の日本の小売・流通の常識とは相容れないものでした。それゆえ、逆転の発想も目立ちます。
「解決するには仕入れの単位を小さくする小口配送が絶対に必要だ。それは当時の業界の常識とはまったく相容れないものだったが、常識を変えていかない限り、セブン－イレブンのチェーン展開など不可能だ」[20]

また、楽天市場を考案した三木谷浩史さんもバランスタイプと見なすことができます。表7の右の合計比率に示されているように、よく用いる発想法は「逆転」であり、37.0％に達します。この意味では芸術家タイプに近いといえますが、「転用・応用」も24.1％なので、バランスタイプとして位置づけることにします。グローバル企業をめざしているだけあって「拡大」の比率も高いといえます（24.1％）。

さて、同じバランスタイプといっても、鈴木さんと三木谷さんと

表7 三木谷浩史さんの発想法と考察法

| 発想法 | 三木谷浩史 | | | | | |
| --- | --- | --- | --- | --- | --- | --- |
| | 発想 | | 考案 | | 合計 | |
| | 個数 | 比率（%） | 個数 | 比率（%） | 個数 | 比率（%） |
| 転用 | 1 | 3.3 | 2 | 2.6 | 3 | 2.8 |
| 応用 | 8 | 26.7 | 15 | 19.2 | 23 | 21.3 |
| 変更 | 2 | 6.7 | 0 | 0.0 | 2 | 1.9 |
| 拡大 | 5 | 16.7 | 21 | 26.9 | 26 | 24.1 |
| 縮小 | 4 | 13.3 | 2 | 2.6 | 6 | 5.6 |
| 代用 | 0 | 0.0 | 1 | 1.3 | 1 | 0.9 |
| 置換 | 2 | 6.7 | 4 | 5.1 | 6 | 5.6 |
| 逆転 | 8 | 26.7 | 32 | 41.0 | 40 | 37.0 |
| 結合 | 0 | 0.0 | 1 | 1.3 | 1 | 0.9 |

では対照的な側面もあります。実際に「発想」したことについての言及と自らの考えや「考察」についての言及とを区別して分類すると、異なる傾向が見出せます。

　鈴木さんは実際に何かを発想する際には「逆転」をより多く使うのに対し、三木谷さんは「転用・応用」を多く使います。その一方で、自らのスタンスや仕事観など、考え方について語るとき、鈴木さんは「転用・応用」の考察が多いのに対し、三木谷さんは「逆転」の考察を多く使ってメッセージを投げかけます。「発想」と「考察」のバランスの取り方が違うのです。

　発想と考察の区別は難しいかもしれませんが、次のように分けられます。

・発想……実際に発想や行動につながったもの
・考察……自らの考え方について読者に対して説明したり語りか
　　　　　けたりしているもの

　端的に言えば、実際にアイディアを生み出したり何かのアクショ
ンにつながったりした場合は「発想」に仕分けました。[*21]
　逆に、読者にあるべき論を語りかけたり、自分の普段の考察法を
説明したりしている場合は、「考察」としてカウントしました。
　さて、鈴木さんと三木谷さんを除く８人は「発想」と「考察」は、
ほぼ一致していました。両者の間に不一致はありませんでした。普
段の考察で「転用・応用」が多ければ、実際にアイディアを発想す
るときも「転用・応用」を用いていたのです。同じく、普段「逆転」
で考察する傾向にある人は、発想するときも「逆転」を用いていま
した。
　それゆえ、科学者タイプか芸術家タイプかの区別も容易でした。
「転用・応用」が得意な小倉さんと似鳥さんは科学者タイプ、「逆転」
が得意な森川さんと坂本さんは芸術家タイプと分類できました。
　ところが、鈴木さんや三木谷さんについては、「発想」と「考察」
とが必ずしも一致していません。たとえば、三木谷さんは「考察」
においては逆転が多いのですが、実際にビジネスを立ち上げるとき
には、「転用・応用」を多く用いています。
　たとえば、「楽天市場」のコンセプトや名称の由来は、織田信長
が築き上げた「楽市楽座」の「転用・応用」にあります。

「信長の楽市楽座が400年以上経った今でも評価されるのは、既得
権益に縛られて不自由だった商売を、誰でも参加可能にする仕組み
だったからだ。その楽市楽座だって、空間的制約からは逃れられな

かった。彼の城下町には誰でも店が開けたかもしれないけれど、城下町の広さにはやっぱり限りがあるのだ。（中略）僕たちがつくった楽天市場は、商業を何千年にもわたって束縛してきた空間的制約から解放したのだと思っている。店舗のある場所とか、あるいは店舗の物理的な大きさは、商売の成否を左右するハンディキャップにはならなくなった。誰もがこれほど自由にビジネスができる社会は、歴史上かつて存在したことがないはずだ」*22

　三木谷さんは、インターネットが空間的な制約をなくし、新たな時代の楽市楽座を生み出すきっかけとなると考えたのです。この意味で、楽天市場は楽市楽座という過去の遠い世界からの模倣（転用・応用）から生まれたビジネスだと考えられます。
　逆に、鈴木さんは「考察」においては転用と応用が多いのですが、実際にビジネスを立ち上げるときには逆転も多く用いています。

「当時、牛乳も全農、明治、森永、雪印など各社が別々に配送していた。納品時間が重なると、店の前に車が何台も並び、恐ろしく不経済だった。そこで地域別に担当メーカーが他社製品も混載する共同配送を提案した。これも業界常識を破る素人発想だったようで、メーカーから猛反発を食らった」*23

　鈴木さんと三木谷さんのお２人の著作を読んでみても、科学者的な側面と芸術家的な側面とが互いにかみ合っているような印象を受けます。あるときは直感的に発想し、またあるときは分析的に考察する。単純には割り切れない難しい課題にいかに向き合うのか。経営には科学の側面と芸術の側面があるといわれますが、まさに双方を高いレベルで両立させているのかもしれません。

## 第17章

# ビジネスモデルを学術的に読み解く

学問は脳、仕事は腕、
身を動かすは足である。
しかし、いやしくも大成を期ぜんには、
まずこれらすべてを統ぶる
意志の大いなる力がいる。

政治家・教育者　大隈重信

# 1 適切な 戦略思考のために

　最後に、本書で提示した「ビジネスモデルのつくり方」について学術的に読み解き、学んできたことの裏づけを行っておきましょう。

## ビジネスモデルは愚者の言葉？

　本書ですでに触れてきたように、学術の世界ではビジネスモデルは「捉えどころがない」と批判されてきました。競争戦略論の大家であるハーバード・ビジネススクールのマイケル・ポーター教授は、ビジネスモデルを「愚者の言葉」として紹介しています。[*1]

「ビジネスモデルの定義は、ひいき目に見ても曖昧である。たいていの場合、それはどのようにビジネスを行い、収入を得ているかを表す漠然とした概念を語っているようだ。

　単にビジネスモデルがあればよいというのでは、企業の成否を図る目安として、ずいぶん程度の低い基準である」

　ポーターは、まず、定義が多様で曖昧であると述べ、次に、どの企業にも収入を得る方法はあるのだから、その有無によって成否が決まるはずがないと指摘します。確かに、「ビジネスモデル＝収入を得る方法」だとすれば、それがあるだけで収益力は決まりません。「サブスクリプション」にしても「フリーミアム」にしても、特定のビジネスモデルを採用するだけで儲かるのであれば苦労しないのです。

ポーターは、これに続けて次のように語り、ビジネスモデルについて語るのは愚かだと印象づけます。

「収入を生み出すことと経済的価値を創出することは大違いであり、どのようなビジネスモデルも、産業構造と切り離して評価することはできない。ビジネスモデルに基づいて企業を経営することは、誤解と妄想に駆られた戦略思考に陥る第一歩である」

彼が説くように、どのような収入モデルを採用していたとしても、過当競争に巻き込まれていては、利益は上がりません。価値があって希少であれば、顧客は高い対価を支払ってくれるでしょう。そのためにはライバル企業が提供できない価値を提案する必要があります。ポーター理論の基本は、業界における競争の構造抜きには利益は語れないということなので、彼が言うのも納得です。

結局、収入を得る方法に注目する前に、どの業界で「誰に」「何を」提供するのか、すなわち競争の土俵を考えなければなりません。ポーターは、業界選びの大切さや競争戦略の意義を強調しているのです。

このコメントは、「戦略の本質は変わらない」という学術記事のコラムに書かれていました。わずか３つの段落から構成されるコメントですが、ビジネスモデルを研究していた私にとって衝撃的でした。

しかし、このコメントを読んで、あることに気づきました。読者の皆さんには、察しがついておられると思います。

"ポーター教授は、ビジネスモデルを
「収入を上げる方法」と狭く定義している"

ビジネスモデルは、収入を上げる方法にとどまりません。それは、

「どのように価値を創造し顧客に届けるかを論理的に記述したもの」と定義されます（第3章）。そのフレームワークの中には「収入を上げる方法」だけではなく、「顧客セグメント」や「価値提案」、さらにいえば「カギとなる経営資源」などが含まれています。

これは、すなわち収益性を左右する戦略的な視点が、ビジネスモデルの設計に含められていることを意味します。自社の強みや弱みと照らし合わせて、機会や脅威を読み取り、業界や市場セグメントを適切に選ぶということです。

## 定義の大切さ

定義の大切さを感じ取っていただけたでしょうか。

少し回りくどい言い方をしたかもしれませんが、ビジネスモデルが成果を左右するかどうかは、結局、その定義によるのです。狭く「収入の上げ方」のみに限定して設計すると、事業の成否を左右しない存在になります。しかし、より一般的に「顧客セグメント」や「価値提案」なども含めれば、ビジネスモデルは、事業の成否を左右するコンセプトとなるということです。

現在、学術の世界では、ビジネスモデルは包括的に定義される傾向にあります。狭く限定する研究もありますが少数派といえるでしょう。

このことはロレンツォ・マーサたちの調査によって裏づけられます。彼らは、主要な学術ジャーナルにおいて1995年から2016年の間に発刊されたビジネスモデルの記事をサーチしました。学術データベースで単純に検索すると2754にも達しますが、ビジネスモデルを主要トピックとして扱っていて、なおかつ組織（すなわち経営）との関連を扱っているものに絞ると216になります。その中で、他の

研究の引用などではなく、独自に定義づけを行ったものは71だった
そうです。

その71のリストを私たちで確認したところ、ビジネスモデルを
「収入の上げ方」のみに限定したものは皆無でした。それに近いも
のとして「利益の上げ方」（profit）がありましたが、これも2つだ
けでした。

・「企業がお金をいかに稼ぎ、利益の流れを維持し続けるか
を述べたもの」

Stewart and Zhao（2000）p.290

・「ビジネスモデルはベンチャーがいかに利益を生み出すと
期待されているかを説明する」

Fiet and Patel（2008）p.751

大多数は、どのように捉えているのでしょうか。他の研究者たち
によく引用されている定義（被引用件数が多いもの）を5つ紹介し
ます。いずれも「収入の流れ」だけでなく、「価値の創造と獲得」
にまで視野を広げていることがわかります。[2]

・「価値を創造するための、取引内容、取引の構造、取引の
管理のあり方」

Amit and Zott（2001）p.511

- 「ビジネスモデルは、顧客への価値提案を支えるロジック、データ、エビデンス、ならびにその価値を提供する企業の収入とコストの構造を表現する」

  Teece（2010）p.179

- 「技術的な潜在力を経済的な価値の実現へと結びつけるロジック」

  Chesbrough and Rosenbloom（2002）p.529

- 「ビジネスモデルとは、どのようにすれば会社がうまくいくかを説明するストーリー。優れたビジネスモデルは、顧客は誰で、その価値は何かに答えてくれるし、また、どのように稼ぐのか、そして、どうすれば適切なコストで顧客に価値を届けられるかの経済的なロジックを示してくれる」

  Magretta（2002）p.4 を一部意訳

- 「ビジネスモデルは、相互に関連づけられる 4 つの要素から成り立っており、それらが一体となって価値を創造して届ける。それらは、顧客への価値提案、収益方程式、カギとなる経営資源と業務プロセスである」

  Johnson et al.（2008）p.52

　実務をするにあたって学術的な定義は意味がないと思われがちです。しかし、定義を理解しないままでフレームワークを使っても、期待したような成果が得られません。ビジネスモデルが何をもたらすコンセプトかを理解したうえで、取り組むべきです。[3]

## どれだけ広く含めるか

　視野を広げるといっても、どこまでをビジネスモデルの範囲として含めるのかはわかりにくいものです。ここではもう少し立ち入って、捉え方を紹介します。

　ビジネスモデルの意味する範囲を狭く捉える典型は、ポーターの「収入を上げる方法」です。すなわち、「物販収入」「消耗品収入」「継続課金」「広告収入」などによって表現されるでしょう。

　エイドリアン・スライウォツキーらは、ビジネスモデルという言葉こそ用いていませんでしたが、著書『プロフィット・ゾーン経営戦略』で25種類の利益獲得パターンを示しました。[4] デイビット・スチュワートらの研究は、この研究を引用しつつビジネスモデルを「利益の上げ方」に絞り、4つのパターンを提示しています。[5]

　このような分類は、事業を設計する上できわめて有用なのは確かです。しかしながら、これは「収入モデル」（Revenue Model）と言い表したほうが適切であり、ビジネスモデルの構成要素の1つであると考えるべきでしょう。

　ビジネスモデルの本質を「価値の提案」ないしは「価値の想像と獲得」と考える専門家は、より広い範囲を視野に入れています。たとえば、デイビット・ティースやジョアン・マグレッタ、マーク・ジョンソンたちは、顧客を識別して価値提案を行うための経営資源と収益構造という、より広い範囲をビジネスモデルに含めています。

　その中で最も広く捉えた典型は、ヘンリー・チェスブローたちによるものです。[6] 彼らは、分析のフレームワークに、エコシステムや戦略を加えました。すなわち、ビジネスモデルに、「サプライヤーと顧客を連携するバリューネットワーク内での企業のポジション」、

ならびに「競合他社に対する優位性を維持するための競合戦略」を
含めたのです。

　チェスブローたちが広い捉え方をしたのは、彼の関心がオープン
イノベーションにあったからです。社内で開発した技術の中には、
既存のビジネスモデルでうまく収益化できない場合があります。こ
のようなとき、他社にライセンス供与したり、別会社をつくって独
立させたりするのが有効です。

　あるいは逆に、他社が開発した技術を自社に取り込みたい場合は
どうでしょうか。このときは、その技術をライセンス供与しても
らったり、事業ごと買収すべきかもしれません。いずれの場合も、
ビジネスモデルを設計するときは、バリューネットワーク内のポジ
ションや競合戦略を視野に含めるべきです。

　狭く絞るべきか、広く含めるべきか、というのは重要な問題です。
「収入の流れ」に絞ると「価値の創造と獲得」が十分に議論できま
せんし、かといって戦略やバリューネットワークを正面から議論す
るのは負担が大きすぎます。

　多くの専門家は、この中間に位置する捉え方をしています。ビジ
ネスモデルは、「顧客セグメント」「価値提案」「業務プロセス」「経
営資源」「収益の上げ方（コスト構造を含む）」という範囲から捉え
られるのが一般的です。

## どれだけ細かく要素分解するか

　ビジネスモデルの捉え方で大切なのは、どこまでを含むかという
範囲だけではありません。どれだけ細かく捉え、どこまで詳しく描
写していくかという解像度も大切です。ビジネスモデルでいえば、
一定の範囲の中に、どれだけの構成要素を観測するか、数が多けれ

ば多いほど解像度は高いといえます。

　たとえば、「価値の創造と獲得」という中間に位置する捉え方でも、それを大まかに分ける専門家と、比較的細かく分ける専門家に分かれます。

　大まかな方の典型例は、ティースのものです。彼は、「価値の創造と獲得」からビジネスモデルを捉えていますが、文字どおり、価値提案と収入とコストの構造という2つからビジネスモデルが構成されていると考えます。

　もう少し、細かく分けているのがジョンソンたちです。彼らは、「顧客価値提案」「利益方程式」「カギとなる経営資源」と「業務プロセス」という4つに分けています。それに続くのがマグレッタで、「顧客」「価値提案」「お金を稼ぐ方法」「価値の届け方」「コスト」という5つから捉えています。

　チェスブローたちは、広い範囲をビジネスモデルに含めていますが、構成要素は6つです。すなわち、「価値提案」「市場セグメント」「バリューチェーンの構造」「コスト構造と利益ポテンシャル」「バリューネットワークの中でのポジション」「競争戦略」に分けています。

　細かく分ける専門家の典型例は、オスターワルダーとピニュールです。本書でもすでに紹介しているように、彼らはビジネスモデル・キャンバスで「顧客セグメント」「価値提案」「カギとなる業務活動」「カギとなる経営資源」「収益の流れ」「コスト構造」の他に、「カギとなるパートナー」「チャネル」「カスタマーリレーション」を含めています。

　細かく分けることのメリットは、記入漏れを防ぐことにあります。たとえば、「経営資源」と大くくりにすると、技術やブランドばかりに目が行き、チャネルやパートナーを書き出さない人も出て

きます。これを防ぐためには、要素資源としての「リソース」と関係資源としての「チャネル」や「パートナー」とを切り分け、それぞれについて記入してもらうのが有効です。

　逆に細かく分けることのデメリットは、作業が煩雑になってしまうことです。大まかな構造を把握するときに、細部にこだわると全体が見えにくくなったり、本質的な部分が埋もれてしまったりしがちです。分析に限らず、説明するにも１つ１つの要素を丁寧に説明してしまうと、メリハリが効かずにわかりにくくなったりもします。用途に応じて、解像度が高いものと低いものを使い分けるべきでしょう。

## 範囲と解像度から整理する

　ここまで紹介してきた「ビジネスモデルの範囲」と「ビジネスモデルの解像度」の２つを組み合わせると、多様な捉え方を示すマップを描くことができます。縦軸に解像度として「要素の数（多い／少ない）」を置き、横軸に範囲として「範囲の広さ」（広い／狭い）を置くと、これまで紹介してきた捉え方を一覧できるのです（図１）。

　一覧できれば、目的に合わせて参照すべき研究やフレームワークを選ぶことができます。また、本書で紹介したように、大まかに捉えてから細かく分析するという方法や、逆に、細かく分析した後に骨格を見抜いて抽象化する方法を意識的に行えるようになります。

　本書は、経営の現場の観察やインタビューから書かれていますが、第Ⅰ部「ビジネスモデルの基本」は、捉え方についての先行研究をふまえて構成されています。

　なぜ、これだけ多様な捉え方があるのでしょうか。おそらく、目的やスタンスの違いがあるからでしょう。専門家によって、注目す

**図1　ビジネスモデルの捉え方**

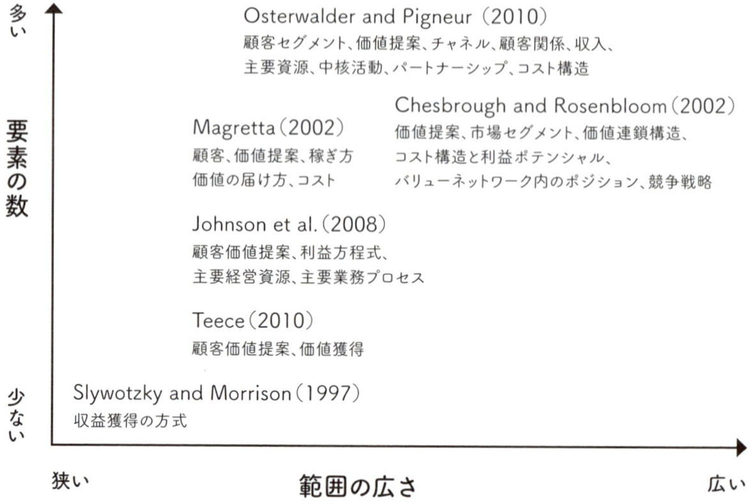

（縦軸：要素の数　多い←→少ない）
（横軸：範囲の広さ　狭い←→広い）

Osterwalder and Pigneur（2010）
顧客セグメント、価値提案、チャネル、顧客関係、収入、
主要資源、中核活動、パートナーシップ、コスト構造

Chesbrough and Rosenbloom（2002）
価値提案、市場セグメント、価値連鎖構造、
コスト構造と利益ポテンシャル、
バリューネットワーク内のポジション、競争戦略

Magretta（2002）
顧客、価値提案、稼ぎ方
価値の届け方、コスト

Johnson et al.（2008）
顧客価値提案、利益方程式、
主要経営資源、主要業務プロセス

Teece（2010）
顧客価値提案、価値獲得

Slywotzky and Morrison（1997）
収益獲得の方式

るポイントや説明したい現象が違うわけですから、範囲や解像度に違いが生まれてもおかしくはありません。分析に利用するフレームワークにも違いが出てくるでしょうし、学術的なアプローチも違ってくるはずです。

　一見すると、ビジネスモデルの定義や捉え方はバラバラに映るかもしれませんが、私にはそうは思えません。専門家の多くが「価値の創造と獲得」に注目していますし、フレームワークについても大別すれば3つのタイプに分けられます（第4章と第14章）。[7]経営戦略や経営組織に対する定義やアプローチに一定の多様性があるのと同じく、健全な多様性だといえます。

# 2 学術に裏づけられた つくり方

## 4つのアプローチ

　さて、ビジネスモデルの捉え方や研究アプローチに一定の多様性があるということは、そのつくり方にも多様な見解があるということを意味します。

　本書で紹介してきたつくり方には、基本的には実務の先端を走るトップランナーたちの手法を体系化してきたものですが、学術的な裏づけもあります。[*8]

　ビジネスモデルをつくるためのアプローチは、大別して4つあります。順に説明していきましょう。

### ① 戦略的分析アプローチ

　このアプローチは、自社の強みと弱み、ならびにビジネスの機会と脅威を分析して、そこから得られた発想から事業をデザインしようとするものです。その典型は、実務でおなじみのSWOT分析とクロスSWOTによる戦略発想です。

　まず、自社の経営資源を分析して「Strengths（強み）」「Weaknesses（弱み）」を洗い出します。次に、市場競争環境を分析して「Opportunities（機会）」と「Threats（脅威）」を見出します。これらの分析から得られたファクトをもとに、掛け合わせて事業機会を認識するわけです。すなわち、自社の強みを事業機会と掛け合わせれば、今後の戦略的な課題が明確になり、発想もしやすくなります。

S × O ＝ 強みと機会を最大限に活用してできることは何か

S × T ＝ 強みを活かして脅威を克服・回避するために
　　　　　どうするか

W × O ＝ 弱みがあっても機会を逃さないために
　　　　　できることは何か

W × T ＝ 弱みと脅威が重なって生まれる危機を
　　　　　どのように回避するか

　これらの課題に対処するためには、ビジネスモデルをつくればよいのです。将来のビジネスチャンスに向けて新しいモデルをつくる場合もあれば、脅威にさらされて、既存のモデルを変革しなければならない場合もあるでしょう。

　このアプローチの最大の特徴は、分析に重きを置く点です。ファクトを集めて分析を重ね、論理的に事業をデザインしていきます。データによる裏づけがないアイディアは見向きもされません。論理的に成り立たないことも嫌われます。事実をコツコツと積み重ねるアプローチで、突飛な発想は望めません。

　戦略的分析をするにあたっては、より洗練されたフレームワークを組み合わせることが推奨されます。競争環境を分析するのであれば、前述のポーターの5要因分析を併用することもありますし、内部資源を分析するときは、ジェイ・バーニーのVRIO分析を使って理解を深めることもあります。[9]

　このアプローチについては、すでに多くの解説書が出版されています。それゆえ本書では詳しく紹介していませんが、ビジネスモデルをつくるにあたって、最初に押さえておくべき方法かもしれません。

## ② パターン適合アプローチ

　第2のアプローチは、最近注目を浴びているパターン適合です。本書では「遠い世界からの模倣」として紹介しましたが、認知心理学におけるアナロジー（類推）研究に依拠しています。

　アナロジーとは、「2つの物事に共通点があることを認めたうえで、一方の物事に見られるもう1つの性質が他方にもあるだろうと推論すること」（日本大百科全書）です。異国や異業種のビジネスモデルを「お手本」のベースとすれば、自らの国や業界でも、同じような事業の仕組みが再現できると考えるのです。

　その手順は、抽象化して自分の世界に持ち込み、具体化していくというものです。厳密に示すと、以下の5ステップになりますが、ピクト図解などを用いると便利です。[10]

　　①自社の課題を特定する
　　②よく似た状況で課題を解決した「お手本」を探す
　　③その「お手本」を抽象化して理解する
　　④自社に持ち込んで「お手本」を移植する
　　⑤適合させつつ修正し、具体化していく

　この一連のプロセスで、ビジネスモデルのパターンが「型」として示されていれば、アナロジーは容易になります。すでに抽象化されたものの中から「お手本」にできるものを選び、それを再現すればよいからです。そのため、この数年でビジネスモデルのパターン化が進んできました。「サブスクリプション」「マッチング」「フリーミアム」といった型が20〜30のパターンに整理されています。

　これらのパターンを参照してアナロジーをするのに、「再生産」「変形」「インスピレーション」という3つのレベルがあります。

**再生産**……まず、単純に、遠い世界から持ち込んでイノベーションを引き起こすことを考えてみましょう。企業というのは、特定の国や地域の業界において活動を行っているものです。よそから持ち込まれたものは、たとえ、すでに別のところで存在していたとしても、持ち込まれた側にしてみれば新しいものとなります。「持ち込み」における新規性は、自らの世界での一番手となることから生まれるのです。このレベルのアナロジーでは、詳細に分類されたパターンが役に立ちます。その中から適切なものを選び取ることができれば、自らの世界に持ち込むときの負荷も少なくて済みます。

**変形**……次に、「そのまま持ち込めない」という場合を考えてみましょう。元の世界と持ち込もうとする世界とが違う場合、自らの世界に合わせて適応させる必要があります。自分でつくり込まなければならない要素は増えてしまいますが、逆に、それが独自性をもたらします。異なる世界に持ち込むときに生じるさまざまな問題を、創造的に解決することによって新規性が生まれるのです。このレベルの持ち込みをするときに大切なのは、具体的なイメージと単純化された構造です。いくら詳細な分類をしようにも、ぴったりのお手本がパターンとして示されていなければ、そのまま模倣することはできません。お手本の構造を理解して、試行錯誤しながら自らのフィールドでつくり上げる必要があります。

**インスピレーション**……最後に、意外なところからヒントを得るとか、まったく新しい発想を持ち込むというレベルのお話があります。それは、お手本となるビジネスモデルの本質を見抜き、それを自らの世界で再現しようというものです。このレベルでのアナロジーは、

既存のパターン化された事例集はあまり役に立たないかもしれません。自らケーススタディを行い、自分なりに抽象化して本質や構造を見抜く必要があります。そして、その本質を自らの世界に持ち込んで、仕組みづくりを行うのです。高度な抽象化能力と実践力が必要となります。

本書では「良い模倣と悪い模倣」（第6章）でその方法を解説し、「ビジネスモデルの『型』」（付録1）でさまざまなパターンを紹介しています。

### ③ デザイン思考アプローチ

第3は、デザイン思考アプローチです。一般的に、デザインといえば、グラフィックのデザイン、製品のデザインというように比較的狭い範囲での活動を想起させます。製品を美しく、あるいは使いやすくするなど、意匠設計にかかわるものだと理解されがちです。しかし、デザインの本質は人間性の尊重にあり、その対象はもっと広いのです。身近な生活から社会システムのデザインまで、ありとあらゆるものに適用できます。

ここで活用されるのが、現場の観察やインタビューです。その1つに、文化人類学者がよく使うエスノグラフィーという手法があります。エスノグラフィーにおいて、現地に潜入したフィールドワーカー（調査者）は、異文化世界の人たちを理解するために、彼らの日常的な行動様式を詳細に記述します。外部から理性的な理解をするのではなく、当事者の立場からの内面的な理解ができるように心がけるのです。

観察やインタビューは、ニーズを先取りしているリードユーザーから洞察を得たり、ユーザーイノベーションを触発するビジネスモ

デルをつくったりするときに有効な手法です。*11 大切なのは、その
ときの基本姿勢で、先入観やバイアスに支配されないことです。

・ありのままを受け止める
・すぐに判断しない
・すべてに疑問を持つ

　社会学や心理学などでも用いられてきたこの手法は、ビジネスの
世界では、顧客からインサイトを得たり、経験価値を理解したりす
るためにも用いられています。顧客の立場で、顧客の世界に入り込
んで観察やインタビュー調査が行われるのです。*12
　このアプローチの特徴は、発想において、そこから得られる「顧
客インサイト」が大切にされるという点です。アンケートなどの市
場調査とは異なり、客観性だけではなく主観的な解釈も大切にされ
る定性的なアプローチです。
　デザイン思考アプローチは、観察やインタビューにとどまるもの
ではありません。むしろ、そこから得られたインサイトをかたちに
して、顧客や投資家などにその筋の良さを確かめようとします。そ
の手法は、ストーリーテリングであったり、プロトタイピングで
あったりしますが、バリュープロポジションマップ（VPM）やビ
ジネスモデル・キャンバス（BMC）が活用されます。*13
　本書では、「ビジネスの『当たり前』を疑う」（第8章）と「美し
い『経験価値』のストーリーをつくる」（第11章）で、このアプロー
チによるビジネスモデルのつくり方を紹介しています。

④ 仮説検証アプローチ
　第4は、仮説検証アプローチです。このアプローチは、リーンス

タートアップとも呼ばれます。本書では、「パートナーと『共創する』」（第12章）や「技術と市場の『運命の出会い』」（第13章）で、試作検証の実際を解説しています。

リーンスタートアップの手法は、もともとスタンフォード大学のスティーブ・ブランク教授の仮説検証に由来します。これを習ったエリック・リースさんが起業に成功し、その理由が無駄を省いた起業のプロセスにあることに気づいたのです。これがトヨタ生産システムの考え方に類似しているということで、一層の体系化を図り、一冊の本にまとめ上げました。これが、世界の起業家に支持されたのです。

簡略化して示せば、その方法のプロセスは次のようになります。

・大規模な調査を控え、コストや時間を無駄に費やさない
・アイディアや仮説があれば、試作品・最低限の製品・サービスをつくってみる
・実際に顧客に提案して、その反応を見る
・不備があれば改善し、見込み違いがあれば方向転換（ピボット）を行う

新しい製品やサービスは、しょせん、市場に投入してみなければわからないという前提に立ちます。そして、調査、企画、生産、販売が一直線かつ計画的に進むとは考えません。スパイラルに、修正を繰り返しながら進めざるを得ないわけです。それゆえ、仮説と検証のプロセスが大切で、無駄のない形で、調べたいことを絞って市場と対話することが推奨されるのです。

このときに役立つのが実験計画法です。

実験計画法とは「ある特定の観察対象について、それにどのよう

な要因が影響を与えているかを実験によって究明しようとするとき、できるだけ少ない実験手続や観測によって、できるだけ多くの要因の効果を、可能な限り正確に分析しうる実験計画の立て方」（日本大百科全書）のことです。

　たとえば、アルバイト募集の情報をネットに出してマッチングさせるというアイディアを思いついたとします。サイトを試作してアクセス数の変化を検証するとき、複数の要素を同時に変更してしまうと、何が良くて何が悪かったのかがわかりません。理想的なユーザーインターフェースを知りたいのであれば、課金の方法や、デザインは一定にして、そのインターフェースのみを変更してアクセス数の変化を見るべきでしょう。次に、課金の方法を試したいのであれば、それだけを変更して検証すべきです。

　この事業創造のプロセスは、大企業における伝統的なプロセスとは一線を画すものです。大企業では、確かな予測を可能にする調査結果が求められるので、大規模な調査になりがちです。試作品でも一定の完成度が求められるので、多くのコストが費やされ、検証にも時間がかかります。

　しかし、どれだけ大規模な調査を行っても、市場を完全に予測することはできません。顧客のニーズを見誤ったり、価格が適正でなかったり、販売量の見込みが外れたりすることはよくあることです。展開が大きくなればなるほど、あとからの軌道修正は難しくなります。

　大企業のこのプロセスには多くの無駄が含まれています。エリック・リースは、この無駄を省き、迅速に製品・サービスをリリースすることが起業の成功のカギだと考えたのです。

# 3 上手な使い分け

## 補完して利用する

　ここまでビジネスモデルをつくるときの4つのアプローチを紹介してきました。

　第1の「戦略的分析アプローチ」は、学術的にいえば、分析によって自らの資源を生かした立ち位置を見つけようとするアプローチです。ファクトを集め、客観的な分析をすることで、合理的な意思決定を行っていこうとするもので、ビジネスモデル研究では、「合理的ポジショニング学派」に該当します。[*14]

　第2の「パターン適合アプローチ」は、よく知った領域についての知識を使って、新しい別の領域のビジネスモデルをデザインするものです。お手本を選び出し、その特性を洗い出し、ターゲットとする別の領域に対応づけながら、推論していくのです。既知の世界から未知の世界を推論するというもので、ビジネスモデルづくりの研究では、「認知学派」として位置づけられます。[*15]

　第3の「デザイン思考アプローチ」は、当事者の立場になり、どのように感じ、どのように考えるかを理解しようとします。たとえば顧客の「経験価値」にしても、客観的に機能が数値化されるのではなく、感覚的な言葉などによって表現されます。そして、プロトタイピングを通じて「かたち」になり、感覚に合うかどうかが確かめられるのです。客観合理性とは対極をいく、「意味解釈の学派」に依拠するといえそうです。

　第4の「仮説検証アプローチ」の特徴は、試作検証を繰り返す点

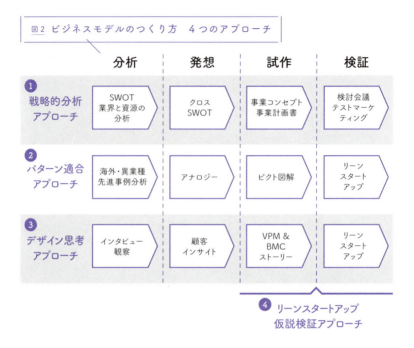

図2 ビジネスモデルのつくり方 4つのアプローチ

にあります。最初はコストを抑えながらアイディアの筋の良さを確かめ、徐々に最終形に近づけながら、社会に求められるビジネスモデルを構築していきます。このアプローチは、気づきと学びを重ねながらビジネスモデルを構築する点で、学術的には、学習しながら進化する「ラーニングの学派」に近いといえます。*16

以上のように、アプローチによってそれぞれが依拠する学派は違います。学派が違うということは、基本的なものの見方、カギとなる概念、ならびにそれに依って立つ学問の基本的な考え方が違うということです。

もっとも、それぞれのアプローチには、得意と不得意があります。それゆえ、実際にビジネスモデルをつくるときに大切なのは、それぞれのアプローチの得意な面を生かして、不得意を補うということ

です。実際、本書のインタビューでも、ビジネスモデルづくりが上手な人は、特定のアプローチや学派にこだわらず、状況に合わせてうまく使い分けていました。

それぞれのアプローチは、相互に補完し合います。しかし、いずれのアプローチにおいても「分析」「発想」「試作」「検証」のサイクルを回す必要があります。

このとき注意していただきたいのは、何を分析して、どの発想法を用いるのか、そして、試作のためのフレームワークとして何を選ぶのかという点です。「分析の対象」と「発想法」の組合せが不適切だと、創造的なアイディアは生まれにくくなります。また、「発想法」と「試作のフレームワーク」の相性が悪いと、イメージ通りにビジネスモデルが描けない場合もあります。

図2は、私が推奨している構成です。たとえば、パターン適合アプローチで新規性を追求するのであれば、海外や異業種のビジネスの関係を参照するために、アナロジー発想を念頭に、ピクト図解を用いるのが最適だと考えられます。

一方、デザイン思考アプローチで意外なニーズを拾うときは、顧客を観察・インタビューして、その情報を「言葉」にして表すために、ビジネスモデル・キャンバスのような文字を要素として書き込めるフレームワークが選ばれるべきです。

ピクト図解で描いたものをビジネスモデル・キャンバスに転換したり、その逆をするとアイディアに深みが出ます。それぞれのアプローチの得意と不得意を理解しておけば、状況に合わせてうまく使い分けることができます。読者の皆さんも、分析法、発想法、フレームワークとの相性にも配慮しながら、本書で紹介してきた内容を実践してみてはいかがでしょうか。

付録 1

# ビジネスモデルの「型」
パターン化の事例集

## ビジネスモデルの模倣とパターン化

　私がビジネスモデルを研究し始めて10年以上が経過します。この間、画期的なビジネスモデルについて調査を重ね、イノベーションを引き起こした当事者にインタビューする機会にも恵まれました。印象的だったのは、そういったビジネスモデルが異国や異業種といった遠い世界のビジネスを模倣して生まれてきたという点です。

　画期的なビジネスが遠い世界の模倣から生まれてきたことは、第6章で紹介したとおりです。私たちは、このようなビジネスモデルをつくるためにも、模倣の手順や方法を知っておかなければなりません。

　遠い世界のビジネスモデルを模倣するためには、それを抽象化してパターン化する必要があります。パターン化して単純化すれば、それを自らの世界に適用して模倣することができるからです。

　近年、ビジネスモデルの本質は「パターン＝型」にあるという考え

方も広まってきました。収益の上げ方を20〜50ぐらいに整理した「パターン集」もいくつか出されています。これらの書籍に掲載されているパターンを学びながら、ビジネスモデルをつくるという方法は、大いに推奨されるべきです。

しかし、実際に「パターン適用」によってビジネスモデル・イノベーションを起こした会社はどれだけあるのでしょうか。少なくとも、私が行ったインタビューの中では、そのような話は聞きませんでした。実際にワークショップ形式でパターン適用によってアイディア発想させてみると、面白いアイディアは出てきます。しかし、そのほとんどが「単なる面白いアイディア」を超えていかないのです。

実際にイノベーションを起こした方にインタビューしてみると、彼らは既存のパターンを適用するという方法を取っていませんでした。むしろ、それぞれの視点で参考になるモデルを見つけ、それを自分なりに抽象化してパターン化し、独自の「型」を生み出していたのです。


## パターン化の意義

私は、インタビューを重ねるうちに、自ら抽象化することに成功の秘密があるのではないかと考えるようになりました。なぜなら、自分で抽象化して自分なりの「型」にすることには、少なくとも３つのメリットがあるからです。

まず第１に、自ら抽象化するという姿勢で探索すると、パターン集では見つけられないようなビジネスをお手本にすることができます。その典型が第６章でも紹介したKUMONの事例です。同社は学習療法のビジネス化にあたって、ソーシャル・インパクト・ボンド（SIB）を見つけて参考にしましたが、このような特殊なビジネスはパターン集にはありません。パターン集に頼ると、そのパターンに掲載されたものの中から

しかお手本を見つけることができなくなります。KUMONの担当チーム
はパターン集を見ていませんでした。

　そして第2に、自ら抽象化していくことでユニークな抽象化ができる
ようになり、創造性がもたらされます。自ら抽象化すれば、独自の視点
から「型」が導かれます。問題意識の違いによって枝葉の落とし方に違
いが生まれ、ユニークな抽象化ができるようになるのです。実際、私が
取材したファッションアパレル企業は、さまざまなビジネスを独自の視
点で分類し、第6章の系統図のような整理を行っていました。

　逆に、既成のパターン集のみに頼ろうとすると、ユニークな解釈はで
きなくなります。パターン集においては、1つの事例について限られた
視点、しかも一般的な視点で「型」が導かれます。パターンありきで参
照すると、それが先入観となり、独自の解釈を妨げるのです。

　第3に、自らパターン化することでお手本への理解が深まり、その適
用がうまくいきます。ビジネスモデルの模倣といっても、単純な適用に
よってうまくいくようなケースは稀です。置かれた状況が異なれば、パ
ターンを修正したり適応したりする必要があります。市場や技術や社会
の違いに合わせて工夫しなければならないのです。

　自らの世界に持ち込むとき、ベースとなるモデルを十分に理解できて
いなければ、変えるべき点とそうでない点がわかりません。ベースとな
るモデルへの深い理解がなければ、自らの世界で再現できないのです。


## 「パターン集」ではなく「パターン化の事例集」

　以上のような考えから、私の研究室ではすでにあるパターンを学ぶだ
けではなく、自ら抽象化してパターン化できる能力を身につけさせてい
ます。大学院生はもちろん、学部学生にも現場のフィールドワーク（観
察とインタビュー）をしてもらい、「なぜ急成長したのか」とか、「なぜ

利益率が高いのか」といった自らの問題意識に照らし合わせてパターン化してもらっています。

これから紹介するのは、学生たちと一緒にまとめた「パターン化の事例集」です。すでに、「パターン集」としては秀逸なものがたくさんあります。そうであるからこそ、調査対象のビジネスモデルの本質をどのように見定め、パターン化したかがわかる事例集が必要なのです。学部学生でも店舗やイベントに参加して観察したり、利用者を見つけてインタビューしたり、本社にインタビューするなどして調べられるわけですから、読者の皆さんも参考にしてください。

## フレームワーク

さて、パターン化にあたっては、研究室独自のフレームワークによって表現することにしました。とても欲張りなフレームワークで、本書で紹介したビジネスモデルのピクト図解（第4章）をベースにしつつも、そこに戦略ストーリー性（第11章）と好循環の論理（第14章）を持たせようとしたものです。すなわち、実際にビジネスモデルを構築するためにはどのような戦略的な打ち手を取ればよいのか。その打ち手がどのような好循環をもたらして持続的な競争優位をもたらすビジネスモデルを生み出すのか。これらを解明するようなフレームワークです。

このフレームワークは、以下の3冊の書籍を熟読して構築しました。

- 基本の枠組み：板橋悟『ピクト図解』ダイヤモンド社
- 戦略的打ち手：楠木建『ストーリーとしての競争戦略』
  東洋経済新報社
- 好循環の論理：ピーター・M・センゲ『学習する組織』英治出版

ビジネスパーソンはもちろん、経営学を学ぶ学生にも使えるように、研究室の大学院生や学部ゼミ生たち（坂井貴之さん、田淵光祐さん、新井田華子さん、齋藤健介さん）とともに考案しました。3つの書籍の強みをうまく統合して「価値を創造する論理と構造」を描き出せるようにしたつもりです。

　パターン化された事例を学ぶことで、応用力は高まります。独自の視点でお手本を探し出し、そこから自分だけの学びを得る第一歩となるはずです。ここでは、私たちがどのようにビジネスモデルを分析し、それをパターン化しているのかを紹介します。

## 事例紹介の流れ

　まず、初めに早稲田大学の学生の間でも話題になっている動画ライブ配信サービスのSHOWROOMを取り上げて、詳しく紹介します。この事例を読んでいただければ、学生たちがどのように「問い」を切り出し、ビジネスモデルへの理解を深めていくのか。そして、それをどのようにパターン化するのかを感じ取っていただけると思います。

　そのうえで、皆さんがよくご存じの大企業や注目を浴びているスタートアップのビジネスモデルを取り上げ、パターン化の分析例を簡潔に紹介していきます。スタートアップにおいては、成長とともにビジネスモデルがどのように進化してきたかというのは重要なポイントです。ハイクラス人材の紹介サイトのビズリーチについては、その成長のプロセスにも注目しながら分析しました。

　なお最後に、私たちのフレームワークを使ってどのようにビジネスモデルを描き出すかの方法についても説明を加えました。個人が保有する遊休資産の貸し出しを仲介するAirbnbを題材に、分析の手順を説明しています。

CASE 01

# SHOWROOM
「スナックコミュニティ」のビジネスモデル

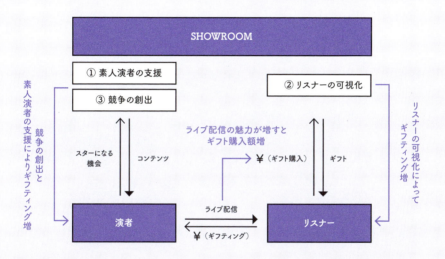

## 国内最強の動画配信サービス

　動画配信サービスが身近になって、10年以上が経とうとしています。

　数ある動画配信サービスの中で、最も利用者が多いものといえば、やはりYouTubeです。全世界では10億人を超え、国内の利用者ランキングでも1位に輝いています。

　それでは、動画配信サービスの中で最も収益が高いのはどこでしょうか。国内に限っていえば、それはYouTubeではなく、SHOWROOMな

のです（2018年）。

その秘密を解くカギは「ギフティング」にあります。皆さんは街中で路上ライブをしている人を見て、ギターケースに「投げ銭」をして応援したことはないでしょうか。逆に、演者として応援してもらった経験はありませんか。

創業者である前田裕二さんは、ご両親を亡くされ、小学生から路上ライブでお金を稼いだ経験がありました。「投げ銭」モデルをネットの世界に持ち込めばこれまでとは一味違った稼ぎ方ができる。リスナーに仮想のギフトアイテムを買ってもらうことで収益源を確保すれば、ネット上の路上ライブが実現すると考えたのです。

しかし、動画配信サービスでは、このような課金は一般的ではなく、YouTubeのような広告収入や、Netflixのように月額利用料を徴収するのが普通でした。いずれも、利用者が増えれば増えるほど収益が上がるので、サービスの知名度を上げて利用者を増やす必要があります。

しかし、もし利用者数が少なくても1人当たりの単価を上げることができれば、収益を伸ばすことは可能です（収益＝単価×課金者数における「単価」を増やす）。SHOWROOMでいえば、1人当たりのギフティングを大幅に増やすということです。

もちろん、ギフティングの金額を増やすのは容易なことではありません。特にSHOWROOMのように、ライブ配信を無料で視聴できるとすれば、よほどのインセンティブがなければ仮想ギフトを購入して、それをギフティングしようとは思わないはずです。

いったいどのようにすれば、ギフティングを促し、収益を伸ばすことができるのでしょうか。

そのカギは、演者とリスナーの関係の深さです。両者を深い「絆」で結ぶことができれば、リスナーがギフティングをしてくれます。

前田さんは、その深い関係を築くために意外な「お手本」を見つけて参考にしました。それが、街外れにある「スナック」です。店のオーナーであるママは、いかにして常連客との間に「絆」をつくり上げているのか。彼はその原理を自著『人生の勝算』にて、5つに集約しています。[1]

## 余白

まず、スナックにおける「余白」とは、オーナーであるママの未完成感のことです。ママは特別美人というわけではないし、どこか頼りない部分もある。決して完璧な女性とはいえません。ですが、その未完成な感じが逆にお客の共感を誘い、「僕がお店に通わなくては」という気持ちにさせます。

## 常連客

ママの未完成さに共感し、「僕がお店に通わなくては」という気持ちを抱いたお客は、次第に長年通う「常連客」となり、お店を自分の居場所だと感じるようになっていきます。こういった常連客とママの信頼関係が、簡単には消滅しない人と人とのつながりを生み出しています。

## 共通言語

よく顔を合わせるようになった常連客の間には、自然に「共通言語」や「共通ルール」ができてきます。たとえば、このお店では1杯目にハイボールを頼まなくてはいけない、などといった、共通ルールがあることで、コミュニティ内の一体感が高まります。

## 仮想敵

ママと常連客たちにとって、他のライバル店、そしてママを責めるよ

うなお客は、いずれも「仮想敵」という存在になります。このような共通の敵は常連客たちの結束力をさらに高めていきます。

**共通目的**

ママの「ライバル店に勝ちたい！」などといった目標は、常連客たちにとっての「共通目的」でもあります。同じベクトルを持つことで、コミュニティも深まります。

前田さんは、これら5つの原理をネット上でのライブ配信サービスに次のように対応させてSHOWROOMをつくり上げていきました。その仕組みづくりにおいて、重要な打ち手となったのが、①素人演者の支援、②リスナーの可視化、③競争の創出、という3つです。順に説明していきましょう。

| | スナック | SHOWROOM | 戦略的な打ち手 |
|---|---|---|---|
| 余白 | 未完成なママ | 素人配信者 | ①素人演者の支援<br>初配信者欄の設置 |
| 常連客 | お店を自分の居場所だと思ってくれる人 | 常連リスナー | ②リスナーの可視化<br>アバターの採用 |
| 共通言語 | 常連しか知らないルール | アバターのドレスコード | |
| 仮想敵 | 共通のライバル | ライバル演者 | ③競争の創出<br>イベントの開催 |
| 共通目的 | お店の目標 | 演者の勝利 | |

## ① 素人演者の支援

　SHOWROOMにおける余白とは、素人演者の未完成さです。そして、その余白を最大限に生かすべく、素人の演者をサポートするための工夫が凝らされています。その最たる例が初配信者欄で、これは、初めて配信する素人演者をまとめて表示するスペースです。

　他の動画サービスでは人気の動画が上位に表示され、知名度がない素人演者の配信は下位に追いやられてしまいます。これでは素人演者が活躍できるチャンスは限られます。そこで、SHOWROOMは素人演者の配信をわざと目立つように表示し、素人にファンがつきやすい環境をつくってあげているのです。

## ② リスナーの可視化

　応援しようという気持ちが生まれたとしても、それが途絶えたのでは意味がありません。その気持ちを長く持続させていくためには、リスナーと演者のコミュニケーションを促し、なおかつ一体感をもたらすような工夫が必要です。それが、リスナーの可視化です。

　SHOWROOMのリスナーはみな、アバターという自分自身を模したキャラクターを持っています。アバターによって可視化されることで、演者はリスナーの名前とキャラクターを結びつけて覚えられるようになります。常連として認められれば、演者から声をかけてもらえるようになります。

　アバターは着せ替えが可能なので、自分の個性を表現できます。個性はコミュニティに広がることもあり、一緒に応援する仲間とアバターについてのドレスコードが生まれたりもします。ある演者の配信は、ひよ

この着ぐるみを着たアバターがたくさん集まり、画面が黄色で覆い尽くされ、一体感が生まれます。

### ③ 競争の創出

最後に、こうして育ったコミュニティをさらに盛り上げるための工夫が、競争を盛り込んだイベントです。このイベントは、芸能事務所への所属権やテレビ出演権などの報酬を懸けて、演者同士が競い合うというものです。イベントで1位になれれば、演者が夢を叶えたり、スターダムを駆け上がったりできるかもしれません。

勝敗の順位は、演者がイベント期間にリスナーからどれだけギフティングされたのかで決まります。演者たちはもちろん頑張りますし、それを応援しているリスナーたちもここぞとばかりにギフティングを行い、配信を盛り上げるのです。

他の演者とそれを応援する人たちは、いわばライバルです。このような共通の仮想敵ができることで、それぞれのスナックコミュニティの団結力は高まります。そして、「みんなで自分たちの演者を1位にさせてあげたい！」という共通目的も生まれるのです。

最初の疑問に立ち返ってみましょう。なぜSHOWROOMは利用者数が少ないのに収益では1位なのか。その答えは、①素人演者の支援（初配信者欄）、②リスナーの可視化（アバターの採用）、③競争の創出（イベントの開催）という3つの打ち手によってネット上に「スナックコミュニティ」を実現したからです。そして、そこで生まれ、育まれた「絆」によってファンたちがギフティングを惜しまなかったため、SHOWROOMはトップにまで上り詰めたのです。

## パターンの抽出

　SHOWROOMのビジネスモデルの特徴をパターン化してみましょう。あえてその本質を一言で言い表せば、「コミュニティの強化による単価の向上」です。顧客の数に頼らずに1人当たりの単価を上げるというビジネスモデルです。

　これと同じモデルが現実のアイドル業界でも見出せます。それがアイドルの概念を180度変えたAKB48です。従来のアイドルは憧れの存在であり、ルックスで勝負するのが定番でしたが、AKB48は会える存在としてアイドルを身近にしました。余白があるからこそファンは自分が応援してあげないとダメだと思います。彼女たちの成長を間近で感じることで常連客になっていくのです。

　さらに総選挙の実施により、ライバルメンバーという仮想敵や総選挙での目標の順位という共通目的によって、コミュニティが強化されていきました。握手券を求めて1人のファンが何枚も同じCDを購入するようになったのです。その結果、AKB48は単価を向上させ、CDが売れない時代に収益を上げることができました。

調査・作成：山田絵里・星野由希子・野口颯士／アドバイザー：高坂隼人・新井田華子／
監修：井上達彦・坂井貴之

CASE 02

# ヤクルト

「小口化と信頼構築」のビジネスモデル

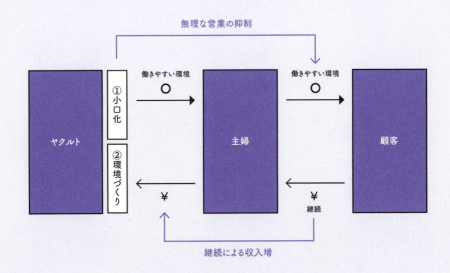

## 世界で愛される飲料

　ヤクルトは世界38の国と地域で愛飲される乳酸菌飲料です。ヤクルトの商品を主に販売しているのは、ヤクルトレディと呼ばれる女性たちです。彼女たちは各家庭に出向き、手渡しで商品を販売しています。いわゆる訪問販売です。

　しかし一般に訪問販売は、販売員に売上ノルマが課せられているため、強引に売りつけられるという印象も強く、勧誘を受けたくないとい

う消費者も少なくありません。なぜヤクルトは、訪問販売であるにもかかわらず広く商品を普及させることができるのでしょうか。

　その答えは、①商品の小口化と、②ヤクルトレディと消費者の信頼関係を育むための環境づくりにあります。ヤクルトの普及の歴史は、商品特性からの小口化商品と、独特の主婦雇用の仕組みと販売形態によって築かれてきたのです。順に説明します。

## ① 小口化

　ヤクルトに含まれている乳酸菌は、シロタ株といって代田稔博士によって開発されたものです。科学的にも効用が認められているのですが、乳酸菌であるのでお腹に入れても24時間以内に腸で死滅してしまいます。

　それゆえ、消費者は毎日ヤクルトの乳製品を飲み続けなければなりません。また、効果がわかりにくいため、効用を直接消費者に伝える販売員が必要になります。販売員は、毎日この新鮮な飲料を届ける必要があるのです。そこでヤクルトの商品は、1日1本の飲みきりサイズに小口化し、訪問販売によって顧客に届けることにしました。1日に飲む量が決まっていることで、毎日消費してもらえるのです。

　しかし、1本1本の商品を販売するのは労力もコストもかかります。そこで、ヤクルトは、ヤクルトレディという販売員を個人事業主として募ることにしました。彼女たちは販売を代理するような形で商品を仕入れて販売します。それゆえ、ヤクルトが彼女たちに給料を支払う必要はありません。また、彼女たちが毎日必要な本数を集計してから仕入れるので、ヤクルトが在庫管理をする必要もありません。売れる分だけ注文するので、処分本数を抑えることができるのです。

## ② 安心して働ける環境づくり

　販売員を集めるにあたって、ヤクルトは、主婦にとって働きやすい環境を充実させました。たとえば、ヤクルトレディの活動拠点の半分以上に託児所をつくりました。そこに子どもを安心して預けられるからこそ、彼女たちは働き続けることができるのです。あるヤクルトレディは次のように述べます。

　「普通の保育園はすごく費用がかかります。でもヤクルトセンター併設の託児所は、普通の保育園よりも断然安いのです。同じ子持ちの主婦が多いから、助け合えます」

　物理的な支援だけではありません。精神的なプレッシャーもかからないように工夫しています。ヤクルトでは、顧客を奪い合うような競争が起こらないように、担当地域を完全に分けて割り振っています。販売ノルマも課せられていないので、強引な販売活動は起こりません。いつも穏やかに顧客とコミュニケーションが取れるという関係が信頼を生み出すのです。

　1日1本の小口化商品を販売することで「毎日1本」の習慣化を促すことができます。そして販売員であるヤクルトレディに働きやすい環境を整えることで、顧客からの信頼を獲得することが可能になります。そして、顧客が継続的にヤクルトの商品を購入し、それによってさらなる環境整備や拠点の拡大ができるようになるのです。これらの工夫によって、ヤクルトの乳酸菌飲料は長年愛される商品となったと考えられます。

## パターンの抽出

　ヤクルトのビジネスモデルの特徴を抽出してパターン化すると、それは「小口化した商品の、個人事業主による販売」といえます。

　ヤクルトのように、毎日少しずつ使うべき商品は、小口化して、販売員がその効用と利用法を説明しつつ届けるのが有効です。

　これと似た商品に石鹸があります。先進国ではイメージしにくいのですが、途上国では石鹸は非常に高価で、洗濯には使用しても手や体を洗うためには使わない人がたくさんいます。衛生問題は深刻で、毎日少しずつ石鹸を利用することで病気の蔓延を防ぐことができます。そこで必要に応じて少しずつ販売するのが有効です。

　ヒンドゥスタン・ユニリーバは、地域の女性を組織して、衛生についての啓蒙活動を行いつつ石鹸の販売を行いました。貧困層の人々に石鹸を使ってもらうために、あえて商品を小分けにし、その担い手として、地域の女性を育成し雇用したのです。ヤクルト同様、小口化商品で顧客にとって安心できる販売チャネルを構築しているのです。

　ヤクルトから学べることは、これにとどまりません。個人事業主による販売チャネルを構築し、消費者に継続して商品を提供するという部分だけを抽出することもできます。顧客と信頼関係を築き、継続的な購買を促す点に注目すると、同じく個人事業主である女性が化粧品を訪問販売するPOLAも同じ構造であることがわかります。また、女性用の下着や化粧品を代理店が販売するシャルレ、会員によって栄養補給食品を普及させたシャクリーも、同じ構造といえるでしょう。

---

調査・作成：天井千裕・流石麻莉奈・沼上裕貴・益田裕貴／アドバイザー：馬場耀平・河野大志／監修：井上達彦

CASE 03

# コマツ

「IoTによるソリューション提供」のビジネスモデル

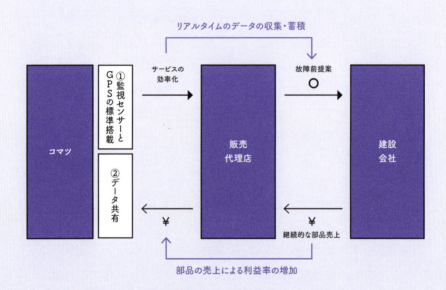

　コマツは売上高国内1位、世界で2位の建設機械（建機）メーカーです。コマツの特徴は、収益力の高さといえます。売上高で比較すると、競合であるキャタピラーが約5兆円、それに対しコマツは約2.5兆円です。しかし、利益率ではコマツが4年連続で上回っています（2013〜17年）。建設機械は、性能による差別化が難しい商品です。そのため、価格競争が激しい業界であり、安売りが横行しやすい市場です。このような状況にもかかわらず、なぜコマツは高い利益率を上げることができるのでしょうか。

その答えは一言でいえば、製品からソリューションへの転換です。そして、この転換を実現するために、①監視センサーとGPSを標準で搭載し、②販売店とデータを共有して、コムトラックス（建設機械の情報を遠隔で確認するためのシステム）を構築しました。

## ① 監視センサーとGPSの標準搭載

まずコマツは、すべての建設機械に監視センサーとGPSを搭載して、毎日の建機の利用状況についてのデータを集めました。データを収集して分析できるようにすれば、保守や故障対応といった、アフターサービスも円滑に実施できるようになります。

建機というのは必要なときに必要な場所で、必要な分だけ稼働して価値を生み出すものです。機械の故障が原因で工事が中断されたときの顧客の損失は計り知れません。何としてでもこれを避けなければならないのです。

ところが、工事現場が人里離れていたりすると、対応に時間がかかってしまいます。また、工事現場が広大だと、故障した機械を探し当てるのだけでも苦労します。故障箇所がわかっても、サービス拠点に戻って必要な部品を調達しなければなりません。

すべての建設機械にセンサーとGPSを搭載すれば、機械がある場所や、どの部品が故障しているのかを把握できるようになります。コスト負担は1台当たり約10万円と決して安くはないのですが、これによってアフターサービスに必要なデータを収集して監視できるようになるのです。

## ② 販売店とのデータ共有

　もちろん、データを集めるだけで理想的なアフターサービスが実現するわけではありません。販売店とそのデータを共有し、サポート体制を整えなければならないのです。コマツは販売店と連携し、保守管理、車両管理、稼働管理、車両位置確認などの総合的なサービスを提供できるようにしました。

　たとえば、建機のエンジン冷却水の水温が上がるというのは、重大な故障が起きる前兆だといわれます。このようなデータを感知した販売店は、トラブルが起きる前に修理や部品交換を提案できるようになります。顧客にとっては現場でのトラブルを未然に防ぐことができるので、大変ありがたいサービスです。

　一方のコマツにとっても、純正部品・正規サービスの収入を増やすことができるというメリットがあります。建設機械を約10年動かすのに必要な補修部品の金額は、1台数億円になる鉱山機械では新車価格の2倍以上になることもあるほどです。ところが、保守やサービスが後手後手に回ってしまうと、顧客は安価な非純正部品を購入してしまいます。サードパーティに事業機会を奪われないためにも顧客のトータルコストを下げるような提案が必要なのです。

　このように、一見すると利益を減らすような打ち手、すなわち、①センサーとGPSの標準搭載と、②販売店とのデータ共有によって、コマツは顧客のトラブルを未然に防ぎ、トータルなコスト削減に寄与することができるようになりました。建機の購買、トラブル防止、適切なアドバイス、ならびにアフターメンテナンスを通じて継続的な関係を築き、純正部品を購入してもらい、高いコストパフォーマンスを誇るメーカーとなったのです。

## パターン化と異業種の類似ビジネス

　それでは、コマツのビジネスモデルはどのようにパターン化できるでしょうか。一言でいえば、「IoTによるソリューション提供のビジネスモデル」でしょう。建設機械のように使用環境が過酷で管理が難しく、故障すると大きな損失が出てしまう商品は、迅速で質の高いアフターサービスや、トラブルを未然に防ぐソリューションを提供することで顧客から信頼を勝ち取り、継続的に自社製品を使用してもらうことができます。さらに、この継続的な関係を通して、部品やメンテナンス費用による売上やソリューションへの対価を得ることにもつながるのです。

　これと似た製品に飛行機のエンジンがあります。飛行機もエンジンの故障によってフライトが中止になってしまうこと、ましてや、フライト中に故障するようなことがあってはなりません。また、維持費が大きいため、故障を未然に防ぐことが大切になります。

　GE（ゼネラル・エレクトリック）は、飛行機の主要部品であるエンジンにセンサーを標準搭載することで、データをリアルタイムで集め、適切なアドバイスや部品交換の提案などを行っています。GEはこれとともに、製品の価格ではなく、製品によって顧客が得た価値に応じて対価を受け取るという、収益モデルの改革も行い、まさにソリューション提供モデルのビジネスモデルを構築したのです。

---

調査・作成：坂井貴之・占部一輝・新山遥・村田彩嘉／アドバイザー：遠藤綾子・窪田朝美／監修：井上達彦

CASE 04

# ファクトリエ

「工場直販モデルによる付加価値の創出」のビジネスモデル

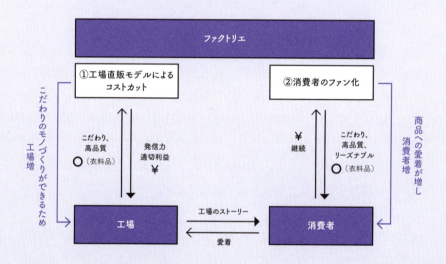

## 国産アパレルの復活へ

　皆さんは自分の服についているタグを見たことがありますか？
　おそらく今、皆さんが手にする服のほとんどが海外製であり、「MADE IN JAPAN」と書かれたタグを目にすることは少ないのではないでしょうか。
　2012年に設立されたアパレルブランド「ファクトリエ」は、国内で生産された商品のみを扱っており、すべての商品に「MADE IN JAPAN」

と書かれたタグが付いています。「世界に誇れるメイドインジャパンを届けたい」。そんな想いから誕生したファクトリエは、設立から4年という短期間で約10億円を売り上げ、急成長を遂げています。

なぜ近年、「MADE IN JAPAN」と書かれているタグを見かけることがないのでしょう。それは、ファストファッションの台頭によって、メーカーが安く早くつくれる海外生産にシフトしたからです。日本より賃金の安い国で生産を行うことで人件費を大幅に抑え、最終的に国内生産に比べてコストを半分以下に削減できるのです。その結果、アパレル国産比率は2017年に2.4％まで減少し、事業所数も4分の1以下に減ってしまいました。

このように国産アパレルは苦境に立たされている中、ファクトリエはどのような打ち手によって事業の実績を伸ばしているのでしょうか。

それは、「工場直販」によってつくり手と買い手をダイレクトに結びつけ、消費者をその工場のファンにする（ファン化）というものです。すなわち、ファクトリエは、①工場から直接商品を消費者に届けることによって、商品の低価格化と工場への原価設定権の移譲を可能にし、②工場の情報をあえてオープンにして消費者をファン化させることで継続購入を促しています。

## ① 工場直販モデルによるコストカット

ファクトリエは従来のバリューチェーンとは異なり、メーカーや商社などを「中抜き」して工場と直接提携して商品をつくり、そのまま消費者に届けるという「工場直販モデル」を採用しています。つまり、工場でつくられた商品が直接消費者に届くのです。それにより今までメーカーや商社が受け取っていた売買差益としての「利ざや」、すなわち中

間マージンをカットすることができます。また、ファクトリエは販売チャネルを原則インターネット販売に限定することで、販売店舗の賃料や人件費などの削減を行っていたり、在庫を工場とファクトリエで分け合うことで自社が負担するリスクを抑えたりもしています。

これらの中間マージン削減・コスト削減によって、従来の流通構造では2万円で販売していたものが、ファクトリエでは1万円で販売することが可能になっているのです。

価格を下げているのに十分な利益を確保することができるという点が、この工場直販モデルのメリットといえるでしょう。

さらにファクトリエは、商品の原価設定権を工場に移譲しています。従来では、アパレルメーカーが小売価格から逆算して原価を決めていたため、工場側にしわ寄せがいっていました。しかし、ファクトリエのビジネスモデルでは、工場側が原価を決めることで適切な利益を得ることができます。それにより工場は、こだわり抜いた妥協のないモノづくりができるのです。結果として消費者は、高いクオリティの商品をリーズナブルな価格で購入できます。

これらの仕組みによってファクトリエは自社だけでなく、工場、消費者というファクトリエがかかわるすべてのプレイヤーが満足できる「三方良し」の仕組みをつくることに成功しました。

## ② 消費者のファン化による継続購入

ファクトリエは工場直販モデルによって工場と消費者が直接つながったことを活かして、インターネット上の自社サイトを用いて消費者に工場の情報をオープンにしています。また商品のタグに工場名を記載したり、届ける商品に工場のスタッフからの手紙を同封したり、さらに消費

者に提携工場の製造過程を見学してもらうという工場ツアーを主催したりと、積極的に工場と消費者のタッチポイントを増やしています。

これにより消費者は自分の着る服について、誰が・どこで・どんな想いでつくられているかという裏側のストーリーを知ることができます。そのため、消費者の中でこだわりが詰まった特別な一品を購入する感覚が育まれるのです。つまり消費者は、ファクトリエというブランドだけでなく、その先にある工場自体のファンとなり、商品を購入するのです。

実際に、ストーリーに価値を感じ、継続的に購入している消費者の声もたくさんあります。

・「この服の随所にファクトリエや工場の情報が伝わってきます」
・「服をつくっていらっしゃる方のタグがあるなど、ストーリーがしっかり考えてあって良いと思います」
・「僕は半年前から購入しているのですが、妻は何年も前から買っていました」

このようにファクトリエは、工場直販モデルによって自社の利益を確保するだけでなく、工場に原価設定権を移譲させ、適切な利益を与えることでこだわりのモノづくりを可能にしました。さらに、工場直販モデルの距離の近さを利用して商品にストーリーという付加価値を創出することで、ファン化を可能にしました。

工場は妥協のないモノづくりを、消費者は愛着のある特別な一品を、こだわりの生産と消費のサイクルを、ファクトリエはつくり上げたのです。こうして売上を伸ばしていくことが、提携工場数を増やし、事業実績を伸ばすことにつながっています。

## パターンの抽出

それではファクトリエのビジネスモデルをパターンとして抽出してみましょう。一言でいえば、「工場直販モデルによる付加価値の創出」のビジネスモデルです。従来のバリューチェーンに存在していたチャネルを省くことでコストカット・低価格販売を可能にし、新しく創出された付加価値を提供することで他社と差別化を図っています。

### 工場直販モデルによる「鮮度」という付加価値

これは魚の直売所ビジネスにも同じようなことがいえます。福岡県宗像市にある「道の駅むなかた」は従来の水産物のバリューチェーンに存在する卸などをすべてカットし、漁業者と販売委託契約を結んで漁師から直接仕入れることで、「超新鮮」な魚の販売を実現させています。

つまり、道の駅むなかたは、工場直販モデルによるマージンカットに加えて、そこで生まれるスピード感を武器に、鮮度を付加価値として提供することで独自な優位性を築いているのです。

### 工場直販モデルによる「高品質」という付加価値

Dari Kというチョコレート企業も、ファクトリエと同じように工場直販モデルによるファン化を行っています。Dari Kとはインドネシア産のカカオ豆の輸入・卸からチョコレートの製造・販売を行っている企業です。

Dari Kは、工場直販モデルによって商社を通さずに自社が直接カカオ豆の生産に携わり、品質を確保することで高品質なチョコレートの生産をすることに成功しました。また、直接高く買い取ることが可能になるため、現地のカカオ農家の所得向上を図ることができました。

さらにDari Kは、工場直販モデルによって近づいた消費者と農家の距離をさらに縮める施策を打っています。消費者は、Dari Kが主催するカカオ収穫ツアーやカカオ豆からつくる手づくりチョコレートのワークショップに参加し、インドネシア産のカカオ豆の良さを直接知ることができます。それによりチョコレートに愛着を感じて継続的な購入をしているのです。

　さらにツアーによって、農家は消費者と直接コミュニケーションを取れるためにモチベーションが高まり、より生産に尽力します。そして、カカオ豆の質の向上につながるという好循環を築き上げています。

調査・作成：浜崎友里菜・新井田華子・上野高輝・近藤祐大／アドバイザー：橋本友美子・小口雄大／
監修：井上達彦・天井千裕・坂井貴之

CASE 05

# タカヨシ

## 「不安定商材の補完」のビジネスモデル

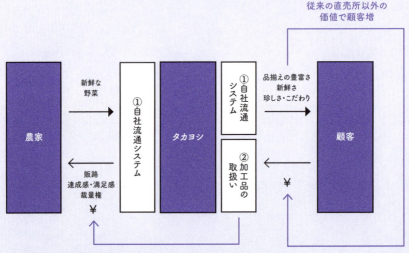

## 日本で最大手の直売所

　株式会社タカヨシは、わくわく広場などの店舗を国内で約110店を展開している、JAに次いで日本最大級の直売所ビジネスを行う企業です。年々店舗数を拡大しており、着実に成長を続けています。直売所とは、地元の農家が路面店に農作物を直接持ち込み、価格を自分で決めて販売する場所のことです。

　このような直売所ビジネスは、一般的に不安定なビジネスであるとい

われています。その理由は３つあります。まず季節・天候などによって、取り扱っている商材の仕入れ量が大きく変動してしまうため。次に、地域によって生産品目に偏りがある場合もあり、店舗ごとの品揃えが不十分になってしまうため。最後に、価格の決定権を農家側に与えるので、直売所を開く会社側の収入が安定しないためです。

これらの理由から、単純に直売所ビジネスを行えば、顧客は必ずしも欲しいものを欲しい価格で手に入れることができず、さらに売上も安定しません。このように、ビジネスを安定・拡大させることは困難であるといわれている直売所ビジネスにおいて、タカヨシはなぜビジネスを安定させ、さらには拡大させることに成功したのでしょうか。

その答えは、①野菜の独自の流通システムを確立し、さらに、②野菜以外の新たな商材を開拓したことにあります。順に説明します。

## ① 野菜の独自の流通システムの確立

タカヨシは、野菜の仕入れ量の不安定性・品揃えの乏しさを解消するために、一度物流センターにすべての野菜を集約させ、店舗の在庫に応じて物流センターから野菜が店舗に届けられるような流通システムを、直売所ビジネスにおいていち早く構築しました。

物流センターには全国各地から提供される野菜が集まり、タカヨシは全国に３つの物流センター（千葉県八街市、埼玉県所沢市、愛知県安城市）を保有しています。この物流センターが収集・分配機能を担うことによって、季節や天候などによる欠品、地域差による品揃えの偏りが解消されています。この物流センターが、タカヨシの直売所ビジネスにおける要となっているといえるでしょう。

## ② 加工品の取扱い

　直売所ビジネスを成功させるには、仕入れ量と品揃えの問題を解消するだけでなく、農家に価格決定権を与えることによる収入の不安定性も解消する必要があります。それを解消しているのが、加工品という新たな商材です。

　タカヨシが取り扱う加工品は、スーパーなどでは入手困難な高価格帯のマイナーブランドで、その種類はなんと2000種類にも及びます。この加工品がなぜ収益の不安定性を解消しているのかというと、野菜のように農家側に価格決定権を持たせるのではなく、加工品においては仕入れ販売の形式を取っているからです。これによってタカヨシは、加工品の価格を自社で決定することが可能になります。

　さらに、十分な品目や量が入荷できる保証のない不安定な野菜とは異なり、計画的に仕入れ可能なことから、安定した収益を得られます。安定した収益をあげて、農家に対して価格決定権を与え続けることができるのです。

　加工品を取り扱うことによるメリットは、これだけではありません。タカヨシで扱う加工品は、先述したように、生産地の周辺にしか流通していないものや、健康に配慮した無添加商品など、スーパー等では入手困難なものばかりです。これらが店舗に陳列されていることにより、「健康に配慮した商品を取り扱っている」「ここに行けば珍しいものがある」などの新たな価値を顧客に与えています。

　タカヨシは、野菜の独自の流通システムを確立し、加工品という新たな商材を取り入れたことで直売所ビジネスにおける仕入れ量・品揃え・収益性における問題を解消することに成功しました。さらに、加工品をあえてこだわりのある品目に絞ることによって、顧客に「珍しい商品、

健康に配慮した商品を取り扱っているお店」という新たなブランド価値を提供することに成功しました。

　このように、従来の直売所のイメージとはまったく異なるブランド価値を創造したことにより、タカヨシは売上を伸ばすだけでなく、業界初の大型ショッピングモールへの出店を実現させるほどの企業へと進化していったのです（2017年11月〜12月当時の取材内容により作成）。

## パターン化と異業種の類似ビジネス

　それでは、タカヨシのビジネスモデルの特徴を抽出してパターン化してみましょう。一言でいえばそれは「不安定商材の補完」のビジネスモデルです。このようなビジネスモデルの企業として、株式会社WEGOが挙げられます。WEGOは、全国に120店舗以上展開している、古着やその他衣料品を取り扱っているアパレルショップです。一般的に古着は、不安定な商材であると言えます。「一点モノ」とも呼ばれるように、店舗によって商品の数・品揃えに偏りがあります。

　そこでWEGOは不安定な商材である古着を補完するために、オリジナルブランドの製作や販売に力を入れ始めました。現在は、11種類にも及ぶオリジナル商品を展開し、WEGOでしか手に入らないこだわりの商品を数多く販売しています。また、洋服に限らず帽子やカバンなどの小物製品も取り扱っています。WEGOだけで全身コーディネートが可能になるほど品揃えを豊富にすることで、従来の古着屋とは異なる価値を創出しているのです。

---

調査・作成：伊藤あんな・齋藤健介・田淵光祐・根本瑞希／アドバイザー：天井千裕・馬場耀平／
監修：井上達彦・天井千裕

CASE 06

# スノーピーク

「コミュニティ形成」のビジネスモデル

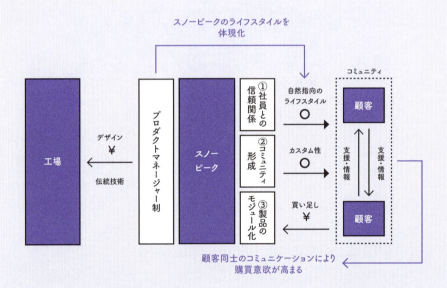

　スノーピークは新潟県三条市にある国内のアウトドアメーカーです。「人生に、野遊びを。」をモットーに、自然指向の暮らしを提案しています。こだわりが詰まった製品はハイエンドで、他社に比べて2〜3倍価格が高いのですが、スノーピークのユーザーは、テントから椅子や机、調理用具まで一揃えの商品をすべてスノーピークブランドで揃えようとします。同じ製品をいくつも買うユーザーも珍しくありません。

　しかし、この買い足しを促すのは実は容易なことではありません。たとえテントだけは高級品にしても、その中のシュラフやマットは安いも

ので抑えたり、椅子や机はホームセンターのものなどで代用したりできるはずです。では、いったいなぜスノーピークではユーザーの継続的な購買が起きているのでしょうか。

その理由は、スノーピークがキャンプを深く理解し、そのライフスタイルを製品とともに具体的に提案できる唯一の会社であったからです。スノーピークは「スノーピークでなければならない」という価値づくりに成功したのです。そして、その成功の裏にはユーザーとの独特の関係構築とユニークな製品がありました。

スノーピークが出した打ち手は3つあります。1つ目は1対1の信頼関係を構築すること。2つ目はコミュニティ形成をすること。3つ目は製品のモジュール化です。

## ① 1対1の信頼関係構築

スノーピークは、直営店の展開に加え、他社が運営する専門店へも社員を置くことで、丁寧な接客を実現させています。社員は徹底した研修を受けており、ヘビーなキャンパーであるとともにスノーピークのヘビーユーザーです。

このような社員が直接対応することで、製品の価値を正しく伝えられるほか、どんな顧客に対しても寄り添うことができます。ユーザーのキャンプ後にヒアリングを行うなど、顧客の要望に合致した製品があれば他社製品を勧めることもあります。こうした真摯な接客に顧客は信頼感を抱き、買う用事がなくてもキャンプの相談をしに店舗へ訪れるなど、社員と顧客を超えた関係が生まれていきます。

## ② コミュニティ形成

さらに、スノーピークはユーザーとの絆や、ユーザー同士のつながりを深める、The Snow Peak Wayと呼ばれるキャンプイベントの開催や、SNSコミュニティの運営を行っています。そこでは、社員がユーザー同士や他の社員を結びつけることも多々あり、ユーザーはつながりが増えていくにつれてコミュニティに入り込んでいきます。

コミュニティ内では、限定品の在庫状況から製品の使用方法までさまざまな情報共有が行われているほか、スノーピークの歴史や理念の共有なども行われています。また、ユーザーが自慢のレイアウトを披露する場にもなっており、こうしたコミュニケーションを通じて、ユーザーは新たなニーズを刺激され、購買意欲が高まっていきます。

## ③ 製品のモジュール化

そして、新たなニーズを実際に購買へつなげているのがモジュール化された製品です。スノーピークの製品は、すべて一貫した「スノーピーク・レイアウト・システム」という基準寸法によってつくられています。これにより、複数の製品を組み合わせても相性が抜群に良く、組合せ次第で自分の理想空間を実現することができます。このカスタム性がユーザー独自のキャンプスタイルを実現させ、購買を促しているのです。

ユーザーとの間につながりを構築していく中で、キャンプの楽しさを伝え、ニーズを引き出していく。そしてユーザーのニーズを実現させる製品を提供し続ける。このようにしてスノーピークはユーザーの「買い足し」を促し、継続購買を実現させているのです。

## パターンの抽出

　それでは、スノーピークのビジネスモデルの特徴を抽出してパターン化してみましょう。一言でいえば、それは「モジュール化した製品とコミュニティ構築による、ライフスタイル提案」といえそうです。

　スノーピークのテントのように、高単価で長寿命なハイエンドな製品は買い替えが起こりにくくなります。そのため製品をモジュール化し、付属パーツや関連製品の買い足しを促すことが効果的です。モジュール化とは、商品をレゴブロックのように連結可能な設計にすることです。

　また、その買い足しを促進するためにも、社員やユーザー同士のコミュニティを構築することが効果的になります。コミュニティによって、ブランドへの愛着が高まるだけでなく、商品やキャンプの情報交換が活発になり、キャンプが生活の一部となっていきます。

　このようにモジュール化した製品とコミュニティによって、ユーザーの買い足しを促進することができるのです。

　これと同じようなことが高級カメラでもいえます。キヤノンやニコンのカメラは単価が高く、買い替えの起こりにくい商品です。しかし、フォトサークルと呼ばれる同好家コミュニティを構築し、レンズや関連パーツなどで楽しめるようにすることで、カメラをライフスタイルに昇華させました。その結果、キヤノンやニコンは、ユーザーの買い足しを促進することに成功しています。

---

調査・作成：村上亮太郎・荒木楓・橋本友美子／アドバイザー：伊藤大輔・佐伯研介／監修：井上達彦・天井千裕

CASE 07

# しまむら
売り切りと完全買い取りによる多品種・低価格販売

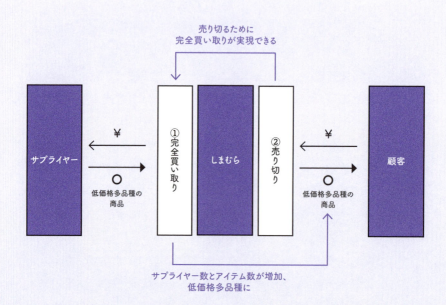

　しまむらは全国に約1400店舗を構える大手衣料品会社です。しまむらの魅力は、なんといっても低価格で服選びを楽しめるところにあります。しまむらにはたくさんの商品が取り揃えてありますが、同デザインで同サイズの服が1つの店舗にいくつも置かれていることはありません。行ったそのときに買わないとその服はなくなってしまい、まさに「売り切れ御免」となっています。たくさんの商品の中から、そのときにしか出会えないお気に入りの1着を探すという「宝探し」の感覚を顧客は楽しんでいるのです。

しかし、低価格で多品種の商品を揃えることは、本来は大変難しいことです。ユニクロやH&Mといったいわゆるファストファッションブランドは、企画、製造、販売までを自社で一貫して行い、同じ商品を大量に生産することで、低価格の商品を提供しています。また、ユナイテッドアローズやビームスといったセレクトショップは、複数のサプライヤーから少量ずつ商品を買い取ることで、低価格とはいかないものの、多品種の商品を提供しています。ではなぜ、しまむらは低価格かつ多品種の商品を取り揃え、利益を上げることができているのでしょうか。

　その答えは、2つの戦略にあります。第1に多くのサプライヤーから返品なしで完全買い取りを行うこと、第2に商品を徹底的に売り切るための仕組みをつくることです。

## ① 返品なしの完全買い取り

　まず、しまむらのビジネスは、商品をサプライヤーから仕入れるところから始まります。通常、セレクトショップなどの仕入れ型ビジネスを行う企業では、仕入れた商品の中で売れ残ったものはサプライヤーに返品されることが多々あります。

　しかし、しまむらは返品をすることはなく、サプライヤーに対して商品の完全買い取りを行っています。さらに、買掛（ツケによる買い取り）もなく、現金で支払っています。

　そのため、サプライヤーにとって信頼できる優良な取引先となるしまむらは、多くのサプライヤーを持ち、低価格の仕入れ値での取引に応じてもらうことができます。このように、500社以上のサプライヤーから商品を完全に買い取ることで、低価格多品種の商品を揃えることができているのです。

## ② 商品の徹底した売り切り

さて、次は、仕入れた商品をいかに売って利益を上げられるかが問題となってきます。

ここで出てくる打ち手が、集中的な出店です。しまむらは、1万2000世帯程度の小商圏に1店舗という高密度の出店を、主に郊外で行っています。このメリットは、郊外という立地で費用を抑えつつ、顧客認知度の向上と気軽な来店を促すことができることです。

しかし、高密度な集中出店が生むメリットは、それだけではありません。商品をしっかり売り切ることにもつながっているのです。

しまむらでは、店舗ごとにデータを取り、商品の売れ行きを把握しています。このデータをもとに、売れていない商品を売れそうな他の店舗へと移動させて、すべての商品を売り切りやすくしているのです。そのため、店舗同士の距離が近い高密度の集中出店には、店舗間の商品の移動をしやすくするというメリットもあることがわかります。

さらに、この売り切る仕組みには、自社流通というもう1つの打ち手もかかわってきます。しまむらは、商品の輸送を他社に委託することはなく、自社で整備した物流センターと流通網を使って輸送しています。この自社流通を活用することで、低コストかつ効率的に店舗間の商品移動が可能になっているのです。

なお、自社流通には輸送費用全体のコストカットというメリットもあります。流通網を築くための初期投資さえすれば、商品の輸送コストは圧倒的に安くなります。たとえば、しまむらでは、走行効率を上げるため、店舗への商品の輸送を夜間に行っており、空荷では運ばないようにもしています。自社流通であるからこそ、これらの取組みが可能となり、輸送コストを抑えることができているのです。

つまり、しまむらは500社以上のサプライヤーから完全買い取りで仕入れをすることによって、低価格かつ多品種の商品を揃え、1400店以上に及ぶ郊外への集中出店と自社流通によって、効率的な商品の店舗間移動を行って売り切りとコストカットを可能にし、利益を上げているのです。売り切ることができるからこそ、完全買い取りを行うことができます。そして、完全買い取りを行うからこそ、低価格かつ多品種の商品を揃えることができるのです。

## パターン化と異業種の類似ビジネス

それでは、しまむらのビジネスモデルはどのようにパターン化できるでしょうか。一言でいえば、「売り切りモデルと完全買い取りモデルの組合せによる多品種・低価格販売」です。

「安く買い取り、工夫して売り切る」というのは商売の基本です。たとえば、食品やファッション衣料など、鮮度が問題になる商材では、昔から「バッタ屋」という正規の仕入れルート以外から仕入れて安く販売するという商いがありました。もちろん、正規のルートでなければ事業を拡大させることも、安定させることも難しいものです。

それゆえ、ディスカウントストアは、賞味期限が近くなったものや、不人気商品を正規のルートで仕入れるというような工夫をしています。ドン・キホーテでは、メーカーや問屋で不良在庫となっている商品や、季節外れの処分品を仕入れています。同社ではこれを「スポット仕入れ」と呼んでおり、売上高の3〜4割を占めています。このように、しまむらと同様、安く買い取るための工夫をしています。

---

調査・作成：村上亮太郎・荒木楓・橋本友美子／アドバイザー：伊藤大輔・佐伯研介／監修：井上達彦・天井千裕

CASE 08

# 珈琲所コメダ珈琲店
商材特化のビジネスモデル

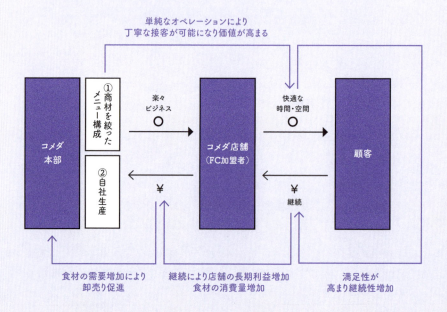

　皆さんは、フランチャイズ（以下、FC）をご存じでしょうか。それは事業展開の方式の1つで、他人の資本を活用して成長性を追求できる仕組みです。親企業は加盟者と契約して、自社の店舗を営業する権利を与えます。出店にかかわる費用を加盟者側が負担するため、親企業は低コストで店舗を増やすことができます。
　このようなFC方式を採用する企業の中で、異色の企業があります。それがコメダ珈琲店です。

## ① 商材を絞ったメニュー構成

　コメダのドリンクメニューはコーヒーが中心で、アルコールなどはありません。さらに、フードメニューはパンを中心に使用食材が絞り込まれていて、26品のうち22品にパンが用いられています。このメニュー構成によって、法律的な扱いが（飲食店ではなく）喫茶店となります。店舗でアルコールや食事の提供をすると、法的な扱いが飲食店になってしまいますが、パン中心のコメダのフードメニューは法的には軽食とされ、「食事」にはなりません。法的な扱いが飲食店になってしまうと、飲食店の認可や調理師免許を持ったシェフを雇う必要があります。しかし、喫茶店にその必要はありません。コメダのFCでは、加盟者は飲食店に比べて楽に開業することができるのです。

　また、多くのメニューで同じ食材を使っているため食材が無駄になりにくく、廃棄費用を抑えることもできます。これによって加盟者は継続的にコストカットができるため、安定感を得ることができます。


## ② コーヒーとパンの自社生産

　店舗売上の多くを占めるコーヒーとパンですが、それらはすべてコメダ本部が自社生産しています。コーヒーに関しては、加工のほとんどすべてを工場で行っています。ドトールなど、従来のカフェでは店舗で加工を行うため、それだけの時間と労力がかかります。コメダの店舗では温度管理のみでコーヒーを提供することができるのです。また、パンも仕入れたものをほぼそのまま提供するだけなので、加盟店では商品の均質化が容易になります。調理も単純になり、店舗での作業ミスや事故などが減るため、店舗管理も容易になります。

以上の２つの戦略により、コメダは喫茶店や飲食店の経験のない初心者でもスタートできる、カフェビジネスを実現しました。しかも初期費用が高いので、金銭的余裕があり、ビジネス経験も十分な加盟者を集めることができます。その結果として、コメダの加盟者にはFCをサイドビジネスとする法人が多くなっています。

　ドトールをはじめとした一般的なFCでは、ロイヤリティ（本部のブランドイメージやノウハウを利用する代わりに、加盟店が本部に対して支払うお金）は売上に比例しますが、コメダの場合は定額です。これによってコストの想定が容易になり、フランチャイズを副収入とする加盟者に安定感を与えます。

　副収入として楽に安定収益を上げたい加盟者が集まると、どのようなことが起こるのでしょうか。その答えは、「顧客にゆっくりとくつろげる空間が提供できるようになること」です。つまり、コメダのコンセプトである「くつろぐ、いちばんいいところ」が実現できるようになります。通常、FCとは売上や粗利益を本部と加盟店で分け合う仕組みで、加盟店には少しでも儲けようというマインドが生まれます。これは本部にとってメリットである一方で、デメリットにもなりえます。売上を上げるために、顧客の回転率を上げようというマインドになりやすく、コンセプトの実現は二の次になってしまうからです。

　一方、コメダのFCでは、その日その日の利益を意識するというより、むしろリピーターを確保して、長期に安定した利益を得ようというマインドの加盟者が集まりやすいようです。これによって、「くつろぐ、いちばんいいところ」という価値を顧客に提供できるようになるのです。また、楽に安定収益を得たいオーナーは、高い初期費用に寛容です。高い初期費用の大部分は店舗の設計・建築費が占めます。高級な建物はコンセプトの実現を促進します。

商材の特化によりコメダのFCを副収入とする加盟者が集まり、快適な時間・空間が顧客に提供されます。また、店舗での調理が単純になると、調理に回すべき人手をサービスに割くことができるため、接客の質も向上します。これもコンセプトの実現に役立ちます。さらに、コメダ本部はコーヒーとパンのすべてを全国2カ所のコーヒー工場、全国3カ所のパン工場で生産するため、規模の経済で原価を低く仕入れ、生産することができます。低い原価で高くコーヒーとパンを卸すことができるため、コメダ本部の利益率は高まります。

## パターン化と異業種の類似ビジネス

それでは、コメダのビジネスモデルの特徴を抽出してパターン化してみましょう。一言でいえば、それは「商材を特化したフランチャイズ」のビジネスモデルといえるでしょう。

このようなビジネスモデルとして、カルチュア・コンビニエンス・クラブ株式会社のTSUTAYA事業が挙げられます。TSUTAYAでは、レンタルCD/DVDのみを扱うレンタル単独店舗で1億1000万円と非常に高額な初期投資が求められます。一方で商材がレンタルCD/DVDに特化しているため、店舗での作業は非常に単純です。飲食店のようにライセンスや（調理師免許を持ったシェフのような）特殊な従業員は必要ありません。TSUTAYAも全店舗のうち90%以上がFCです。さらにTSUTAYAではオーナーが法人に限定されています。このように、TSUTAYAでも「商材を特化したビジネス」が法人の加盟者に提供されているのです。

調査・作成：笠井拓実・田中佑樹・佐藤綾香／アドバイザー：流石麻莉奈・田淵光祐／監修：井上達彦・坂井貴之

CASE 09

# ビズリーチ

絞り込みと情報公開によってマッチングを最適化する

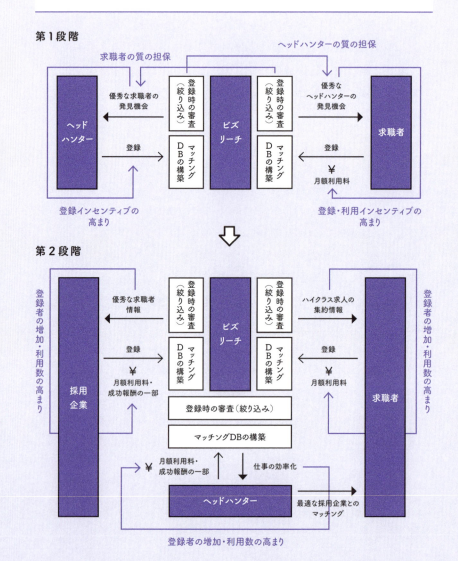

## 段階的なプラットフォームの構築

「求めているのは即戦力」というキャッチフレーズを耳にしたことがある人は多いのではないでしょうか。厳選された国内外の優良企業や一流ヘッドハンターからスカウトが届く、即戦力人材向けのハイクラス求人サイト、それがビズリーチです。

本来、ハイクラス人材の転職市場では、採用企業と求職者の間にヘッドハンターが仲介して斡旋するのが一般的でした。ヘッドハンターが人材を発掘してくれることによって、求職者の質が担保されるのです。そのため、採用企業はヘッドハンターに、良い人材を紹介してくれた報酬を支払っていました。具体的には、企業に採用された人物がこれから受け取る年収の約30〜50%を、ヘッドハンターは報酬として受け取るのです。

また、求職者の立場からすると、今から十数年前の転職業界では、ヘッドハンターを見つけることは難しい状況でした。ヘッドハンターと求職者が接触するためには、ヘッドハンティングされた経験のある知人からヘッドハンターを紹介してもらうか、インターネットで人材紹介会社を探してアプローチするのが主流でした。しかし、日本では年収1000万円以上の求人情報が集約されているサイトは存在しておらず、ハイクラス人材の転職市場は十分に機能していませんでした。

実際にビズリーチの創業者である南壮一郎さんがモルガン・スタンレーを退職し、楽天イーグルスの立ち上げに携わった後に転職活動したときも、複数のヘッドハンターから、それぞれ違う職種を勧められたそうです。このように、求職者がより多くの求人と出会うためには、複数のヘッドハンターと会う必要があり、手間と時間がかかっていました。

ハイクラスの転職市場は、求職者が直接ヘッドハンターや採用企業の

情報を見ることが難しく、さらに採用企業も直接求職者の情報を見ることができない状況だったのです。

　そこで、情報の可視化を実現したのがビズリーチです。同社は、今までオープンにされていなかった求職者と採用企業の情報を可視化するため、マッチングサービスを段階的に構築していきました。まず、ヘッドハンターと求職者のマッチングを促すためのデータベースを構築しました。彼らが互いの情報を見て相手を選べるようにしたのです。次に、そこに採用企業を加え、求職者とヘッドハンター・採用企業が最適なマッチングができるようにしました。以下で詳しく見ていきましょう。

## 第1段階 求職者とヘッドハンター向けのデータベース構築

　マッチングサービスを活発にするには、求職者とヘッドハンターの質と量を確保する必要があります。そのためにビズリーチが工夫したことは2つあります。

　まず第1に、ビズリーチは質を維持するために審査を行いました。サービス登録時に求職者、ヘッドハンター、両者ともに一定の条件を満たしているかを審査したのです。これによってハイクラスな人材と優秀なヘッドハンターが出会える場を、日本で初めてつくり出すことに成功しました。

　第2に、ビズリーチはヘッドハンターの登録者数を増やすために、彼らが無料でこのサービスを利用できるようにしました。良質なヘッドハンターがたくさん集まれば、良質な求職者もたくさん集まります。実際、このサービスを利用する求職者は増えていきました。

## 第2段階 採用企業も含めたデータベースの構築

　次に、ビズリーチは第1段階でつくり上げたデータベースに、採用企業を加えました。すでにデータベースには優秀な求職者が数多く登録されていたので、それを採用企業に利用してもらうことにしたのです。

　もともと企業側もハイクラス人材の採用には頭を悩ませていました。一般事務社員については、人材データベースとマッチングのサービスがありましたが、年収1000万円を超えるような人材についてはそのようなものがありませんでした。それゆえ、ハイクラス層を求める採用の求人を出すとそれに対して大勢の求職者が集まってしまい、採用に時間もコストもかかっていたのです。優れた人材が転職先を求めて数多く登録しているビズリーチの人材データベースは、ハイクラス人材を求める企業にとっても宝の山となり、採用企業は、ビズリーチに集まるようになりました。

　ビズリーチは、採用企業についても審査をしてから掲載します。この絞り込みがあるためにビズリーチのサイトには、良質の企業、良質の求職者、良質のヘッドハンターが集まるという好循環が生まれました。こうしてビズリーチは、採用企業・ヘッドハンターともにデータベースを閲覧して求職者を探し出せる、ハイクラス求人の最適なマッチングプラットフォームの構築に成功したのです。

　またビズリーチは、採用企業が求職者を直接スカウトして採用することも可能にしました。これは、ダイレクトリクルーティングと呼ばれる、企業が「欲しい」人材を獲得するために、あらゆる手段を主体的に考え、能動的に実行する採用活動の1つです。

　注目すべきは、第2段階への移行とともに収益を上げるキャッシュポイントを増やしたという点です。まず、第1段階から引き続き、求職者

から利用料を受け取っています。次に、ヘッドハンターからも月額利用料と成功報酬の一部を受け取ることができるようになりました。最後に採用企業からも月額利用料、ならびにマッチングの成功報酬を受け取ることができるようになりました。キャッシュポイントの豊富なビジネスモデルといえます。

## パターン化と異業種の類似ビジネス

ビズリーチのビジネスモデルの本質とは、いったい何でしょうか。一言でいえば、市場に出回らなかった財（ハイクラス求人と求職者）を、ユーザーの絞り込みと段階的な情報の透明化によって、マッチングの場に出回るようにしたモデルです。これは、仲介役が情報を握っている業界に移転できるといえます。

たとえば、不動産業界においても、超優良物件などについて同じような状況が残っているようです。不動産会社のみが購入希望者と売却希望物件の情報を知ることができる状態で、仲介を進めています。もし、ビズリーチのように市場を可視化できれば、家・土地を買いたい人と、家・土地を売りたい人との最適なマッチングが可能になるかもしれません。

作成：天井千裕／調査：深澤玲香・蛯名美月／アドバイザー：樫本真由・近藤祐大・坂井貴之／監修：井上達彦

CASE 10

# ビジネスモデルの描き方
## Airbnbを分析してみる

　最後に、皆さんがよくご存じのAirbnbを用いて、ビジネスモデルの描き方を説明します。コツさえつかめれば、学部学生でも作成することが可能です。

　Airbnbは、民泊施設を貸し出す人とそれを借りる人とをつなぐマッチングプラットフォームです。ウェブサイトには、世界中のユニークな宿泊施設が掲載されています。そこで過ごしたい人は、ネットや携帯、タブレットで宿泊物件を見つけ、簡単に予約できます。このようなマッチングから手数料を取ることで、Airbnbは成長してきました。このビジネスモデルはどのように描くことができるでしょうか。4つのステップで説明することにしましょう。

## STEP 1 プレイヤーを描く

まず、分析対象となる当該企業、顧客、サプライヤーを描きます。Airbnbのビジネスに登場するプレイヤーは、「Airbnb」、スペースを提供してくれる「ホスト」、利用者である「ゲスト」の3者です。

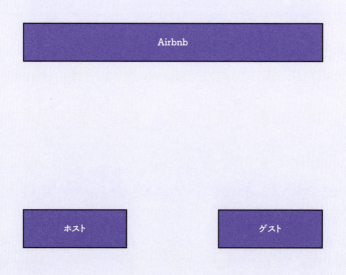

## STEP 2 プレイヤー同士の関係を探る

次に、プレイヤーを最適な形で配置して、それらの関係を矢印でつなぎます。プレイヤー間の関係は、ある物品を渡し、対価を支払うなど、基本的には交換関係になるので、双方向の矢印となることがほとんどです。

矢印でつないだら、モノ、情報、カネがどのように流れているかを記しましょう。そして、どのような価値が生まれているのかを明記します。

ホストがAirbnbに物件を登録するのは、遊休資産を活用して手軽な

収入機会が得られるからです。都心部などに物件を所有していても、必ずしも利用されているとは限りません。長期旅行中などは空き家でしょうし、家にいたとしても空いている部屋もあります。このような遊休資産を第三者に利用してもらうことで「手軽な収入機会」を得ているのです。

一方、ゲストがAirbnbを利用するのは、手頃な価格で「ユニークな体験」ができるからです。Airbnbの提供する体験は、ホテルのそれとはまったく異なったものです。ホテルとは異なり、その土地の生活を体感することができます。

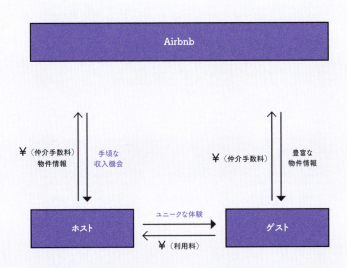

## STEP 3 戦略的打ち手を言い当てる

ビジネスモデルを「ピクト図解」(第4章を参照)のような形で描くことができれば、次は、そのモデルをどのようにしてつくり出したのかを検討します。Airbnbの場合、成功のカギはホストを集めることです。

ホストが集まれば宿泊物件は豊富になり、ユニークなものも増えますし、ゲストも集まります。

そこで、Airbnbは、ホストを引きつけるために「手軽な収入機会」を与えました。素人であるホストが面倒に感じることをすべて取り除いたのです。具体的には、「決済代行」したり「撮影代行」することで素人でも収入が得られるようにしました。また、ゲストとホストが、サービス利用後に互いを評価し合う「相互レビュー制度」を導入しました。これによって、ホストは安心して自身の物件を貸し出すことができ、ゲストも安心して部屋を借りることができるようになります。

これらの工夫のことを戦略的な打ち手と呼びます。すなわち、ビジネスモデルをつくり上げ、好循環を生み出すためのアクションです。ビジネスモデルの構築をストーリーとして語るとき、具体的な打ち手は欠かせません。

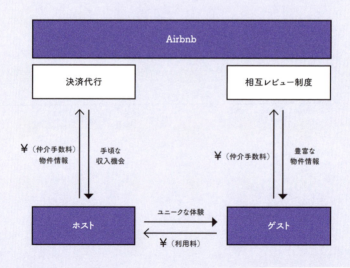

## STEP 4 好循環を描き出す

　戦略的打ち手がわかれば、最後にその打ち手がどのような連鎖反応を引き起こすのかを考えます。優れたビジネスモデルの場合、打ち手がビジネスモデル構築のボトルネックを解消し、連鎖反応を引き起こして好循環をもたらします。

　Airbnbの場合、決済代行によりホストへ手軽な収入機会という価値を与え、豊富な物件情報を集めることに成功しました。その結果、ゲストの特別な体験ができるという価値につながり、ゲストが増加しました。その結果、ホストの収入機会が増えて、さらにホストが増加するといったネットワーク効果をもたらしたのです。また、プレイヤーが増えれば増えるほどプラットフォームの価値も増大し、Airbnbは世界中に名を知られる存在となりました。

　価値と価値をもたらす打ち手が適切に表現できていれば、それをつなぐフィードバックループも自然に描くことができます。フィードバックループを描くことで、ここまでの分析が適切であるか否かを検証できます。フィードバックループがうまく結べない場合、ストーリーとしてうまく語れないということを意味します。価値や打ち手が適切に描き出されているか、もう一度確かめてみましょう。

　ちなみに、STEP 2〜4の手順は行き来しながら描くものです。ビジネスモデルの強みが明らかになる論理、ストーリーが描き出せるまで試行錯誤しながら描いてみましょう。

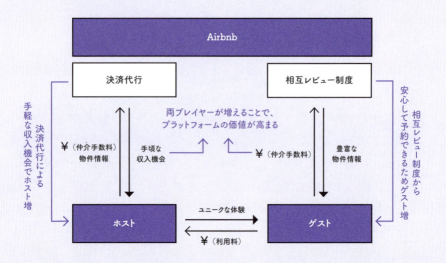

### パターンの抽出

　このように分析されたビジネスモデルは、他の分野（業界）に転用できる可能性があります。どのような特徴があり、どのような分野（業界）に転用できるか、複数の視点から考えてみましょう。

　Airbnbのビジネスは、一言でいえば、それは「遊休資産を良質なプラットフォームによってお金に変えるビジネス」です。

　これと似たサービスに、メルカリやUberが挙げられます。

**メルカリ**

　メルカリは、ネット上のフリーマーケットサービスで、不要となった私物を提供したいユーザー（出品者）と、商品を買いたいユーザー（購入者）をマッチングする場を提供し、仲介手数料により収益を得ています。

メルカリもAirbnbと同じように、決済代行と相互レビュー制度によって、プラットフォームの構築に成功したといえるでしょう。面倒な決済手続きをメルカリが行う、また、スマホ1つで出品を行えるといった手軽さが、出品者の参入障壁を下げています。さらに、出品者と購入者がお互いにレビューし合う仕組みになっているため、出品者は虚偽の出品を行うことはできませんし、購入者がわざと出品者をおとしめることもできません。

　手軽に私物を収入に変えることができるために出品者が増え、メルカリには多くの商品が集まります。提供する商品を自社で集めようとすると多くの費用を必要としますが、メルカリは、出品者の遊休資産を商品とすることで、少ない費用で多くの商品を集めています。

　また、ネット上でも安心して個人から商品を購入できるため、購入者が増えます。購入者が多くいれば、出品すれば売れる確率が上がるため、さらに出品者が増えます。そのため、プラットフォームの両サイドのプレイヤー数が循環的に増加し、メルカリというプラットフォームの価値は高まり続けるのです。

## Uber

　Uberは、一般のドライバーが空き時間に自家用車を用いて、ユーザーを目的地まで運ぶサービスです。手軽な収入機会を得たいドライバーと、移動手段を得たいユーザーをマッチングする場を提供し、仲介手数料により収益を得ています。

　Uberの重要な打ち手も、決済代行と相互レビュー制度といえるでしょう。ユーザーは現金で支払い手続きを行うのではなく、クレジットカードを通してドライバーに料金を支払います。これによってドライバーは、単にユーザーを運ぶだけで収入を得ることができます。さら

メルカリ

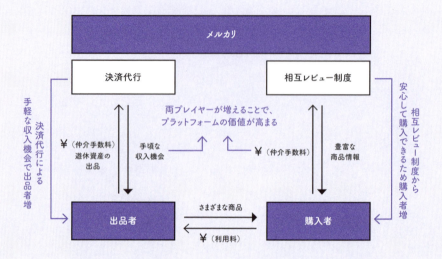

Uber

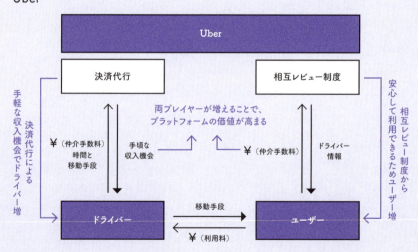

に、一般ドライバーがプロのタクシードライバーのような役割を担うため、Uberも相互レビュー制度を導入することで、ドライバーの信頼性を担保しています。こうすることで、Uberのドライバーは自身の遊休資産を活用して手軽な収入機会を得ることができ、ユーザーも安心してUberのサービスを利用することができます。そのため、ドライバーもユーザーも集まり、プラットフォームとしてのUberの価値は高まるのです。

　以上のように、分析することで特徴を抽出して、他業界や他分野のビジネスに転用できることがわかりました。このようにフレームワークを用いて、ビジネスモデルを分析・理解することで、各ビジネスモデルにどのような特徴があり、どのような領域に転用できるのかが考えやすくなります。

調査：村田彩嘉・小島紗季・藤田大輝／作成：村田彩嘉・天井千裕／監修：井上達彦

**付録2**

# 発想法のワークショップ

## 1 遠い世界からの模倣

　まず、「遠い世界からの模倣」をするための手法を紹介しましょう（第6章参照）。この手法はアナロジーとして紹介されることも多く、[*1] 海外の先端プログラムで必ずといってもよいほど紹介されています。学術的な研究も蓄積されていて、標準的な手法も確立されています。

### ① お手本事例の収集

　第1のステップは、事例の収集です。まず、参考になりそうな事例を集める必要があります。もし、業界の常識を覆す知見が含まれた事例を見つけることができれば、それは幸運です。その中に、イノベーションを引き起こすヒントが隠されている可能性が高いからです。

新規性を高めるためには、事例は遠い世界から見つけてくるのがよいのです。地理的に離れた事例、異業種の事例、遠い過去の事例。知的好奇心をかき立て、普段付き合っていないような人とも話し、さまざまな会合に足を運んでお手本を探すべきでしょう。KUMONが国連の会議でイギリスのピーターバラ刑務所のモデルを探し当てたのも、このような探索行動があったからです。

## ② カード／シートへの記入

　第2のステップは、それぞれの事例を1枚のカードやシートに記述したり要約したりするという作業です。

　事例は文章で記述すると同時に、第4章で紹介した「事業コンセプト分析」「ビジネスモデル・キャンバス」「価値交換図」「ピクト図解」など、さまざまな枠組みを使い分けて整理してください。

　第4章で紹介したように、誰に、何を、いかに提供するかを示す事業コンセプト分析は、個別の企業の特徴を描きやすい反面、ビジネスモデルの構造を描きにくいという弱点があります。最初に、ラフな絵を描くときに使うのに便利です。その点、箱と矢印で表現する図は、提供価値と収入の流れを構造として描きやすいため、最終段階でも活用できます。

　また、抽象と具体の往復運動を行うためには、詳細な記述と要約の双方が必要となります。これも第4章で紹介したように、ビジネスモデルをどれだけ詳しく記述するかという解像度にもこだわるべきです。カードやシートの表面に要約、裏面に詳細な記述というように工夫してもよいでしょう。抽象と具体の往復運動ができるように、ビジネスモデルの見えにくい構造をうまく描き出してください（図1）。

**図1　お手本事例の収集とカード化**

| ケース 1 H&M | ケース 2 デル | ケース 3 ZARA | ケース 4 ダイソー |
| --- | --- | --- | --- |
| ケース 5 アップル | ケース 6 セブン - イレブン | ケース 7 JINS | |

## ③ グルーピング

　続く第3のステップは、グルーピングです。表面的な類似性にとらわれることなく、似た者同士を集めてください。ビジネスモデルの模倣を行う場合は、第6章のクイズのように、見えにくい構造部分に注目する必要があります。同じSPA型モデルのビジネスを業種を問わず集めたとしても、本質的な部分が異なる可能性があるので十分に吟味すべきです。

　また、同じ事例であっても複数の顔を持つことがあります。視点が違えば、どこにグルーピングされるかも違うわけです。それゆえ、グルーピングは、視点を変えながら、できれば複数の人の目で何度か繰り返して行うのが理想的です。

## ④ ラベル付け

　第4のステップは、ラベル付けです。ラベルは、語句よりも短い文章

のほうがよいとされます。しかし、それ以上に大切なのは、ビジネスの特徴を十分に表現できているか否かです。後でこのラベルを眺めてアイディア発想するので、五感も大切にしましょう。

たとえば、H&M、ダイソー、JINSをグルーピングするときに「多品種大量生産」というラベルは正確ではありません。語句であれば、「多品種・大ロット生産・売り切り型」とすべきでしょう。短い文章であれば、「多品種の商品を外部委託で大ロット生産し、追加生産せずに完売をめざす」というようなものになります（図2）。

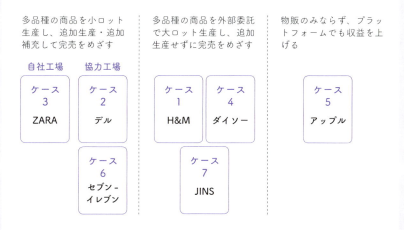

図2 グルーピングとラベル付け

## ⑤ お手本の除外と選別

第5のステップは、お手本候補からの除外と選別です。お手本になると思った事例でも、よく調べてみると、お手本になりにくいと判明する

ことがあります。このような事例は、この段階で除外しておいたほうがよいでしょう。

　たとえば、将来的にめざす姿であっても、今の段階では必要な経営資源が準備できない場合があります。自社が置かれた状況にそぐわない場合や、すでに同じモデルが競合他社によって実現している場合もあり、さまざまな状況が考えられます。お手本のモデルが成り立っている脈絡や前提条件まで、もう一度見直してほしいのです（図3）。

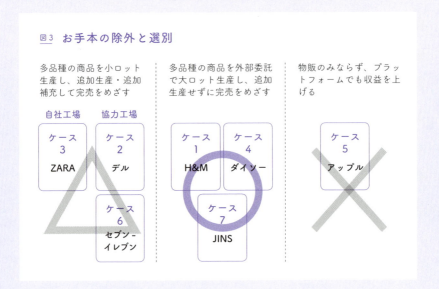

図3　お手本の除外と選別

## ⑥ お手本を自社ビジネスへ適用する

　お手本の除外と選別が終われば、自社への適用へと進みます。これにはいくつかの方法があります。以下に3つの方法を示しましたが、そのいずれか（もしくは複数）を選んで適用しましょう（図4）。

図4 お手本を自社ビジネスへ適用する

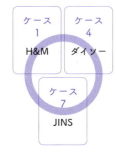

- グループの中の単独の事例を選んで適用
- グループの中の複数の事例を組み合わせて適用
- グループの本質を示したラベルから発想

「まさに、これだ」と思える事例が見つかったならば、とても幸運です。その単独の事例を徹底的に模倣してアイディアを発想すればよいからです。成功しているビジネスモデルを徹底的に観察し、どの要素とどの要素が結びついて構造をつくっているかを見極めてください。お手本が1つの完成されたシステムとなって機能しているという前提で、そのまま模倣してみてもよいでしょう。

しかしながら、このようなお手本がすぐに見つかることは、稀かもしれません。ある部分は参考になっても別の部分は自社の状況にそぐわないという場合もあるでしょう。そのような場合は、いくつかのお手本事

例を組み合わせてビジネスモデルをつくり上げることもできます。このとき、同じグループの中での組合せで対応できないかを考えましょう。基本的には同じ構造となっているので、組合せも比較的容易です。

しかし、グループをまたがって組み合わせる場合は、細心の注意が必要です。うまく組み合わせないと1つの仕組みとして機能しにくいからです。

最後に、事例をいくら組み合わせてもしっくりこない場合は、ラベルから発想してみましょう。抽象化された言葉からインスピレーションを得たほうが、アイディアを発想しやすい場合もあります。

状況に合わせて、3つの方法をうまく使い分け、お手本を自社のビジネスに適用してください。

# 2 優れたお手本を反面教師にする

## 逆転の発想

次は、お手本を反面教師にしてビジネスアイディアを発想する方法について紹介しましょう。逆転の発想は、先に紹介したアナロジーと同様、海外の先端プログラムでも盛んに行われている発想法です。演習としては身近なものが望ましいので、レストランを題材にして、標準的な手法を3つ紹介することにします。

## コンセプトの逆転

コンセプトの逆転というのは、そのビジネスの本質や主要な諸特徴を

「逆さ」にすることでアイディアを創造する方法です。

　まず、第1のステップとして、既存のビジネスの本質や特徴を洗い出します。ここで選ぶべきは、将来のライバルになりうるビジネスで、なおかつ際立った特徴を持ったものです。伝統的なもの、あるいは尖ったものを選んで、その本質的な特徴を記入してください。

　第2のステップは、その逆を記入するというものです。ここでは、単純に逆を書き出してみましょう。「〜がある」に対しては「〜がない」、「…が高い」に対しては「…が低い」というように、既存のビジネスの特徴を逆さにしてみてください。

　たとえば、あなたが美味しいレストランを営もうとしているとします。近くのフレンチレストランを調べたところ、その特徴が「極上の雰囲気とサービス」であったとすれば、その逆として「月並みの雰囲気とサービス」と記入してください。

　ただし、単純に逆を書き出したとしても価値が生まれるとは限りません。それゆえ「〜がない」、あるいは「…が低い」ということに積極的な価値を持たせなければなりません。第3のステップでは、逆にすることで価値を生み出すためにはどうすればよいかを考えてください（図5）。

　たとえば、「月並みの雰囲気とサービス」についていえば、気軽さや

## 図5　コンセプトの逆転

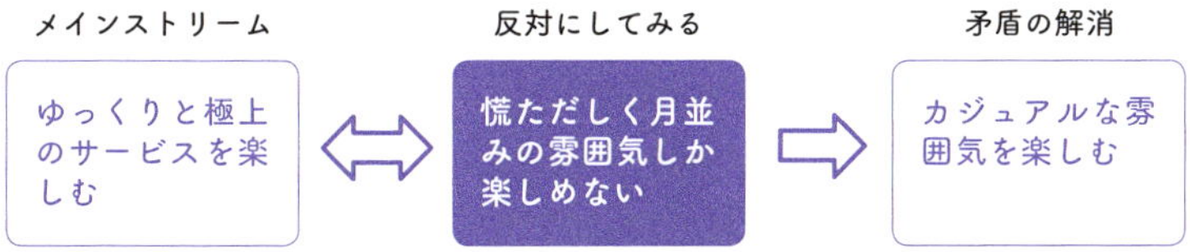

| メインストリーム | 反対にしてみる | 矛盾の解消 |
|---|---|---|
| ゆっくりと極上のサービスを楽しむ | 慌ただしく月並みの雰囲気しか楽しめない | カジュアルな雰囲気を楽しむ |

カジュアルさと置き換えてください。伝統的なフレンチレストランは敷居が高いものです。せっかくのおいしい料理も、リラックスして食べることができないと嘆く人も多いはずです。できるだけ安く、肩肘張らずに、ワイワイと楽しめるフレンチレストランにしてみてはどうでしょうか。フルコースのディナーではなく、ちょい呑み感覚でおいしいものを食べることができれば、来店しやすくなります。こうすれば、客単価は低くても回転率を上げることができそうです。

## ポジショニングマップ

　逆というのが一義的に決まらないのであれば、ポジショニングマップを用いてもよいでしょう。ポジショニングマップとは、一般的には、他者と自分の相対的な位置づけを2軸上から示した図のことを指します。そのビジネスの本質を示すコンセプトを一言で表すのではなく、主要な特徴を2つ3つ選び出してください。手順は次のとおりです。

　まず、第1のステップで、競合相手のビジネスのさまざまな特徴を洗い出します。価格、製品サービスの特徴、顧客の属性などが主要な軸となります。すでに自社がその業界に参入しているのであれば、自社の特徴も示しておいてください。可能であれば、そのビジネスを代替してしまうような製品やサービスについても確認しておくべきです（図6）。

　第2のステップでは、洗い出した特徴で重要なものを2つ選び、2軸マトリクスを描き出します（図7）。価格と顧客の属性、価格と製品の特徴、製品の特徴と顧客の属性、というように組み合わせ、競合たちを位置づけてみましょう。フレンチレストランの例でいえば、「値段が高い／安い」「ゆっくりとくつろげる／気軽に立ち寄れる」「富裕層／一般の人々」という軸の組合せになります。

　第3のステップで、マップ上で競合がひしめき合わない空白を見つけ

付録 2　発想法のワークショップ

図6　ワークシート

|  | | 比較項目 | | |
|---|---|---|---|---|
| 競合相手 | 商品特性 | 価格 | 顧客属性 |
| 自社 | | | |
| A社 | | | |
| B社 | | | |
| ・ | | | |
| ・ | | | |
| 代替商品 | | | |
| ・ | | | |
| ・ | | | |

1. 競合相手のリストアップ
2. 特徴の書き出し
3. 比較表の作成

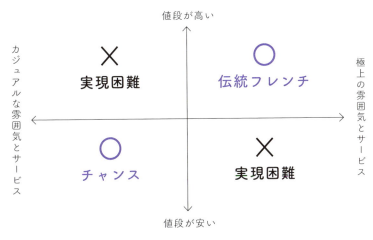

図7　ポジショニングマップ

て、商売が成り立つかどうかを確認します。市場に空白があるとすれ
ば、何らかの理由があるはずです。そもそも顧客のニーズがなかった
り、ニーズはあっても技術的に実現するのが難しかったりします。入念
にチェックしておく必要があります。

　もし、市場が発展途上にあり、そうであるがゆえに空白が残っていれ
ば幸運です。自社が持っている技術や資源と照らし合わせて、参入を検
討すべきでしょう。

### バリューカーブ

　ビジネスの特徴が多岐にわたるようであれば、ポジショニングを2軸
で描くのは難しくなります。このような場合、チャン・キムとレモ・モ
ボルニュが提唱するバリューカーブを作成してみることをお勧めしま
す。バリューカーブとは、競合他社と自社の価値提案の違いを折れ線グ
ラフにして対比させたもので、横軸にサービス内容や顧客のニーズ、縦
軸にその高低のレベルを示したものです。

　第1のステップは、ビジネスの特徴を洗い出すことから始まります。
バリューというのは顧客から見た価値のこと、裏を返せばそのビジネス
の価値提案のことを指します。対象とする顧客が何に価値を感じるのか、
彼らの目線で表現すべきでしょう。たとえば、フレンチレストランでい
えば、「最高のサービス」「ゆっくり楽しむ」「値段が高い」「豪華な雰囲
気」「広々とした店内」「食材の品質を補う味付け」などが大切にされて
きました。これを価値の軸上にプロットして、既存のビジネスを整理す
るのです（図8）。

　第2のステップは、これをベースに逆転の発想をする段階です。価値
のポイントをつないだものが曲線として描かれているわけですから、逆
位相の曲線を描いてみればよいのです。フレンチレストランでいえば、

図8 特徴の書き出しからの逆転

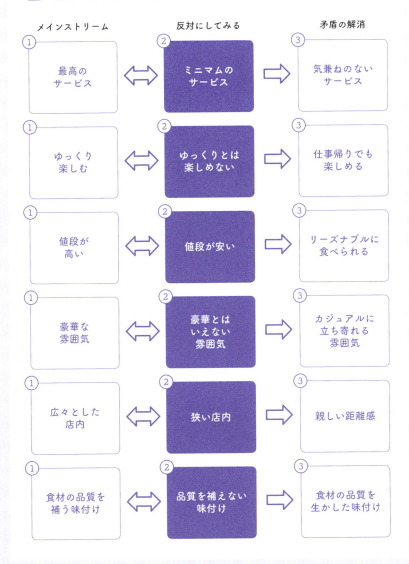

逆位相は「ミニマムのサービス」「ゆっくりとは楽しめない」「値段が安い」「豪華とはいえない雰囲気」「狭い店内」「品質を補えない味付け」となります。

第3のステップは、新しい価値提案の探索です。先述のように単純に逆にするだけでは価値は生まれません。安い値段や高品質の食材は良いとして、「ミニマムのサービス＝気兼ねのないサービス」「ゆっくりと楽しめない＝仕事帰りでも楽しめる」「豪華とはいえない雰囲気＝カジュアルな雰囲気」「狭い店内＝親しい距離感」というように表現を置き換える必要があります。

さらに、これまで拾いきれなかった顧客層に目を向けてみてください。新しい顧客に新しい価値を提案するということは、新しい市場を創造することを意味します。単純に、既存の顧客、すなわち「富裕層」を逆転させて「一般の人々」としてみてもよいでしょう。

第4のステップでは、新しい価値提案を実現するために知恵を絞る必要があります。実は、既存のビジネスの逆だけだと新機軸は生まれません。「一般の人々」が魅力を感じる新しい価値の軸を加え、一般の人々にとって過剰な価値の軸を取り除く必要があります。

そもそも、これまでの価値提案に新しい価値を上乗せしていては、コストがかさむばかりです。何を加えて何を削ぎ落とすのかを真剣に考える必要があります。価値の軸ごと追加したり削減したりするという大胆なアクションが必要なときもあれば、軸は残しつつ増減して対応するアクションで済む場合もあります。新しい顧客を念頭に置いて、アクションマトリクスを片手に価値提案を工夫してください（図9）。

新しいフレンチレストランの場合、狭い店舗なら居酒屋風とします。立ち食いのスペースを設けて、回転率を高めます。これによって高価な食材を安価で提供することが可能になります。おいしくてリーズナブル

## 図9 アクションマトリクスの例

| 取り除く | 増やす |
|---|---|
| 最高のサービス<br>ゆっくり楽しむ | 食材の品質<br>ゆっくり楽しむ |
| **減らす** | **付け加える** |
| 値段<br>豪華な雰囲気<br>広々とした店内 | 立ち食いスタイル<br>提供するスピード<br>オープンキッチン |

な価格で人気の「俺のフレンチ」がこのような逆転の発想で、新しいビジネスをつくり上げています。

俺のフレンチは「低価格で手軽な高級フレンチ」というコンセプトを実現させました。私たちの調査でも、「どこかで飲んだ後、2軒目としてフラッと寄れる」「素材が良いものをリーズナブルに食べられる」「高級店にはない手軽さ、引けをとらない確かな味」「高級店より料理が早く提供されるし、お箸で食べられるのがいいね」というような声を聞くことができました。[2]

一般的な高級フレンチレストランですと、食材にかけられる費用は原価の30％以下に抑えられているものですが、俺のフレンチでは食材費を惜しみません。店舗面積の縮小、内装の簡素化、設備費の削減などによってコストを減らした分を食材に充てているからです。オープンキッチンにすることによって、顧客には開放感を与えると同時に、シェフには顧客の反応を見ることができるというメリットを与えています（図10）。

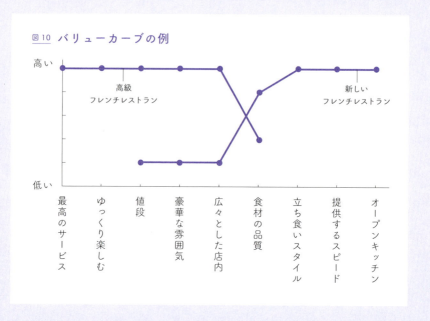

図10 バリューカーブの例

# 3 ブラケティングによる観察

　観察やインタビューをするとき、それに先立って、ブラケティングをして心の準備をすることはとても大切です。ここでは、ブラケティングの方法と観察のポイントについて紹介しましょう。観察やインタビューというと、形式ばった感じがしますが、ちょっとしたリサーチや日常の仕事の中でも使ってください。

## ① 知っていることを書き出す

　まず、ブラケティングに先立って、自身の先入観やバイアスを意識し

て、書き出す必要があります。

　ブラケティングに詳しい広島大学客員准教授の川瀬真紀さんは、学術調査をするときに、ボイスレコーダーに自分がその対象について知っていることを吹き込むそうです。言葉にすることで、自分が当たり前と感じていたことを自身で意識できるようになります。そして、ボイスレコーダーの中に閉じ込めたという気分にもなります。早稲田大学のワークショップでも、この方法を紹介しています。

　ビジネスアイディアを見つけるために、顧客の行動観察などをするときも同じです。ボイスレコーダーに録音しても、メモに書き出してもよいでしょう。パートナーがいれば、その人に話をして、聞いてもらうだけでも効果があります。

　チームで調べ物をするときは、1人1人が知っていることを書き出すとよいでしょう。付箋に書き出し、順番に1枚ずつ紹介していきます。Aさんが知っていること、Bさんが知っていること、Cさんが知っていること、というように一巡したら、また、Aさんが知っていること（2つ目）を紹介するという具合にです。

　メンバー全員がブラケティングする必要があります。それゆえ、「とにかく書き出して貼り付けよう」という姿勢ではなく、丁寧に行ってください。

　もちろん、ホワイトボードを使って書き出してもいいですし、メンバーが知っていることを順番にボイスレコーダーに録音するのでも十分でしょう。

## ② ブラケティングする

　次に、書き出したことをブラケティングして脇に置きます。意識的に

「意識しない」ということなので、それを象徴するようなことをすればよいのです。書き出した紙を裏返しにする。録音したボイスレコーダーを机の脇に置く。先入観を完全に払拭するのは不可能だと理解しつつ、その先入観に無意識にとらわれることがないようにするのです。

ちょっと面倒に思えるかもしれませんが、自分の知っていることを外に出しておくことは大切です。無意識のうちに、言葉にも出さずにそのままにしておくと、「うん、うん」と、わかっているつもりになってしまいます。わかっていないことも多いので、言語化したり視覚化したりして、自分の考えや見方を頭や心の外に出しておきましょう。

## ③ マインドセットを確かめる

実際に観察に行く前に、マインドセットを確かめておきましょう。観察で最も大切なのは、第8章で紹介したように下記の5つです。初学者は最初の3つを意識してください。

- ・ありのままを受け止める
- ・すぐに判断しない
- ・すべてに疑問を持つ
- ・好奇心旺盛でいる
- ・パターンを見つける

観察に行く前に、自分はどれだけできるのか、表1の自己チェックシートの「ビフォー」の欄に10点満点で点数をつけてみてください。たとえば自己評価の結果、「すぐに判断しない」ができていないとします。今回の観察は、そこに焦点を絞りましょう。観察から帰ったら、そ

表1 自己チェックシート

**使い方**

フィールドに出るときは、このシートとペンを持って行きましょう。
観察のマインドセット（心構え）を意識しながら、動作や様子を記録します。

**観察のためのマインドセット〈ビフォー＆アフター〉**

| マインドセット | ビフォー<br>1〜10点 | アフター<br>1〜10点 |
|---|---|---|
| **ありのままを受け止める**<br>自分の中の「当たり前」と思われることを、いったん「横」に置き、人（ユーザー）の行動をそのまま、ありのまま見る | | |
| **すぐに判断しない**<br>事実を正確に把握する前から「人（ユーザー）はこう思っている」とすぐに判断しない | | |
| **すべてに疑問を持つ**<br>どんな小さなことにも疑問を持つ。特に、すでに知っていると思うことに疑問を持つ。子どもが「なぜ空は青いの？」と尋ねるような感覚を持つ | | |
| **好奇心旺盛でいる**<br>驚きとワクワクする気持ちを大切にする態度を忘れないようにする | | |
| **パターンを見つける**<br>興味を引く人（ユーザー）の行動パターンを見つける。繰り返しのパターンがあるかを見てみる | | |

（出所）一般社団法人デザイン思考研究所「観察ワークシート」をもとに作成

れができたかどうかを確認して、「アフター」の欄に自己評価の点数を記入してください。

慣れないうちは、最初から5つのマインドセットのすべてに取り組む

べきではありません。1回の観察において、1つに絞って取り組むぐらいがよいと思います。

　観察というのは継続的な作業なので、以前よりもうまくできるようになったかどうかを自己評価することが大切です。自己評価ができればスキル向上につながります。観察のときには気づかなくても、あとで自己評価したときに「まだ、判断しているな」とわかることがあります。チームで行うときは、メンバーで互いにチェックし合うとよいでしょう。

## ④ 観察する

　いよいよ観察のフィールドに出ていきます。観察のポイントは、すでに紹介したとおりです。見た、ありのままの部分と、推測の部分や前提条件を分けて記述することが大切です。

　たとえばある男性が、片手で荷物を持ちながらドアを引いて開けている、としましょう。まず、具体的なこととして、図11のワークシートの誰がの項目に「男性Ａ」と書き、何をしているかの項目に、「片手に荷物を持ちながらドアを引いて開けている」と、そしてどのような様子かの項目に、「荷物を気にして、面倒そうな顔をしている」とそれぞれ記入します。

　そのうえで、気持ち、理由などを具体的な記録から解釈します。なぜそうなのか（人の気持ちを考える）の項目に、「ドアを引くのではなく、押して入れればよいのにと思っている」というようなことを記入するのです。

　このワークシートは、観察の後に整理するのに役立ちます。実際に観察している最中は、必ずしもノートがとれるわけではありません。周囲から浮いてしまったり怪しまれたりしないように、覚えておいて、後で

付録 2 発想法のワークショップ

図11 観察ワークシート

3つの視点から順番に、人々（ユーザー）の行動を記録しましょう

日時：
観察：

具体的 ⟵⟶ 気持ち、理由

| | 具体的なコトを記録する | | 気持ち、理由などを 具体的な記録から解釈する |
|---|---|---|---|
| 誰が | 何をしているか | どのような 様子か | なぜそうなのか （人の気持ちを考える） |
| 男性A | 片手に荷物を持ちながらドアを引いて開けている | 荷物を気にして、面倒そうな顔をしている | ドアを引くのではなく、押して入れればよいのにと思っている |
| | | | |
| | | | |
| | | | |

（出所）川瀬真紀・井上達彦の合同ワークショップ資料（Stanford University Institute of Design "bootcamp bootleg"、イトーキオフィス総合研究所・一般社団法人デザイン思考研究所『デザイン思考ファシリテーション・ガイドブック』をもとに作成）

メモをしなければならないことも少なくありません。

　頭に留めておくにしても、ノートにメモをとるにしても、具体的なコトの記録と気持ちや理由の解釈とが同時に頭をよぎることがあります。このような場合は両方とも書き留めておいて、後から分けてもよいでしょう。推測なのか記述なのか。観察の最中でなくても、明確に分けておくべきです。

## ⑤ 観察結果を書き出す

　常に現場でメモできるとは限りません。観察の現場でメモをとると不自然に思われることも少なくありません。そもそも、観察するときは観察に集中し、メモをとれる環境でメモをとるべきです。そして、少し落ち着いた環境で、そのメモをもとに観察してきたことを付箋に書き出しましょう。

　私がワークショップを行うときは、観察ワークシートに直接記入してもらうのではなく、この項目に仕分けられるように、付箋に記入してもらいます（図12）。

図12 **観察後の意見交換**

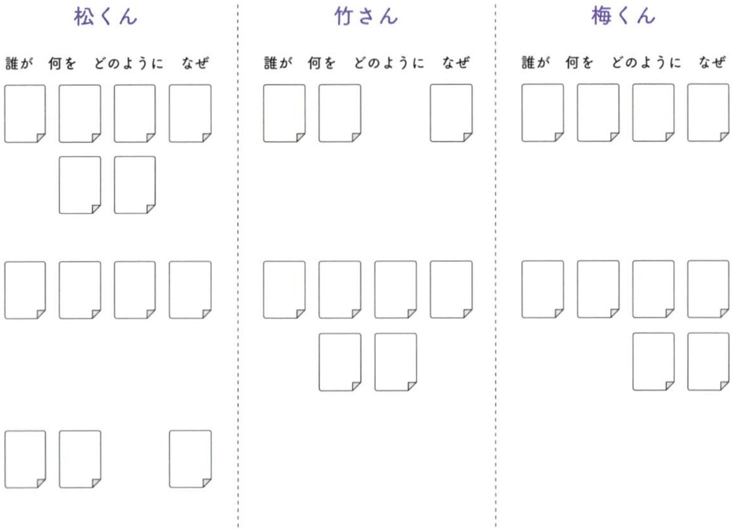

## ⑥ 観察結果を吟味する

　チームで観察してくると、たとえ同じフィールドを観察してきたとしても、そもそもの関心がメンバーで異なっていたりすることに気づきます。また、何をどのように見るかがまったく異なっているので興味深いです。たとえば、店舗に観察に行ったとして、ある観察者は、特定の個人に注目します。別の観察者は、人は人でも、その場にいる人々をひとかたまりとして捉えて観察します。人に注目していても、どちらかといえば動作に注目する場合もあります。

　ブラケティングして観察するというのは、実はとても大変な作業で、5分間じっと観察し続けると疲れてしまうものです。演習をしてみると、5〜10分間の観察でも、今まで気づかなかったことに気づくこともあります。たとえば、いつも利用している社員食堂・売店で、棚に並んでいるパンやサンドイッチの売れ行きを観察した人がいました。すると、目の高さよりほんの少しだけ下の棚の商品ばかりが手に取られて購入されていたそうです。

　興味深いのは、店が積極的に売り込もうとしている商品がその1つ上の棚に置かれていたことです。かなり派手なPOPとともに商品説明がつけられていたそうですが、売り込むためには棚の位置を変えるべきだったのかもしれません。

　ブラケティングを意識して観察すると、今までなじみのあった風景であっても、かなり違って見えるようになります。

# 4 ストーリーボードによる試作

　ストーリーボードとは、日本では絵コンテと呼ばれているものです。映画、ドラマ、アニメ、テレビコマーシャルなどの映像の制作に先立って、内容のイメージを捉えるために準備される設計図です。1つ1つのカットに対してイラストが準備され、簡単な文章による説明が添えられます。

　これが頭の中にあるアイディアを外に出して物語にするためのツールとして活用されるようになりました。川瀬さんと作成したプロセスの全体は図13のとおりです。

　まず作成に先立って、下準備が必要です。ビジネスモデルづくりのワークショップでは、通常は、すでに、課題の定義、情報収集、解決策の提案、ならびに期待される効果などがイメージできているという前提です。特定の業界の特定の企業の立場で、外部環境の分析と内部環境の分析を終え、ビジネスモデルがイメージできているかを頭の中で確認してください。

　準備ができれば、いよいよ作業に入ります。第5章で紹介した海洋の環境問題について考えてみましょう。もし解決策の提唱者であるボイヤン・スラットさんがストーリーボードを使っていたとすれば、どうなっていたでしょうか。

　第1に、「かたち」になっていない頭の中の考えを外へ出します。方法は2つあって「言語化」と「視覚化」です。

　言語化というのは、文字どおり言葉にすることです。頭の中のイメージを言葉にするとき、どの言葉が最もそのイメージに近いのか適切なものを選び出します。一方、視覚化というのは絵や図にすることです。ビ

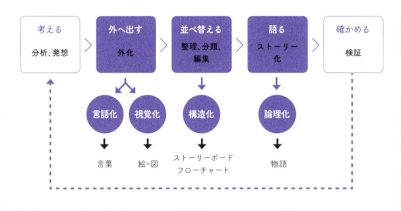

図13 ストーリーボードの作成手順

ジネスの提案においても、イラストにしたり写真で表現したりすることも一般的になってきました。

　具体的な作業としては付箋とペンを用意します。付箋にアイディアを「絵・図」や「言葉」にして書き出します。書き方の注意点として、1枚の付箋に、1つのアイディアや考えを書くようにしましょう。1枚の中に細々といくつもの考えを書かないようにしてください。逆に、後で何だったかわからなくなってはいけないので、必要な情報は、付箋を数枚使い書き留めておきましょう（図14）。

　第2に、それぞれの要素を整理して分類します。「絵・図」や「言葉」を1つの流れになるように順序立てて並べていきます。絵コンテのように並べたり、フローチャートのように位置づけたりして構造化します。最も伝えたい結論を最初に述べて、それを論理的に組み立てる方法が基本です。

　ストーリーで語るときに知っておくと便利なのが、基本構成です。基本構成としては「起承転結」が有名ですが、国際的には「三幕構成」の

### 図14 言語化と視覚化

ほうがよく使われているようです。実際、ハリウッドなどの脚本家が多く用いており、三幕構成でないと聞いてもらえないといわれます。

　三幕構成というのは、設定（Set-up）、対立（Confrontation）、解決（Resolution）という、それぞれ異なる3つの部分から成り立っています。全体の比率は、25％、50％、25％というのが標準的であり、それぞれが役割を持っています。

　第1幕の設定では、主人公を取り巻く人たちや、主人公が抱える問題などが紹介されます。どのような時代のどのような世界に生き、何に悩まされ、何を達成しなければならないかが示されるのです。そして、最初のターニングポイントが訪れます。主人公には引き金となるような事件が降りかかり、それをきっかけに行動を起こすことになります。

第2幕の対立では、困難を乗り越えようと奮闘する主人公の姿が描かれます。出だしは好調に進みますが、大事を成し遂げるのは容易ではありません。次から次へと問題が降りかかってきます。状況は悪化して主人公は危機を迎えます。そんなとき、良き指導者、良き仲間に恵まれ、主人公は覚醒します。困難に立ち向かう覚悟を決めるわけです。

　第3幕の解決では、最大の危機を乗り越える主人公の活躍が描かれます。主人公を取り巻く人物たちの素顔が現れ、ともに最後の試練に立ち向かいます。クライマックスを迎え、試練を乗り越えた暁にはすべての物事が良い方向に向かっていきます。

　ボイヤン・スラットさんが三幕構成でストーリーボードを使っていたとすれば、次のようになっていたはずです。

- 世界中の海に浮かぶプラスチックのゴミが環境汚染になっているという問題があります。その重さは数百万トンもあり、通常の方法では回収するのに何十年もかかるといわれています。プラスチックのゴミ問題についていえば、従来の方法というのは、船に網をつけてゴミを拾っていくというものでした。この方法だとコストも時間もかかります。また、網に魚や生物が引っかかるので、環境には優しくありません

- どのようにコストを抑えつつ回収すればよいのでしょうか。また、地球環境を考えると、できるだけ早く回収する必要があります。また、従来の網引きする方法だと生態系を損ねてしまうので、これについても工夫が必要です

- そこで私は、逆転の発想をしました。船を動かしてゴミを集めるのではなく、海流に据え置くというアイディアです。V

字型に強化プラスチックでできた浮遊バリアをゴミが流れて
くるところに設置します。すると、自然にゴミが集まります。
集まってきたゴミの収納に必要なエネルギーは小さく、太陽
光発電でまかなえます。これによってコストは安く、かつ早
く集められます。海流は浮遊バリアの下を通るので、魚や生
物もその下を通り抜けます。網で集めるよりも生態系に優し
いのです

　第3に、ストーリーボードを使って戦略を語ります。戦略の打ち手を
要素として並べたとしても、それらがどのような論理で結びついている
かまでは伝わりません。解決策が図や言葉で示されていても、それがな
ぜ課題を解決するのに有効であるかの論理は読み取りにくいのです。背
後に埋め込まれている論理を、ストーリーとして相手に伝える必要があ
ります。

　ストーリーボードができれば、それを使ってビジネスモデルを語るこ
とができます。聞き手をワクワクさせるようなストーリーに仕立ててく
ださい。イメージが目に浮かび、「なるほど」と思わせるロジックを整え、
印象に残るように語りましょう。記憶に残るストーリーはスティッキー
ストーリーと呼ばれます。一度聞いたら忘れないような粘着性をもたせ、
他の仲間にも紹介したくなるようにできれば理想的です。

　ビジネスモデルを物語として語れば、聞き手の反応を見ることができ
ます。ときに、間違った課題設定をしてしまうこともあるでしょう。経
営陣の前でプレゼンしたところ、「そもそも課題が違う、状況が深く理
解できていない」と指摘されるかもしれません。このような場合、もう
一度、正確な状況把握に努め、課題を設定し直してください。あくまで

前向きに「間違った課題設定をせずに済んだ」と思ってください。

　気をつけていただきたいのは、ストーリーは、聞き手を説き伏せるためのものではないという点です。あまり見せたくない部分を隠し、都合の良いデータだけで論理を構築し、もっともらしさを演出しても意味がありません。上手に語られたとしても、そのストーリーどおりになるとは限らないからです。

　相手に伝えなければならないのは事実ですが、「ありのまま」を伝えることを意識すべきでしょう。上手に伝えるというのは、過大評価も過小評価もされることなく的確な批判をもらえるようにするということです。いったんビジネスモデルの構築を実行に移してしまうと、多くの時間とコストが費やされます。

　何度もプロトタイプとしてのストーリーを練り直して、完成度を高めてください。創造的でありながらも妥当な戦略、誰もがワクワクするようなビジネスモデルにしていきましょう。

# あ と が き

　本書は文部科学省による教育助成、グローバルアントレプレナー
育成促進事業（EDGE）と次世代アントレプレナー育成事業（EDGE
NEXT）プログラムのおかげで生まれたものです。

　2014年、私は早稲田大学インキュベーション推進室長を拝命し、
同年11月にプログラム（WASEDA EDGE）がスタートし、実行委
員として協力させていただくことになりました。ところが、自身の
管理職としての能力不足から推進室とEDGEとの連携において困難
に当たってしまいました。

　自分にできることは何だろうか。もっと得意なことで貢献できな

いものだろうか。悶々としていた私に、隣の研究室にいらした先輩で、去年、急逝された太田正孝先生が声をかけてくださいました。

「大学に貢献はしても、大学の犠牲になってはいけないよ」

太田先生が常々おっしゃっていた言葉でしたが、改めて気づかされました。自分は起業やイノベーション教育の最前線の方々から学びながら、教育プログラムを立ち上げて、同時に書籍を執筆しよう。ポジティブな気持ちに切り替え、思い切って「他力本願」で苦手分野を他の先生に頼ることにしたのです。

　幸い、教育プログラムの企画とビジネス書の執筆との間には相乗効果が期待できます。2016年には経営学雑誌『一橋ビジネスレ

ビュー』の連載の機会も得たので、取材を重ねれば、自らも学びな
がら執筆することができそうです。そこで、一定のペースで少しず
つ取材を重ねて一冊の書籍にまとめるという目標を立てることにし
ました。

　大型連休、夏の研究期間、学祭期間、年末と年始。ほぼすべての
自由時間を取材と執筆にあてました。連載終了後も加筆と編集を繰
り返して書き上げたのが本書、『ゼロからつくるビジネスモデル』
です。


　本書の執筆にあたって、インタビュー調査に快くご協力くださっ
た実務家の皆さまに心から感謝申し上げます。とりわけ、株式会社
スノーピーク代表取締役社長の山井太さん、株式会社ドラゴンゲー
トエンターテイメント前社長の岡村隆志さん、メルセデス・ベンツ
日本株式会社代表取締役の上野金太郎さん、株式会社エムール代表
取締役の高橋幸司さん、CoreTissue BioEngineering株式会社の創
設者である岩崎清隆さん、株式会社公文教育研究会の執行役員の
井上勝之さん、HEROZ株式会社代表取締役の林隆弘さん、株式会
社ジンズのThink Labグループ事業統括リーダーの井上一鷹さんに
は、大変お忙しい中、本書の調査にご協力いただきました。皆さま
に当事者としての経験と見解を語っていただいたおかげで、「パイ
オニアの実践を体系化したガイドブック」というコンセプトを貫く
ことができました。

　実務の最前線で活躍されている、株式会社ビジネスバンクグルー
プ代表取締役の浜口隆則さん、株式会社クニエのマネージングディ
レクターの細谷功さん、株式会社ブルームコンセプト代表取締役の
小山龍介さんからは、ビジネスモデル・デザインの実践知をいただ
きました。

ピクト図解メソッド考案者の板橋悟さんには、この図解が生まれた背景からその応用可能性に至るまでを丁寧に説明していただき、さらには本書で掲載した分析例についても的確なアドバイスをいただきました。

　ziba Tokyoの代表取締役の平田智彦さんには、ご自身が独自に開発した「ホワイトスペース」や「セルフキャスティング」の手法を早稲田大学で実演していただき、デザインの真髄に触れることができ、学生にも多くの刺激を与えてくれました。

　イノベーション教育プログラムでは、東京大学i.schoolのエグゼクティブ・ディレクターである堀井秀之教授のアナロジーのワークショップに参加させていただき、九州大学ロバートファン／アントレプレナーシップ・センター長でおられた谷川徹さんのシリコンバレーツアーに参加させていただきました。広島大学産学・地域連携センター客員准教授の川瀬真紀さんからは、ブラケティングのワークショップとして、観察やインタビューの方法を教わりました。ラーニング・アントレプレナーズ・ラボ株式会社の共同代表である堤孝志さんと飯野将人さんからは、スティーブン・ブランク教授直伝の「顧客開発モデル」について、ご教示いただきました。とりわけ飯野さんには原稿の一部に目を通していただき、貴重なコメントを賜りました。

　経営学の分野では、バブソン・カレッジ准教授の山川恭弘さんからは、起業の実践プログラムのフロンティアを学びました。一橋ビジネススクールの楠木建教授からは、横滑りの模倣と垂直運動の模倣という視点を賜りました。大阪大学大学院経済学研究科准教授の中川功一さんには「戦略デザインワークショップ」の企画・運営に携わっていただきました。

　お名前を挙げればきりがありませんが、多くの出会いのきっかけ

は、早稲田大学の起業／イノベーション教育のおかげです。EDGE実行委員長として常に温かく見守ってくださる高田祥三教授（早稲田大学理工学術院）、エネルギッシュに推進しておられる朝日透教授（早稲田大学理工学術院）、バウンダレスに縁結びをしてくださる島岡未来子教授（神奈川県立保健福祉大学・早稲田大学政治経済学術院）のおかげで、私は自分の役割に徹することができました。

　大学発ベンチャー支援をしながらプログラムの開発・運営をしてくださっているWERUインベストメント代表取締役社長の瀧口匡さん、起業支援の最前線に立ちながら、客員教授として起業家養成講座をコーディネートしてくださっている村元康さん、そして早稲田大学ビジネススクールの長谷川博和教授、ならびに同ビジネススクールの東出浩教教授にはいつも助けられています。

　私が所属する商学部・商学研究科で先進教育プログラムを支援してくださっている執行部の皆さま、前向きに研究や教育に向き合う同僚たちからは温かい励ましをいただきました。特に、研究の第一線で活躍している若手の研究者たちからは次代を切り拓く気概を感じ、刺激されます。この場を借りて、感謝の気持ちを述べたいと思います。

　また、井上研究室の学部学生や大学院生にもお礼を伝えたいと思います。早稲田大学の学生たちは、とても熱気にあふれ（風変わりな人もいますが）、とても前向きで（猪突猛進な人もいますが）、魅力的な学生ばかりです。そんな皆さんの真っ直ぐな姿勢が、時に気持ちが萎えてしまう私に元気を与えてくれました。なかでも小倉勇人さん、鄭雅方さん、坂井貴之さん、天井千裕さんには、インタビュー調査やデータ収集でお世話になりました。

　そして最後に、『一橋ビジネスレビュー』の2年に及ぶ連載から、書籍化まで伴走していただいた東洋経済新報社の佐藤敬さんはコン

セプトづくりから尽力してくださり、「全て出し切ってください」
と筆者を励まし続けてくださいました。

　結果として、連載原稿から大幅に書き方も変えて、さらに、新し
い素材を加えていったところ、ご覧のとおり、500ページを超す分
量になってしまいました。

　ブックデザインについてはデザイナーの小林祐司さんが、毎回、
期待を超える提案をしてくださいました。見た目はもちろんのこと、
届けたいと思う読者像を意識したレイアウトやビジュアルにこだ
わってくださいました。お二人からは本づくりのプロフェッショナ
ルを感じずにいられません。本書がその名のとおり「ゼロからつく
る」というわかりやすさを実現できているとすれば、お二人のお力
添えによるものです。

　そして、入念に原稿を読んで、一般読者の視点から率直なコメン
トを聞かせてくれた妻の由貴、そして、大学の授業やEDGEの仕事
で多忙を極める中、私の励ましとなってくれた魁人・耀士郎・珠里
に感謝します。

　最後に、本書を手に取っていただいた読者の皆さまに感謝申し上
げます。皆さまの日々のお仕事で何かのお役に立つことができれば、
筆者としてこんなに嬉しいことはありません。

# 注

## まえがき

1　Zott and Amit（2010）；Massa et al.（2017）.

## 第1章

1　清水（2019）p.232。
2　日本政策金融公庫「起業と起業意識に関する調査──アンケート結果の概要」2019年。この調査では、毎年ほぼ同じ傾向が示されます。
3　Shane and Venkataraman（2000）；Eckhardt and Shane（2013）.
4　Alvarez and Barney（2007；2010；2013）.
5　Porter（1998）.
6　Mintzberg et al.（1998）. 三品（2006）は、ビジネスを生み出す「事業観」を支えるのは、「世界観」と「歴史観」と「人間観」であるとして、リベラルアーツ教育の意義を説いています。
7　文部科学省グローバルアントレプレナー育成促進事業第3回EDGEプログラムシンポジウム（2015年9月18日、早稲田大学井深大国際記念ホールにて開催）。
8　起業の技術の詳細については、浜口（2013）を参照。Aulet（2013）は、ビジネスを創造するプロセスを24のステップから解説しています。

## 第2章

1　浜田（2000）p.58。
2　浜田（2000）p.49。
3　当時、企画を担当していた元キヤノン役員の鈴木芳文さんのインタビューより。野中・竹内（1996）や榊原（2005）にも詳しく解説されています。
4　延岡（2011）。

## 第3章

1 スノーピークの調査をするにあたって、代表取締役社長の山井太さん、執行役員社長室長青柳克紀さん、ならびに社長室シニアマネージャーの木下習子さんからインタビューの協力を頂きました。二子玉川店の社員の皆さまには、筆者がテントやテーブルやストーブなどを購入する際に適切な助言を頂きました。皆さまに記して感謝します。なお、この事例は、山井（2014）をはじめとする各種交換資料、ならびに井上達彦研究室の高坂隼人、坂井貴之、今井田歩の1年間に及ぶフィールドワークで得られた情報を総合して作成したものです。

2 山井（2014）p.12。

3 以下、山井さんの発言は、筆者らのインタビューより。

## 第4章

1 このような表現は「顧客価値連鎖分析」（Customer Value Chain Analysis）と呼ばれることもあります。ビジネスモデルについて用いる場合、それを取り巻く人や組織を利害関係者（ステークホルダー）として捉え、比較的広範囲に描き出すことも可能です。

2 板橋悟「ビジネスモデルを『見える化』するピクト図解（連載第2回 「ビジネス3W1H」を意識してビジネスモデルを読み解け）」DIAMOND ハーバード・ビジネス・レビュー・オンライン（http://www.dhbr.net/articles/-/2447?page=2）。

3 ピクト図解の考案者である板橋悟さんより貴重なコメントをいただきました。記して感謝します。

4 板橋悟「ビジネスモデルを『見える化』するピクト図解（連載第3回 ビジネスモデルは「基本パターン」の組み合わせで考えよ）」DIAMOND ハーバード・ビジネス・レビュー・オンライン（http://www.dhbr.net/articles/-/2461）。

## 第5章

1 The Ocean Cleanup ウェブサイト（https://www.theoceancleanup.com/milestones/how-it-all-began/）。

2　楠木（2015）pp.318-328。

3　楠木（2012）pp.325-326。

4　野矢（2016）。

5　野矢（2016）p.87。

6　野矢（2016）p.90。

7　野矢（2016）p.87。

8　延岡（2017）p.26。

9　Mintzberg（2005）。

10　内田（2006）による「仮説思考」というのは、良い意味で論理を飛躍させ、弱い推論でアイディアを仮説として導出しようという考え方です。これを身につけているコンサルタントであれば、仮説としてアイディア発想し、その筋の良さを確かめることができます。

11　Taylor and Greve（2006）.

## 第6章

1　Shenkar（2010）は、アップルを「イミテーションアセンブラー」と表現しています。

2　本稿の作成にあたって、井上（2012a）の執筆内容を適宜、編集引用して再掲しました。

3　川上（1975）。同書には「守ハマモル、破ハヤブル、離ハはなると申候。弟子ニ教ルハ此守と申所計也。弟子守ヲ習盡し能成候ヘバ自然と自身よりヤブル。これ上手の段なり、さて、守るにても片輪、破るにても片輪、この二つを離れて名人なり、前の二つを合して離れてしかも二つを守ること也」とあります。

4　井上（2012b）。日本古来の舞台芸術の世界、能楽においても、自らの芸を高めるために徹底的な物学（ものまね）が推奨されています（世阿弥、2011）。

5　谷永強・曹海麗「中国高速鉄道"独自技術"の実態――人命軽視し、やみくもにスピード追求」『日経ビジネス』2011年9月5日号、pp.93-95。

6　南（2003）は、「生産ロットの大小」「売り切りか追加」「自社工場の有無」などの視点から、ZARAとH&Mを含む他のファッションアパレルとを比較しています。

7　ジェイアイエヌ・ウェブサイト（http://www.jin-co.com/company/business/）

8　井上（2012a）の日経ビジネス人文庫版（2015年刊）の解説（楠木建「良い模倣、

悪い模倣」p.325）より。

9 KUMON の創造的模倣によるビジネスモデル開発の詳細については、井上（2016）参照。山田（2014）は、豊富な事例から異業種からのビジネスモデルの移転を体系的に扱っています。また、KUMON の国内の教室事業の詳細については、井上・真木（2010）を、指導者間ネットワークについては、永山（2011）を参照。

10 学習療法は東北大学の川島隆太教授と公文教育研究会の登録商標です。

11 Dyer et al.（2008；2011）.

12 Shenkar（2010）［邦訳、pp.16-17］.

## 第7章

1 モンテーニュ（1983）の言葉は、「人のふり見てわがふり直せ」に通じます。組織学習の研究では、前回紹介した模倣と同じく、観察学習（代理学習）（Bandura, 1971）として捉えられます。他者の行動から学べば、組織は実験や探索のためのコストなしに活動の価値に関するインサイトを描き出し、再現することができます（Haunschild and Miner, 1997；March, 1991）。特に新たな実践や技術、戦略を適用するときには、代理学習がとても重要です。マネジメント研究においても、数多くの実証研究が行われています（たとえば、Baum et al., 2000；Beckman and Haunschild, 2002；Srinivasan et al., 2007；Baum and Dahlin, 2007；Kim and Miner, 2007）。

2 ハーレーダビッドソン ジャパンの初代社長である奥井俊史さんは、「巨象と同じことはしない」と明言して、ホンダやヤマハとは逆を行くような価値提供を心がけました。この点については、水口（2008）を参照してください。

3 Kim and Mauborgne（2005）.

4 2018年5月にドラゴンゲート エンターテイメントを設立し、業務を移行。DRAGON GATE は海外事業に特化しています。

5 芥川祐季さんと山本和希さんが、研究室のフィールドワークとして、筆者の監修の下、調査を行いました。芥川さんはもともとプロレスに詳しいこともあり、プロレスの常識（価値観や一般知識）を熟知していました。そこで、プロレスにはまったく関心のない山本さんとペアを組んでもらい、フィールドワークに出てもらうことにしました。これによって、ファンにとって当たり前のことでも、きわめてユニークである事実を洗い出すことができました。今では山本さんも、友人をド

ラゴンゲートに誘うほどのファンになっているそうです。

井上研究室9期生の支援もあり、チームで分業して観察やインタビューをすることができました。筆者は監修の立場にあったので、分析のポイントなどについて指導し、現場にも足を運んだのです。最終段階で当時のドラゴンゲート代表取締役社長の岡村隆志さんと広報部の菊池直人さんにインタビューを行って追加情報を集めると同時に、フィールドワーク調査の妥当性を確認しました。

6　筆者らによるドラゴンゲートの選手へのインタビューより（2014年10月9日）。

7　Kim and Mauborgne（2005）。

## 第8章

1　念のため注意しておきますが、先入観や常識というのは決して悪いものではありません。先入観や常識というのは、過去の経験の上に成り立つもので、これらがなければ円滑な社会生活は難しくなります。そもそも人間の情報処理能力には限りがあるものです。ものを見たり考えたりするときに、すべてをブラケティングできるものではありません。新しいものを見出そうとするときにこそ、ブラケティングされるべきなのです。ブラケティングについては、van Manen（1997；2014）、Vagle（2014）、Tufford and Newman（2012）などを参照してください。

2　これらの5つのポイントは、デザイン思考研究所のワークショップで用いられているものを援用しています。観察について、より詳しい方法を学びたい方は、Patton（2015）や Taylor et al.（2016）を参照してください。

3　ダイムラーが、低排気量で燃費効率の高いコンパクトカーの開発と販売に注力したのは1990年代半ば、世界では環境に対する意識が高まり始めたときでした。

4　10年務めた社長もいますが、それは例外と見なせます。任期が短い人で2～3年でした。

5　上野（2015）p.8。

6　筆者による上野金太郎さんへのインタビューより。

7　上野（2015）p.14。

8　上野（2015）p.32。

9　上野（2015）pp.49、54。

10　上野（2015）pp.62、66。

11　上野（2015）p.62。

12 注6と同じ。

13 注6と同じ。

14 Sanjek（2002）；Geertz（1973）；Kumar（2012）.

15 Taleb（2007）。これを事例研究に応用して、逸脱事例としての側面を強調したのが、井上（2014）です。

16 吉原（2014）。

17 英語では、"The real voyage of discovery consists not in seeking new landscapes, but in having new eyes" と翻訳されます。全7篇からなる大作、『失われた時を求めて』（第5篇「囚われの女」）（フランス語の原文は1923年に出版）所収。


## 第9章

1 厚生労働省「平成29年　国民健康・栄養調査」。

2 本章に掲載しているサービス内容や画像は開発中のため、仕様変更の可能性があります。

3 睡眠改善インストラクターは全国に1000人ほどいますが、睡眠改善シニアインストラクターは2018年末時点で11人しかいません。高橋さんは、そのうちの1人となりました。

4 世界的なシンクタンクである米国のランド研究所による調査。日本の場合、GDPの2.92％に相当する約15兆1800億円の損失と推定されます（1米ドル＝110円で換算）。睡眠時間を削ってまで働いても、かえって経済損失を招いている可能性がありそうです。

5 Carleton et al.（2013）.


## 第10章

1 早稲田大学共創館にて開催されたワークショップ、ならびに ziba tokyo のオフィスで実施された筆者による平田智彦代表取締役に対するインタビューに基づいています。イラストの原画は平田さん本人から提供されたもので、実際に利用されたものの画像データからブランドのロゴを取り除き、色合いなど加工編集が行われました。インタビューは断続的に複数回行われました。

2 ziba 全体では約125人のメンバーが在籍していますが、国籍は多様です。18カ国

以上の人たちが 25 の言語を駆使して北米、ヨーロッパ、アジアの市場を網羅しています。ziba は、USB フラッシュメモリの発明に協力することで世界で一躍有名になりました。イスラエルの M's システムという会社がフラッシュメモリの売上が低迷して困っていたときに、依頼を受けてフラッシュメモリをハードディスクとして扱うプロトコルを提案したのです。製品やグラフィックの意匠を超えたソリューション提案を行い、「デザインではなく、クライアントの顧客に、その場で最もふさわしい経験を提供する」というミッションを果たしました。

3　当初の原画から若干の修正が加えられています。原画は 10 年以上前のものであり、祖父母の手には折りたたみ式の携帯電話が描かれていました。しかし、この手法を早稲田大学のワークショップで紹介する際に、時代の変化に合わせてスマートフォンに描き直してくださいました。

4　第 10 章で紹介するホワイトスペースと、第 11 章で紹介するセルフキャスティングは、ziba USA の手法ではなくデザイナーの平田智彦さんが開発した独自の手法です。平田さんは、価値を生み出すための手法を他にもいろいろと開発しており、大阪ガス行動観察研究所所長の松波晴人さんともコラボレーションを行っています。詳しくは、松波・平田（2018）を参照してください。

5　ダーティープロトタイピングについては、奥出（2013）がその意義や方法をわかりやすく端的に説明しています。

6　検証の方法は実に多様です。白井（2016）は、検証の方法を「顧客へのリーチ」（少―多）と「忠実性」（高―低）の 2 軸から整理し、インタビュー、ペーパースケッチ、ペーパーモックアップ、ピッチ、市場調査、ソフトウェアプロトタイプ、ランディングページ、広告、キャンペーン、クラウドファンディング、ビデオ最小機能セットプロダクト、などを位置づけています（同書、p.94）。


## 第 11 章

1　彼がアンプクア銀行を選んだ理由は、地理的なロケーションと規模、市場が自分にぴったりだったからでした。しかも、「取締役会は変化を受け入れてくれる」という確信を得ることができました。

2　McCallion（2004）p.22.

3　デイビスは銀行の頭取の典型ではありません。ziba のデザイナーのスティーブ・マカリオンは「デイビスは、バランスシートの詳細について説明するのと同じよ

うに、デザインとブランドについて気持ちよく語ってくれる」と言い表します（McCallion, 2004, p.21）。

4 McCallion（2004）p.24.

5 ジム・ロバーツとパティ・ロバーツが「コーヒーピープル」を設立したのが1983年といわれます。現在では、すべて閉店しています。

6 McCallion（2004）p.26.

7 Schmitt（1999）; PineⅡand Gilmore（1999）; Gilmore & PineⅡ（1999）.

8 私たちは、ziba tokyo のデザインコンサルティング手法を学ぶにあたって、2015年から17年7月まで、さまざまな形で平田智彦さんから調査協力をいただきました。その内容は、講演の聴講、ワークショップへの参加、プロトタイピングの体験、インタビュー調査、アクションリサーチと多岐にわたります。アクションリサーチでは、筆者も学部ゼミ生たち（市原俊、窪田朝美、宮中陽平、遠藤綾子、海部由莉、永岡真之介）とともに、平田さんからデザイン手法を用いたフィールド調査の指導を受けました。奈良県の下市町のコミュニティセンターのリノベーションについて提案を行うという貴重な経験をさせていただき、その有効性を体感することができたのです。基本的な考え方については、Vossoughi（2008）を参照。

9 現在、ziba のデザイン手順は、さまざまなクライアントに対応できるように洗練され、より高度なものになっています。

10 ziba はアンプクア銀行の鏡になって、クライアントの気づきを促しました。時に、第三者のほうが気づきを得やすいことがあります。当事者にとっての当たり前が、実は特別で、その組織の文化を象徴していると気づくことがあります。ziba は現場での観察を通じて「こだわりの瞬間」を目撃し、真正のアンプクアを解き明かしました。たとえばストアマネジャーがレイ・デイビスに手づくりのジャムを贈る瞬間。あるいは、朝、従業員たちによって共有されている鼓舞するようなストーリーがあって、動機づけられている瞬間などです。現場でのエスノグラフィーによって、直接、アンプクアの「本当の自分（真正の自己）」を知ることができました（McCallion, 2008, p.74）。

11 スターバックスからは、3つの要素が持ち込まれました。それは「単純な喜び（Simple Pleasure）」「見込み客の顧客化（Nurturing）」「驚き・サスペンス（Surprising/Suspense）」です。また、Wホテルからも、3つの要素が持ち込まれました。それは、「象徴的なサービス（Iconic Service）」「豊かな経験（Rich Experience）」「細部へのこだわり（Attention to Detail）」です。このような新結合によって生み出される空

間を「グリーンスペース」と呼びました。グリーンスペースというのは「温かく、快適で、そして安全なところ、リビングルームのような空間」(Freeze, 2005, p.13) です。

## 第12章

1 ユネスコ「EFA グローバルモニタリングレポート——すべての人に教育を 2000-2015 成果と課題」p.39 (http://jnne.org/doc/2015_gemr_summary_japanese.pdf)。

2 協力準備調査（BOP ビジネス連携促進）。「BOP ビジネス」への日本企業の参画を後押しするため、2010 年度〜 2016 年 4 月に運用された公募型事業。

## 第13章

1 岩崎さんの調べによれば、アメリカのデータより人口や医療費の比率を勘案することで日本の手術件数は 3 万件程度と推定されます。一方、MDI ジャパン「2010年 欧米医療デバイス・マーケット情報——市場規模とメーカー・シェア」によれば、アメリカの手術件数は 36 万件程度と推定されています。

2 岩崎さんは、第 1 のアプローチである細胞をゼロからつくり上げることの難しさを痛感しました。ハーバード大学の実験で体感したからです。培養技術のインパクトは計り知れませんが、実用化されるまでには時間とコストが相当なものとなると予想されます。岩崎さんは 2007 年に帰国してからは、第 2 のアプローチに軸足を定めることにしました。

3 探索はイノベーションを引き起こすための基本行動です (March, 1991)。イノベーションというのは、すでに存在する知と知の新しい組合せによって生まれます。誰にでも思いつくような組合せでは新規性が出ないため、「知の探索」が有効なのです。これについては、入山（2015）がわかりやすく解説しています。

4 大学発ベンチャーの固有の特性については、山田（2015）が詳しいです。

5 米倉（2017）は、近代日本の歴史を切り拓いた官僚や士族の史実から、イノベーションの本質は創造的対応にあることを描き出しています。

## 第 14 章

1　Nielsen and Lund（2017）.

2　Senge（1990）. また、システムシンキングをビジネスモデルに応用したものに、Casadesus-Masanell（2011）があります。

3　以下、林さんの発言は、著者らのインタビューより。

4　『日本経済新聞』2017 年 11 月 17 日より一部抜粋。

5　入山（2012；2015）。

6　入山（2012；2015）。


## 第 15 章

1　Burkus（2013）を参照。原典では「ひらめいた」の迷信、「生まれつきクリエイター」の迷信、「オリジナリティ」の迷信、「エキスパート」の迷信、「インセンティブ」の迷信、「孤高のクリエイター」の迷信、「ブレーンストーミング」の迷信、「制約」の迷信、「ネズミ取り」の迷信、という 10 の迷信として示されています。本書はこの中から 5 つを選び出し、それが一般的な「思い込み」にすぎないことを追試的に確認しました。

2　川島隆太さんの発言について、筆者が井上一鷹さんにインタビューを行い、簡略化して記しました。JINS MEME については、田中（2014）を参照。

3　Csikszentmihalyi（1997）.

4　Uzzi and Spiro（2005）.

5　注 2 と同じ。

6　入山章栄さんの発言について、筆者が入山さんと井上さんにインタビューを行い、簡略化して記しました。

7　石川善樹さんの発言について、筆者が井上さんにインタビューを行い、簡略化して記しました。

8　Burkus（2013）は、カリフォルニア大学デービス校の心理学教授ディーン・キース・サイモントンの研究を紹介して、この点を裏づけています。この研究によれば、学者のキャリアにおいて最も影響力のある発見を見つけられるのは、その分野の基礎を理解しつつ問題を新鮮な目で見られる時期だといわれます。たとえば物理学者で 20 歳代、社会科学者で 40 〜 50 歳代、人文科学系で 50 歳代でピークを

迎えることを明らかにしました。

9　バーカスは、この神話を「ネズミ取り」の神話と言い表しています。すなわち、優れたネズミ取りをつくることができれば、世界中の人が喜んでそれを購入してくれるというものです。ネズミ取りは、もののたとえであり、創造性についていえば、進歩的なアイディアや画期的な発想さえあれば、人々はついてくるものです。

10　筆者による井上さんへのインタビューより。

11　注10と同じ。


## 第 16 章

1　経営学においてその先鞭となったのはヘンリー・ミンツバーグです。彼は、重要な判断や意思決定が分析によってなされるのか、あるいは直感に基づくものなのかについての学術的な論点を、サイエンスとアートの違いにたとえて論考しました。認知心理学などでは、分析か直感かということについて早くから研究が蓄積されてきていて、双方のスタイルが必要だといわれます（Leavitt, 1975a；1975b；Simon, 1987；Taggart and Robey, 1981）。
判断や意思決定については Taggart and Robey（1981）や小高（2006）が、思考様式については Allinson and Hayes（1996）や Groves et al.（2011）などが研究を進めてきました。Allinson et al.（2000）や Sadler-Smith（2016）は、経営者の中でも特に起業家に注目し、分析と直感の使い分けを研究しています。直感といっても、その意味するところは少なくとも2つに分けることができます。1つは、heuristic の直感で、もう1つは expertise の直感です。Sadler-Smith（2016）は、本研究で用いられているような内容分析によって、これら2つの直感を峻別しました。

2　研究ノートの域を出るものではありませんが、早稲田大学商学部井上達彦ゼミナール10期生の稲垣楓夕香さん、小倉勇人さん、春名卓哉さんとテキストマイニングを行い、「私の履歴書」（『日本経済新聞』の連載）に寄稿経験のある経営者の言葉遣いが、科学者と芸術家のどちらに近いかについて実証研究を行いました（この結果をまとめた論文は、早稲田商学学生懸賞論文で佳作を受賞しました）。小倉勇人さんは大学院に進学してこの研究を発展させ、Doc2Vec という洗練された手法で実証し、2019年度の組織学会の研究発表大会で紹介しました。

3　湯川（2011）p.276。

4 NHK Eテレ「サイエンスZERO」のウェブサイト（http://www.nhk.or.jp/zero/movie/intsp001.html）。

5 岡本（1993）p.11。

6 村上（2006）p.111。

7 これまで実地調査（Isenberg, 1984；Mintzberg, 1973）、アンケート調査（Allinson and Hayes, 1996；Hamilton et al., 2016；Pacini and Epstein, 1999）など、さまざまな方法によって研究が蓄積されてきました。Krippendorff（1980）は、内容分析は実験やアンケート調査に比べて調査対象の反応に影響されにくいと指摘します。また、長期間にわたって保存や蓄積がされてきた文書を分析対象とすることができるという利点もあります（Holsti, 1969）。

8 この定義は、Berelson（1954）によるものです。内容分析の入門書としては有馬（2007）がお勧めです。実務の調査でも本格的に取り組みたい場合は、Krippendorff（1980）や喜田（2008）を参考にしてください。

9 認知については、Gephart（1993）；Huff（1990）；Woodrum（1984）、考え方については、上野（2008）、そして態度や行動については、喜田（2008）を参照。

10 今回は定量化するにあたっても単純なキーワード検索を避けたかったので、テキストマイニングの解析ソフトは用いませんでした。どのようなキーワードを辞書として作成するか、どのようなコンテクストにおけるキーワードを拾い上げるかについては、パイロット調査が必要です。早稲田大学大学院商学研究科ゼミ生の小倉勇人さんと協議しつつ、センテンスや段落などを評価し、コンテクストや構造に配慮しながら数え上げることにしました。

11 日本語訳は、オスボーン著『独創力を伸ばせ』（上野一郎訳、ダイヤモンド社）として、1958年に発刊されているようですが、入手困難です。しかし原著は Applied Imagination: Principles and Procedures of Creative Thinking として Kindle などでも入手可能です。

12 具体的な手順としては、まず、ガイダンスを行い、サンプルデータについてコーディングを実際に行ってもらいながら、その方法を理解してもらいました。発想法、考察法、説明のためのアナロジーやメタファーとの違い、脈絡や構造を意識しながら、ある発想を導くに至る流れのつかみ方などが属人的な解釈にならないように留意しました。

　次に、ペアを組んでもらい、漏れがないように発想や考察にかかわるものを洗い出してもらいました。漏れの有無については、大学院生や筆者自身がダブル

チェックを行いました。そのうえで、どの発想法・考察法に分類できるかを仕分けしてもらい、これについてもダブルチェックを行いました。信頼性を示す一致率は90%以上となりましたが、意見が分かれるところについては、協議して最終決定しました。

　早稲田大学商学部ゼミ生の伊藤あんなさん、近藤祐大さん、須長悟隆さん、竹下英輝さん、そして同大学院商学研究科ゼミ生の小倉勇人さん、兼子恭輔さん、十文字拓也さん、新倉康明さんは、実に丁寧に作業してくれました。また、内容分析について慣れない筆者に適切な助言をしてくださった大阪学院大学経営学部教授の喜田昌樹さんにも感謝します。

13　Franke et al.（2014）は、遠い世界のアナロジーと近い世界のアナロジーのどちらが創造性をもたらすのかについて調査を行いました。新規性と実用性を区別して調べた結果、新規性は遠い世界からのアナロジーが有効で、実用性は近い世界のアナロジーが有効だということがわかりました。

14　小倉（1999）p.88。

15　沼上（2018）は、小倉昌男さんにかかわる膨大な資料を読み解き、卓越した経営の論理に迫っています。小倉さんの著作を理解するにあたって、良質の経営書を読むのは有用だと考えられます。

16　似鳥（2015）pp.121-122。

17　森川（2015）p.75。

18　坂本（2013）p.27。

19　鈴木（2014）pp.89-90。

20　鈴木（2014）pp.107-108。

21　著作には、さまざまな経験が書かれているものです。たとえビジネスに関係がなくても、実際にアイディアを生み出し、実行に移した場合は発想としてカウントしました。

22　三木谷（2009）pp.42-43。

23　鈴木（2014）p.115。


## 第17章

1　Porter（2001）の原文は、"Words for the Unwise"（沢崎訳、p.67）で、e-business

や e-strategy とともにインターネット時代の破壊的な語彙（The Internet's Destructive Lexicon）の1つとして紹介されています。

2　ビジネスモデルとは何かについての学術的な定義（調査研究するにあたって操作可能なもの）については多様な見解がありますが、主だった研究者たちは、ビジネスモデルが「価値の創造と獲得」という異なる2つの次元を結びつけるカギ概念であることに注目しているという共通性が指摘されています（Amit and Zott, 2001；Zott and Amit, 2010；Casadesus-Masanell and Ricart, 2010；Chesbrough, 2007；Teece, 2010；Baden-Fuller and Haefliger, 2013）。

3　Massa et al.（2017）は「ビジネスモデルが何を意味し」、「どのような機能を果たすのか」を調べた結果、3つの解釈にまとめられることがわかりました。それは、①現実の会社の属性としてのビジネスモデル、②認知的／言語的なスキーマとしてのビジネスモデル、ならびに、③ビジネスが実際にどのように機能するかを表す概念としてのビジネスモデルです。

4　Slywotzky and Morrison（1997）.

5　Stewart and Zhao（2000）は、設備を販売するかリースすることで収入の流れを確保する「ハードウェアモデル」、製品やサービスを直接消費者に売るという「販売モデル」、広告や顧客情報へのアクセスが収入を生み出す「メディアモデル」、インターネットが非インターネット事業のコスト削減か収入増加をもたらす「シナジーモデル」という4つのモデルを採用しました。

6　Chesbrough and Rosenbloom（2002）；Chesbrough（2003）.

7　「要素に注目するアプローチ」、「関係に注目するアプローチ」、ならびに「好循環を描くアプローチ」という3つです。

8　たとえば板橋悟さんは、ピクト図解を用いてビジネスモデルをつくるとき、アナロジーと組合せを軸にしますが、これはマーチンズたちの研究における主張と一致しています。Martins et al.（2015）は、認知アプローチに注目し、アナロジー（類推）と組合せ（概念結合）によるビジネスモデル創造の方法を提唱しています。

9　これは、経営資源をその価値（Value）、希少性（Rarity）、模倣困難性（Imitability）、組織との適合性（Organization）という4つの視点から評価するための手法で、その頭文字を取って VRIO と命名されました。

10　Gavetti and Rivkin（2005）；Gavetti et al.（2005）. アナロジーについては、Ward（2004）；Holyoak and Koh（1987）；Holyoak et al.（1994）が詳しいです。

11　ユーザーイノベーションの全容については、小川（2013）がわかりやすく解説し

495

ています。また、ユーザーを起点としたビジネスモデルの先駆的な事例については、小川（2002）を参照してください。

12　実際に ziba では、現場でのエスノグラフィーによって、直接クライアントの「本当の自分（真正の自己）」を知ることができると考えられています。彼らのフィールド調査は、真正の「こだわりの瞬間」を目撃し、解き明かすために行われています。

13　デザイン思考については、Brown（2009）、VPM については、Osterwalder et al.（2014）が詳しいです。

14　Martins et al.（2015）は、ビジネスモデル・イノベーションの学術研究を3つの学派に分けています。ビジネスモデルを、意図的に設計されたシステム（Zott and Amit, 2010；Casadesus-Masanell and Ricart, 2010）、あるいは外部環境に合わせて最適化された活動システム（Amit and Zott, 2001；Teece, 2010）として捉えた研究は、合理的ポジショニング学派に含まれます。

15　Martins et al.（2015）によれば、認知学派のビジネスモデル研究は、経営者の心的表象に焦点を当てる戦略研究と同一の視点を持ったものです。Gavetti and Revkin（2004）は戦略をテーマにしてはいますが、主だった構成概念はビジネスモデルにきわめて近いものであり、この学派の典型例だと考えられます。

16　Martins et al.（2015）は、ラーニングの学派には、ビジネスモデルの創造や変革における実験の役割にフォーカスしたものが含まれます。たとえば、Chesbrough（2010）；McGrath（2010）；Sosna et al.（2010）などです。


## 付録1

1　前田（2017）。


## 付録2

1　この点については、吉田（2002）がビジネスモデル創造におけるアナロジーの活用について先駆的な研究を行ってきました。また近年、海外の起業関連のトップジャーナルでも起業家の発想法が調査研究されています。Baden-Fuller and Mangematin（2013）が、新しいビジネスモデルが異国・異業種における既存のモデルの移転によって生まれたことについて述べています。また、Martins et

al.（2015）は、ビジネスモデルの発想として、アナロジー、概念結合、ならびに
ブリコラージュを紹介しています。学術研究として、アナロジーについては
Gentner（1983）および鈴木（1996）、概念結合については Ward（2004）、ブリ
コラージュについては Baker and Nelson（2005）を参照。実務では、細谷（2011）
がアナロジーの適用についてわかりやすく紹介しています。

2　詳細は、坂本（2013）を参照。

# 参考文献

有馬明恵

2007.『内容分析の方法』ナカニシヤ出版.

板橋悟

2010.『ビジネスモデルを見える化する　ピクト図解』ダイヤモンド社.

井上達彦

2012a.『模倣の経営学──偉大なる会社はマネから生まれる』日経BP社.

2012b.「模倣からイノベーションが生まれる──ニトリ，ワールド，ポイントの事例に学ぶ」『DIAMONDハーバード・ビジネス・レビュー』8月号：64-74.

2014.『ブラックスワンの経営学──通説をくつがえした世界最優秀ケーススタディ』日経BP社.

2016.「マネびと学び──創造的模倣と日本的応用力」加護野忠男・山田幸三編『日本のビジネスシステム──その原理と革新』有斐閣.

────・真木圭亮

2010.「サービスエンカウンタを支えるビジネスシステム──公文教育研究会の事例」『早稲田商学』426：175-221.

今枝昌宏

2014.『ビジネスモデルの教科書──経営戦略を見る目と考える力を養う』東洋経済新報社.

2017.『ビジネスモデルの教科書（上級編）──競争優位の仕組みを見抜く＆構築する』東洋経済新報社.

入山章栄

2012.『世界の経営学者はいま何を考えているのか──知られざるビジネスの知のフロンティア』英治出版.

2015.『ビジネススクールでは学べない世界最先端の経営学』日経BP社.

上野栄一

2008.「内容分析とは何か──内容分析の歴史と方法について」『福井大学医学部研究雑誌』9（1/2）：1-18.

上野金太郎

2015.『なぜ，メルセデス・ベンツは選ばれるのか？』サンマーク出版.

内田和成

　2006.『仮説思考── BCG 流 問題発見・解決の発想法』東洋経済新報社.

大野耐一

　1978.『トヨタ生産方式──脱規模の経営をめざして』ダイヤモンド社.

緒方知行

　2003.『セブン‐イレブン　創業の奇蹟』講談社 + α文庫.

岡本太郎

　1993.『自分の中に毒を持て──あなたは"常識人間"を捨てられるか』青春文庫.

小川進

　2002.「ユーザー起動型ビジネスモデル」『国民経済雑誌』185（5）：65‐76.

　2013.『ユーザーイノベーション──消費者から始まるものづくりの未来』東洋経済新報社.

奥出直人

　2013.『デザイン思考の道具箱──イノベーションを生む会社のつくり方』ハヤカワ・ノンフィクション文庫.

小倉昌男

　1999.『小倉昌男 経営学』日経 BP 社.

小高久仁子

　2006.「企業組織における戦略的意思決定のプロセス──トップとミドルの『判断の方略』の実証分析」『組織科学』40（1）：74‐83.

加護野忠男

　1993.「新しいビジネスシステムの設計思想」『ビジネス・インサイト』1（3）：44‐56.

　1999.『〈競争優位〉のシステム──事業戦略の静かな革命』PHP 新書.

────・井上達彦

　2004.『事業システム戦略──事業の仕組みと競争優位』有斐閣.

川上不白

　1975.「不白筆記」寺本界雄編『茶中茶外』「川上不白茶中茶外」刊行委員会，主婦の友出版サービスセンター.

川上昌直

　2014.『ビジネスモデル思考法──ストーリーで読む「儲ける仕組み」のつくり方』ダイヤモンド社.

喜田昌樹

　2008.『テキストマイニング入門──経営研究での活用法』白桃書房.

楠木建

2010. 『ストーリーとしての競争戦略——優れた戦略の条件』東洋経済新報社.

2015. 「解説　良い模倣，悪い模倣」井上達彦『模倣の経営学——偉大なる会社はマネから生まれる』日経ビジネス人文庫.

國領二郎

1999. 『オープン・アーキテクチャ戦略——ネットワーク時代の協働モデル』ダイヤモンド社.

近藤哲朗

2018. 『ビジネスモデル 2.0 図鑑』KADOKAWA.

榊原清則

2005. 『イノベーションの収益化——技術経営の課題と分析』有斐閣.

坂本孝

2013. 『俺のイタリアン 俺のフレンチ——ぶっちぎりで勝つ競争優位性のつくり方』商業界.

週刊プロレス

2012. 『ドラゴンゲート完全攻略本（週刊プロレス EXTRA Vol.4）』ベースボール・マガジン社.

清水洋

2019. 『野生化するイノベーション——日本経済「失われた 20 年」を超える』新潮選書.

白井和康

2016.『ビジネスモデルデザインの道具箱—— 14 のフレームワークでイノベーションを生む』翔泳社.

鈴木敏文

2014. 『挑戦 我がロマン——私の履歴書』日経ビジネス人文庫.

鈴木宏昭

1996. 『類似と思考』共立出版.

世阿弥

2011. 『風姿花伝』市村宏全訳注，講談社学術文庫.

田中仁

2014. 『振り切る勇気——メガネを変える JINS の挑戦』日経 BP 社.

永山晋

2011. 「マルチプルネットワークの連携を通じた知識の創造と移転のジレンマの解

消――KUMON の指導者ネットワークの事例」『早稲田大学商学研究科紀要』73：
73-90.

**西村行功**

2004. 『システム・シンキング入門』日経文庫.

**似鳥昭雄**

2015. 『運は創るもの――私の履歴書』日本経済新聞出版社.

**沼上幹**

2018. 『小倉昌男――成長と進化を続けた論理的ストラテジスト（日本の企業家
13)』PHP 研究所.

**根来龍之**

2014. 『事業創造のロジック――ダントツのビジネスを発想する』日経 BP 社.

**野中郁次郎・竹内弘高**

1996. 『知識創造企業』梅本勝博訳，東洋経済新報社.

**延岡健太郎**

2011. 『価値づくり経営の論理――日本製造業の生きる道』日本経済新聞出版社.

2017. 「顧客価値の暗黙化」『一橋ビジネスレビュー』64(4)：20-30.

**野矢茂樹**

2016. 「はたして，論理は発想の敵なのか（インタビュー）」『DIAMOND ハーバー
ド・ビジネス・レビュー』41(4)：82-93.

**浜口隆則**

2013. 『「成功の型」を知る　起業の技術』かんき出版.

**浜田和幸**

2000. 『快人エジソン――奇才は 21 世紀に甦る』日経ビジネス人文庫.

**星野匡**

2005. 『発想法入門 第 3 版』日経文庫.

**細谷功**

2011. 『アナロジー思考――「構造」と「関係性」を見抜く』東洋経済新報社.

**前田裕二**

2017. 『人生の勝算』幻冬舎.

**松波晴人・平田智彦**

2018. 『ザ・ファースト・ペンギンズ――新しい価値を生む方法論』講談社.

**三木谷浩史**

2009. 『成功のコンセプト』幻冬舎文庫.

三品和広

2006.『経営戦略を問いなおす』ちくま新書.

水口健次

2008.『なぜハーレーだけが売れるのか──理論を超えた現場マーケティング』日経ビジネス人文庫.

南知惠子

2003.「ファッション・ビジネスの論理── ZARA に見るスピードの経済」『流通研究』6（1）：31-42.

村上隆

2006.『芸術起業論』幻冬舎.

森川亮

2015.『シンプルに考える』ダイヤモンド社.

モンテーニュ，ミッシェル・ド

1983.『モンテーニュ随想録6（モンテーニュ全集　第6巻）』関根秀雄訳, 白水社.

山井太

2014.『スノーピーク「好きなことだけ！」を仕事にする経営』日経 BP 社.

山田仁一郎

2015.『大学発ベンチャーの組織化と出口戦略』中央経済社.

山田英夫

2014.『異業種に学ぶビジネスモデル』日本ビジネス人文庫.

2017.『ビジネスモデルのルール──見えないところに競争力の秘密がある』ダイヤモンド社.

山中伸弥・益川敏英

2011.『「大発見」の思考法── iPS 細胞 vs. 素粒子』文春新書.

湯川秀樹

2011.『旅人──ある物理学者の回想』角川ソフィア文庫.

吉田孟史

2002.「相互作用的アナロジーによるビジネスモデル策定理論の構築に向けて」『経済科学』49（4）：9-26.

吉原英樹

2014.『「バカな」と「なるほど」──経営成功の決め手！』PHP 研究所.

米倉誠一郎

2017.『イノベーターたちの日本史──近代日本の創造的対応』東洋経済新報社.

**Allinson, C. W., and J. Hayes.**

1996. "The Cognitive Style Index: A Measure of Intuition-analysis for Organizational Research." *Journal of Management Studies* 33(1): 119–135.

———, E. Chell, and J. Hayes.

2000. "Intuition and Entrepreneurial Behaviour." *European Journal of Work and Organizational Psychology* 9(1): 31–43.

**Alvarez, S. A., and J. B. Barney.**

2007. "Discovery and Creation: Alternative Theories of Entrepreneurial Action." *Strategic Entrepreneurship Journal* 1(1-2): 11–26.

2010. "Entrepreneurship and Epistemology: The Philosophical Underpinnings of the Study of Entrepreneurial Opportunities." *The Academy of Management Annals* 4(1): 557–583.

2013. "Epistemology, Opportunities, and Entrepreneurship: Comments on Venkataraman et al. (2012) and Shane (2012)." *Academy of Management Review* 38(1): 154–157.

**Amit, R., and C. Zott.**

2001. "Value creation in e-Business." *Strategic Management Journal* 22: 493–520.

**Aulet, B.**

2013. *Disciplined Entrepreneurship: 24 Steps to a Successful Startup.* John Wiley & Sons（ビル・オーレット『ビジネス・クリエーション！──アイデアや技術から新しい製品・サービスを創る 24 ステップ』月沢李歌子訳，ダイヤモンド社，2014 年）.

**Baden-Fuller, C., and S. Haefliger.**

2013. "Business Models and Technological Innovation." *Long Range Planning* 46(6): 419–426.

**Baker, T., and R. E. Nelson.**

2005. "Creating Something from Nothing: Resource Construction through Entrepreneurial Bricolage." *Administrative Science Quarterly* 50(3): 329–366.

**Bandura, A., ed.**

1971. *Psychological Modeling: Conflicting Theories.* Aldine-Atherton（アルバート・バンデュラ編『モデリングの心理学──観察学習の理論と方法』原野広太郎・福島脩美訳，金子書房，1975 年）.

Barney, J. B.

2001. *Gaining and Sustaining Competitive Advantage,* 2nd. ed., Prentice Hall（ジェイ・B・バーニー『企業戦略論（上）基本編　競争優位の構築と持続』岡田正大訳，ダイヤモンド社，2003 年）.

Baum, Joel A. C., and K. B. Dahlin.

2007. "Aspiration Performance and Railroads' Patterns of Learning from Train Wrecks and Crashes." *Organization Science* 18(3): 368–385.

——— , S. X. Li, and J. M. Usher.

2000. "Making the Next Move: How Experiential and Vicarious Learning Shape the Locations of Chains' Acquisitions." *Administrative Science Quarterly* 45(4): 766–801.

Beckman, C., and P. Haunschild.

2002. "Network Learning: The Effects of Partners' Heterogeneity of Experience on Corporate Acquisitions." *Administrative Science Quarterly* 47(1): 92–124.

Berelson, B.

1954. "Content Analysis." In G. Lindzey, ed., *Handbook of Social Psychology*, 2nd ed., Addison-Wesley, pp.488–518（バーナード・ベレルソン「内容分析」稲葉三千男・金圭煥訳，ガードナー・リンゼイ編『社会心理学講座　第 7 ──大衆とマス・コミュニケーション』清水幾太郎・日高六郎・池内一・高橋徹監修，みすず書房，1957 年）.

Blank, S. G.

2005. *The Four Steps to the Epiphany: Successful Strategies for Products that Win.* K&S Ranch（スティーブン・G・ブランク『新装版 アントレプレナーの教科書』堤孝志・渡邊哲訳，翔泳社，2016 年）.

——— , and Dorf, B.

2012. *The Startup Owner's Manual: The Step-by-Step Guide for Building a Great Company.* K & S Ranch（スティーブン・G・ブランク／ボブ・ドーフ『スタートアップ・マニュアル──ベンチャー創業から大企業の新事業立ち上げまで』飯野将人・堤孝志，翔泳社，2012 年）.

Brown, T.

2009. *Change by Design: How Design Thinking Transforms Organizations and Inspires Innovation.* Harper Collins（ティム・ブラウン『デザイン思考が世界を変える──イノベーションを導く新しい考え方』千葉敏生訳, 早川文庫 juice, 2014 年）.

Burkus, David.

2013. *The Myths of Creativity: The Truth about How Innovative Companies and People Generate Great Ideas*. John Wiley & Sons International Rights（デビッド・バーカス『どうしてあの人はクリエイティブなのか？──創造性と革新性のある未来を手に入れるための本』プレシ南日子・高崎拓哉訳，ビー・エヌ・エヌ新社，2014 年）.

Campbell, J.

2008. *The Hero with a Thousand Faces*. New World Library（ジョーゼフ・キャンベル『千の顔をもつ英雄（新訳版）』倉田真木・斎藤静代・関根光宏訳、ハヤカワ・ノンフィクション文庫、2015 年）.

Carleton, T., W. Cockayne, and A-J. Tahvanainen.

2013. *Playbook for Strategic Foresight and Innovation*. Tekes. (http://www.lut.fi/web/en/ playbook-for-strategic-foresight-and-innovation).

Casadesus-Masanell, R., and J. E. Ricart.

2010. "From Strategy to Business Models and onto Tactics." *Long Range Planning* 43 (2–3) : 195–215.

2011. "How to Design a Winning Business Model." *Harvard Business Review* 89(1–2): 100–107（ラモン・カサデサス＝マサネル／ジョアン・E・リッカート「優れたビジネスモデルは好循環を生み出す」『DIAMOND ハーバード・ビジネス・レビュー』2011 年 8 月号：24–37）.

Chesbrough, H. W.

2003. *Open Innovation: The New Imperative for Creating and Profiting from Technology*. Harvard Business School Press（ヘンリー・チェスブロウ『OPEN INNOVATION ──ハーバード流イノベーション戦略のすべて』大前恵一朗訳，産業能率大学出版部，2004 年）.

2007. "Why Companies should Have Open Business Models." *MIT Sloan Management Review* 48(2): 22–28.

2010. "Business Model Innovation: Opportunities and Barriers." *Long Range Planning* 43(2–3): 354–363.

───── , and R. S. Rosenbloom.

2002. "The Role of the Business Model in Capturing Value from Innovation: Evidence from Xerox Corporation's Technology Spin-off Companies." *Industrial and Corporate Change* 11(3): 529–555.

Collins, J. C., and J. I. Porras.

1994. *Built to Last.* Curtis Brown（ジェームズ・C・コリンズ／ジェリー・I・ポラス『ビジョナリー・カンパニー――時代を超える生存の原則』山岡洋一訳，日経 BP 社，1995 年）.

Csikszentmihalyi, M.

1997. *Creativity: Flow and the Psychology of Discovery and Invention.* Harper Collins（M・チクセントミハイ『クリエイティヴィティ――フロー体験と創造性の心理学』浅川希洋志監訳，須藤祐二・石村郁夫訳，世界思想社，2016 年）.

Dyer, J. H., H. B. Gregersen, and C. M. Christensen.

2008. "Entrepreneur Behaviors, Opportunity Recognition, and the Origins of Innovative Ventures." *Strategic Entrepreneurship Journal* 2(4): 317–338.

2011. *The Innovator's DNA: Mastering the Five Skills of Disruptive Innovators.* Harvard Business School Press（クレイトン・クリステンセン／ジェフリー・ダイアー／ハル・グレガーセン『イノベーションの DNA ――破壊的イノベータの 5 つのスキル』櫻井祐子訳，翔泳社，2012 年）.

Eckhardt, J. T., and S. A. Shane.

2013. "Response to the Commentaries: The Individual-Opportunity (IO) Nexus Integrates Objective and Subjective Aspects of Entrepreneurship." *Academy of Management Review* 38(1): 160–163.

Fiet, J. O., and P. C. Patel.

2008. "Forgiving Business Models for New Ventures." *Entrepreneurship Theory and Practice* 32(4): 749–761.

Franke, N., M. K. Poetz, and M. Schreier.

2014. "Integrating Problem Solvers from Analogous Markets in New Product Ideation." *Management Science* 60(4): 1063–1081.

Freeze, K.

2005. "Umpqua Bank: Managing the Culture and Implementing the Brand." Design Management Institute (https://hbr.org/product/umpqua-bank-managing-the-culture-and-implementing-the-brand/an/DMI015-PDF-ENG).

Gavetti, G., D. A. Levinthal, and J. W. Rivkin.

2005. "Strategy Making in Novel and Complex Worlds: The Power of Analogy." *Strategic Management Journal* 26(8): 691–712.

Gavetti, G., and J. W. Rivkin.

2005. "How Strategists Really Think: Tapping the Power of Analogy." *Harvard*

*Business Review* 83(4):54-63（ジョバンニ・ガベッティ／ジャン・W・リブキン「不確実な時代の戦略思考　アナロジカル・シンキング」『DIAMOND ハーバード・ビジネス・レビュー』2005 年 7 月号：48-61）.

Geertz, C.

1973. *The Interpretation of Cultures*. Basic Books（クリフォード・ギアーツ『文化の解釈学 I』吉田禎吾・柳川啓一・中牧弘允・板橋作美訳，岩波現代選書，1987 年）.

Gentner, D.

1983. "Structure-Mapping: A Theoretical Framework for Analogy." *Cognitive Science* 7(2): 155-170.

Gephart, R. P.

1993. "The Textual Approach: Risk and Blame in Disaster Sensemaking." *Academy of Management Journal* 36(6): 1465-1514.

Gilmore, J. H., and B. J. Pine II.

1999. *The Experience Is the Marketing*. Strategic Horizens LLP.

Groves, K. S., C. M. Vance, and D. Y. Choi.

2011. "Examining Entrepreneurial Cognition: An Occupational Analysis of Balanced Linear and Nonlinear Thinking and Entrepreneurship Success." *Journal of Small Business Management* 49(3): 438-466.

Hamilton, K., S. I. Shih, and S. Mohammed.

2016. "The Development and Validation of the Rational and Intuitive Decision Styles Scale." *Journal of Personality Assessment* 98(5): 523-535.

Haunschild, P. R., and A. S. Miner.

1997. "Modes of Interorganizational Imitation: The Effects of Outcome Salience and Uncertainty." *Administrative Science Quarterly* 42(3): 472-500.

Holsti, O. R.

1969. *Content Analysis for the Social Sciences and Humanitics*. Addison-Wesley.

Holyoak, K. J., and K. Koh.

1987. "Surface and Structural Similarity in Analogical Transfer." *Memory & Cognition* 15(4): 332-340.

——, L. J. Novick, and E. R. Melz.

1994. "Component Processes in Analogical Transfer: Mapping, Pattern Completion and Adaptation," in K. J. Holyoak, and J. A. Barnden, eds., *Advances in Connectionist and Neural Computation Theory*, Volume 2: Analogical connections, chapter 13, pp.113-180.

**Huff, A. S., ed.**

1990. *Mapping Strategic Thought*. John Wiley & Sons.

**Isenberg, D. J.**

1984. "How Senior Managers Think." *Harvard Business Review* 62(6): 81-90.

**Johnson, D. H., and R. A. Pedowitz.**

2007. *Practical Orthopaedic Sports Medicine and Arthroscopy*, 1st ed. Lippincott Williams & Wilkins.

**Johnson, M. W.**

2010. *Seizing the White Space: Business Model Innovation for Growth and Renewal*. Harvard Business School Press（マーク・ジョンソン『ホワイトスペース戦略――ビジネスモデルの〈空白〉をねらえ』池村千秋訳，阪急コミュニケーションズ，2011 年）.

――――, C. M. Christensen, and H. Kagermann.

2008. "Reinventing Your Business Model." *Harvard Business Review* 86(12): 50-59（マーク・W・ジョンソン／クレイトン・M・クリステンセン／ヘニング・カガーマン「ビジネスモデル・イノベーションの原則」『DIAMOND ハーバード・ビジネス・レビュー』2009 年 4 月号：40-56）.

**Kim, J., and A. S. Miner.**

2007. "Vicarious Learning from The Failures and Near-failures of Others: Evidence from The U.S. Commercial Banking Industry." *Academy of Management Journal* 50(2): 687-714.

**Kim, W. C., and R. Mauborgne.**

2005. *Blue Ocean Strategy: How to Create Uncontested Market Space and Make the Competition Irrelevant*. Harvard Business School Press（W・チャン・キム／レネ・モボルニュ『ブルー・オーシャン戦略――競争のない世界を創造する』有賀裕子訳，ランダムハウス講談社，2005 年）.

**Krippendorff, K.**

1980. *Content Analysis: An Introduction to Its Methodology*. Sage Publications（クラウス・クリッペンドルフ『メッセージ分析の技法――「内容分析」への招待』三上俊治・椎野信雄・橋元良明訳，勁草書房，1989 年）.

**Kumar, V.**

2012. *101 Design Methods: A Structured Approach for Driving Innovation in Your Organization*. Wiley（ヴィジェイ・クーマー『101 デザインメソッド――革新的な

製品・サービスを生む「アイデアの道具箱」』渡部典子訳，英治出版，2015年）．

Leavitt, H. J.

1975a. "Beyond the Analytic Manager." *California Management Review* 17(3): 5‒12.

1975b. "Beyond the Analytic Manager: Part II." *California Management Review* 17(4): 11‒21.

Magretta, J.

2002. "Why Business Models Matter." *Harvard Business Review* 80(5): 86‒92（ジョアン・マグレッタ「ビジネスモデルの正しい定義──コンセプトのあいまいさが失敗を招く」『DIAMONDハーバード・ビジネス・レビュー』2002年8月号：123‒132）．

March, J. G.

1991. "Exploration and Exploitation in Organizational Learning." *Organization Science* 2(1): 71‒87.

Martins, L. L., V. P. Rindova, and B. E. Greenbaum.

2015. "Unlocking the Hidden Value of Concepts: A Cognitive Approach to Business Model Innovation." *Strategic Entrepreneurship Journal* 9(1): 99‒117.

Massa, L., C. L. Tucci, and A. Afuah.

2017. "A Critical Assessment of Business Model Research." *Academy of Management Annals* 11(1) (Published Online: 21 Oct. 2016, https://doi.org/10.5465/annals.2014.0072).

McCallion, Steve.

2004. "Design and Economic Development at Umpqua Bank: An Interview with Ray Davis." *Design Management Review* 15(4): 21‒28.

2008. "Design Strategy Pays Off." *Innovation.* Fall: 72‒76 (www.innovationjournal.org).

McGrath, R. G.

2010. "Business Models: A Discovery Driven Approach." *Long Range Planning* 43(2‒3): 247‒261.

Mintzberg, H.

1973. *The Nature of Managerial Work. Harper & Row*（ヘンリー・ミンツバーグ『マネジャーの仕事』奥村哲史・須貝栄訳，白桃書房，1993年）．

1976. "Planning on the Left Side and Managing on the Right." *Harvard Business Review* 54(4): 49‒58（ヘンリー・ミンツバーグ「計画は脳の左で，経営は脳の右で」『ダイヤモンド・ハーバード・ビジネス』1977年2月号：104-113）．

2004. *Managers, Not MBAs: A Hard Look at the Soft Practice of Managing and*

*Management Development*. Berrett-Koehler（ヘンリー・ミンツバーグ『MBA が会社を滅ぼす──マネジャーの正しい育て方』池村千秋訳，日経 BP 社，2006 年）.

─────, B. W. Ahlstrand, and J. Lampel.

1998. *Strategy Safari: A Guided Tour through the Wilds of Strategic Management*. Free Press（ヘンリー・ミンツバーグ／ブルース・アルストランド／ジョセフ・ランペル『戦略サファリ　第 2 版──戦略マネジメント・コンプリート・ガイドブック』齋藤嘉則監訳，東洋経済新報社，2012 年）.

Nielsen, C., and M. Lund.

2017. "Building Scalable Business Models." *MIT Sloan Management Review* 59(2): 65-69.

Osborn, A.

1948. *Your Creative Power*. Charles Scribner's Sons.（A・オスボーン『創造力を生かす──アイディアを得る 38 の方法 新装版』豊田晃訳，創元社，2008 年）.

1953. *Applied Imagination: Principles and Procedures of Creative Thinking*. Charles Scribner's Sons.

Osterwalder, A., and Y. Pigneur.

2010. *Business Model Generation: A Handbook for Visionaries, Game Changers, and Challengers*. John Wiley & Sons（アレックス・オスターワルダー／イヴ・ピニュール『ビジネスモデル・ジェネレーション──ビジネスモデル設計書』小山龍介訳，翔泳社，2012 年）.

─────, ─────, G. Bernarda, and A. Smith.

2014. *Value Proposition Design*. John Wiley & Sons（アレックス・オスターワルダー／イヴ・ピニュール／グレッグ・バーナーダ／アラン・スミス『バリュー・プロポジション・デザイン──顧客が欲しがる製品やサービスを創る』関美和訳，翔泳社，2015 年）.

Pacini, R., and S. Epstein.

1999. "The Relation of Rational and Experiential Information Processing Styles to Personality, Basic Beliefs, and the Ratio-bias Phenomenon." *Journal of Personality and Social Psychology* 76(6): 972-987.

Patton, M. Q.

2015. *Qualitative Research & Evaluation Methods: Integrating Theory and Practice*. 4th ed., SAGE.

Pine II, B. J., and J. H. Gilmore.

1999. *The Experience Economy: Work Is Theatre and Every Business a Stage*. Harvard Business School Press（B・J・パイン II ／ J・H・ギルモア『新訳 経験経済

――脱コモディティ化のマーケティング戦略』岡本慶一・小高尚子訳，ダイヤモンド社，2005年）．

Porter, M. E.

1998. *On Competition*. Harvard Business School Press（マイケル・E・ポーター『競争戦略論I』竹内弘高訳，ダイヤモンド社，1999年）．

2001. "Strategy and the Internet." *Harvard Business Review* 79(3): 62-79（マイケル・E・ポーター「戦略の本質は変わらない」『DIAMONDハーバード・ビジネス・レビュー』2001年5月号：52-77）．

Ries, E.

2011. *The Lean Startup: How Today's Entrepreneurs Use Continuous Innovation to Create Radically Successful Businesses*. Crown Business（エリック・リース『リーンスタートアップ――ムダのない起業プロセスでイノベーションを生みだす』井口耕二訳，日経BP社，2012年）．

Sadler-Smith, E.

2016. "What Happens When You Intuit?: Understanding Human Resource Practitioners' Subjective Experience of Intuition through a Novel Linguistic Method." *Human Relations* 69(5): 1069-1093.

Sanjek, R.

2002. "Ethnography." In Barnard, Alan, and Jonathan Spencer, eds., *Encyclopedia of Social and Cultural Anthropology*. Routledge.

Schmitt, B. H.

1999. *Experiential Marketing: How to Get Customers to Sense, Feel, Think, Act, Relate to Your Company and Brands*. Free Press（バーンド・H・シュミット『経験価値マーケティング――消費者が「何か」を感じるプラスαの魅力』嶋村和恵・広瀬盛一訳，ダイヤモンド社，2000年）．

Senge, M.

1990. *The Fifth Discipline: The Art and Practice of the Learning Organization*. Currency（ピーター・M・センゲ『最強組織の法則――新時代のチームワークとは何か』守部信之訳, 徳間書店，1995年）．

Shane, S., and S. Venkataraman.

2000. "The Promise of Entrepreneurship as a Field of Research." *Academy of Management Review* 25(1): 217-226.

Shenkar, O.

2010. *Copycats: How Smart Companies Use Imitation to Gain a Strategic Edge*.

Harvard Business School Press（オーデッド・シェンカー『コピーキャット――模倣者こそがイノベーションを起こす』井上達彦監訳, 遠藤真美訳, 東洋経済新報社, 2013 年）.

Shumpeter, J. A.

1912. *Theorie der Wirtschaftlichen Entwicklung*（シュムペーター『経済発展の理論――企業者利潤・資本・信用・利子および景気の回転に関する一研究（上・下）』塩野谷祐一・中山伊知郎・東畑精一訳, 岩波文庫, 1977 年）.

Simon, H. A.

1987. "Making Management Decisions: The Role of Intuition and Emotion." *Academy of Management Executive* 1(1): 57–64.

Stewart, D. W., and Q. Zhao.

2000. "Internet Marketing, Business Models and Public Policy." *Journal of Public Policy and Marketing* 19: 287–296.

Slywotzky, A. J., and D. J. Morrison.

1997. *The Profit Zone: How Strategic Business Design Will Lead You to Tomorrow's Profits*. Random House（エイドリアン・J・スライウォツキー／デイビッド・J・モリソン『プロフィット・ゾーン経営戦略――真の利益中心型ビジネスへの革新』恩藏直人・石塚浩訳, ダイヤモンド社, 1999 年）.

Sosna, M., R. N. Trevinyo-Rodríiguez, and S. R. Velamuri.

2010. "Business Model Innovation through Trial-and-error Learning: The Naturhouse Case." *Long Range Planning* 43(2–3): 383–407.

Srinivasan, R., P. Haunschild, and R. Grewal.

2007. "Vicarious Learning in New Product Introductions in the Early Years of a Converging Market." *Management Science* 53(1): 16–28.

Taggart, W. M., and D. Robey.

1981. "Minds and Managers: On the Dual Nature of Human Information Processing and Management." *Academy of Management Review* 6(2): 187–195.

Taleb, N. N.

2007. *The Black Swan: The Impact of the Highly Improbable*. Random House（ナシーム・ニコラス・タレブ『ブラック・スワン――不確実性とリスクの本質（上・下）』望月衛訳, ダイヤモンド社, 2009 年）.

Taylor, A., and H. R. Greve.

2006. "Superman or the Fantastic Four? Knowledge Combination and Experience in Innovative Teams." *Academy of Management Journal* 49(4): 723–740.

Taylor, S. J., R. Bogdan, and M. L. DeVault.

2016. *Introduction to Qualitative Research Methods: A Guidebook and Resource*. Wiley.

Teece, D. J.

2010. "Business Models, Business Strategy and Innovation." *Long Range Planning* 43(2-3): 172-194.

Tufford, L., and P. Newman.

2012. "Bracketing in Qualitative Research." *Qualitative Social Work* 11(1): 80-96.

Uzzi, B., and J. Spiro.

2005. "Collaboration and Creativity: The Small World Problem." *American Journal of Sociology* 111(2): 447-504.

Vagle, M. D.

2014. *Crafting Phenomenological Research*. Routledge.

van Manen, M.

1997. *Researching Lived Experience: Human Science for an Action Sensitive Pedagogy*. 2nd ed., Routledge.

2014. *Phenomenology of Practice: Meaning-Giving Methods in Phenomenological Research and Writing*. Routledge.

Ward, T. B.

2004. "Cognition, Creativity, and Entrepreneurship." *Journal of Business Venturing* 19(2): 173-188.

Wharton, C. M., K. J. Holyoak, P. E. Downing, T. E. Lange, T. E. Wickens, and E. R. Melz.

1994. "Below the Surface: Analogical Similarity and Retrieval Competition in Reminding." *Cognitive Psychology* 26(1): 64-101.

Woodrum, E.

1984. "'Mainstreaming' Content Analysis in the Social Science: Methodological Advantages, Obstacles, and Solutions." *Social Science Research* 13(1): 1-19.

Zott, C., and R. Amit.

2010. "Business Model Design: An Activity System Perspective." *Long Range Planning* 43(2-3): 216-226.

————— , ————— , and L. Massa.

2011. "The Business Model: Recent Developments and Future Research." *Journal of Management* 37(4): 1019-1042.

# 索引

## ア行

アート · · · · · · · · · · · · · · · · · · 114
　　──とサイエンス · · · · · · · 347
アイディア · · · · · · · · · · · · · · · 23
アクションマトリクス · · · · · · 164, 460
新しい結合 · · · · · · · · · · · · · · · 39
新しい目 · · · · · · · · · · · · · · · · 190
当たり前を疑う · · · · · · · · · · · 176
アナロジー発想 · · · · · · · · · · · 349
イノベーション · · · · · · · · · · 36, 140
イノベーションのDNA · · · · · · · · 139
意味的価値 · · · · · · · · · · · · · · 116
因果ループ図 · · · · · · · · · · · · · 303
インスピレーション · · · · · · · · · 384
エスノグラフィー · · · · · · · · 188, 385
エレメント · · · · · · · · · · · · · · · 91
演繹 · · · · · · · · · · · · · · · · · · 110
エンジニアリング · · · · · · · · · · 114
オープンなチーム · · · · · · · · · · 346
オズボーンのチェックリスト · · · · · 353
お手本事例の収集 · · · · · · · · · · 448
オプション · · · · · · · · · · · · · · · 91

## カ行

科学者 · · · · · · · · · · · · · · · · · 350
　　──の発想法 · · · · · · · · · · 356
仮説検証 · · · · · · · · · · · · · · 38, 99
　　──アプローチ · · · · · · · · · 386
　　複線型の── · · · · · · · · · · 289
価値提案 · · · · · · · · · · · · · · · 153

価値交換図 · · · · · · · · · · · · · · · 88
　　関係 · · · · · · · · · · · · · · · · 88
　　観察 · · · · · · · · · · · · · · · 167
　　技術開発 · · · · · · · · · · · · · 289
機能的価値 · · · · · · · · · · · · · · 116
逆転 · · · · · · · · · · · · · · 102, 148, 161
脚本、舞台、役づくり · · · · · · · · 250
共創 · · · · · · · · · · · · · · · · 257, 273
競争戦略論 · · · · · · · · · · · · · · · 26
具体化 · · · · · · · · · · · · · · · · · 108
具体と抽象の往復運動 · · · · · · 105, 131
クリエイティブ・ジャンプ · · · · · · 232
グルーピング · · · · · · · · · · · 126, 450
経営者の発想法 · · · · · · · · · · · 360
経験価値 · · · · · · · · · · · · · · 237, 245
経験デザイン · · · · · · · · · · · · · 249
芸術家 · · · · · · · · · · · · · · · · · 350
　　──の発想法 · · · · · · · · · · 357
言語化と視覚化 · · · · · · · · · · · 471
賢者 · · · · · · · · · · · · · · · · · · 145
検証 · · · · · · · · · · · · · 104, 230, 391
考察 · · · · · · · · · · · · · · · · · · 368
好循環 · · · · · · · · · · · 300, 315, 443
顧客インサイト · · · · · · · · · · · 386
顧客価値提案 · · · · · · · · · · · · · 81
コネクタ · · · · · · · · · · · · · · · · 91
コンセプトの逆転 · · · · · · · · · · 454
コンテキスト · · · · · · · · · · · · · 132

## サ行

サイエンス · · · · · · · · · · · · · · · · · · 114
サイクルの重心 · · · · · · · · · · · · · 113
再生産 · · · · · · · · · · · · · · · · · · · · · · 384
三方良し · · · · · · · · · · · · · · · · · · · 274
三幕構成 · · · · · · · · · · · · · · · · · · · 472
事業コンセプト · · · · · · · · · · · 78, 87
事業戦略 · · · · · · · · · · · · · · · · · · · · 60
事業創造 · · · · · · · · · · · · · · · · · · · 349
試作 · · · · · · · · · · · · · · 103, 230, 391
試作と検証 · · · · · · · · · · · · 270, 285
市場開発 · · · · · · · · · · · · · · · · · · · 289
システムシンキング · · · · · · · · · · · 300
SEDA人材 · · · · · · · · · · · · · · · · · 116
社会的な価値 · · · · · · · · · · · · · · · 321
守破離 · · · · · · · · · · · · · · · · · 123, 141
主要業務プロセス · · · · · · · · · · · · · 81
主要経営資源 · · · · · · · · · · · · · · · · 81
常識 · · · · · · · · · · · · · · · · · · 167, 190
ストーリーボード · · · · · · · · · · · · · 470
製品イノベーション · · · · · · · · · · · · 40
制約 · · · · · · · · · · · · · · · · · · · · · · · 342
セルフキャスティング · · · · · · · · · · 252
ゼロイチ · · · · · · · · · · · · · · · · 38, 121
全社戦略 · · · · · · · · · · · · · · · · · · · · 60
先入観 · · · · · · · · · · · · · · · · 167, 190
戦略的打ち手(組み手) · · · · · 319, 441
戦略的分析アプローチ · · · · · · · · · 381
創出 · · · · · · · · · · · · · · · · · · · · · · · · 24
創造性の神話 · · · · · · · · · · · · · · · 326
創造的対応 · · · · · · · · · · · · · · · · · 295
創造的模倣 · · · · · · · · · · · · · · · · · 121

## タ行

ダーティープロトタイピング · · · · · · · 233

縦方向の模倣 · · · · · · · · · · · · · · · 129
探索的実験計画 · · · · · · · · · · · · · 295
知の探索、知の深化 · · · · · · · · · · 340
抽象化 · · · · · · · · · · · · · · · · · · · · · 106
定点観測 · · · · · · · · · · · · · · · · · · · 215
デザイン · · · · · · · · · · · · · · · · · · · · 114
デザイン思考アプローチ · · · · · · · · 385
遠い世界からのアイディア · · · · · · · 281
遠い世界からの模倣 · · · · · · · · · · 448
鳥の目、魚の目、虫の目 · · · · · · · · 188
トレンド · · · · · · · · · · · · · · · · · · · · 215

## ナ行

内容分析 · · · · · · · · · · · · · · · · · · · 352

## ハ行

バイアス · · · · · · · · · · · · · · · · · · · · 167
パースペクティブ · · · · · · · · · · · · · · 26
パターン化 · · · · · · · · · · · · · · · · · · 392
パターン適合アプローチ · · · · · · · · 383
発見 · · · · · · · · · · · · · · · · · · · · · · · · 24
発想 · · · · · · · · 102, 214, 230, 368, 391
パートナー選び · · · · · · · · · · · · · · 269
発想法のワークショップ · · · · · · · · 448
発明 · · · · · · · · · · · · · · · · · · · · · · · · 36
バリューカーブ · · · · · · · · · · · 162, 458
範囲 · · · · · · · · · · · · · · · · · · · · · · · 379
反面教師 · · · · · · · · · · · · · · · 145, 454
ピクト図解 · · · · · · · · · · · · · · · · · · · 90
非顧客層 · · · · · · · · · · · · · · · · · · · 165
ビジネスチャンス · · · · · · · · · · · · · · 19
ビジネスモデル · · · 37, 51, 60, 126, 371, 392
　──の4つの箱 · · · · · · · · · · · · · · 81
　──の一貫性 · · · · · · · · · · · · · · · 67
　──の解像度 · · · · · · · 86, 94, 377, 379

| | |
|---|---|
| ――の描き方 …………… 77, 439 | **マ行** |
| ――の機能不全 …………… 68 | マインドセット ……………… 464 |
| ――の定義 …………… 69, 373 | 見えない仕組み ……………… 125 |
| ――のリデザイン …………… 47 | ミッション ………………… 52 |
| ビジネスモデル・イノベーション …… 41 | 未来予測 …………… 194, 205 |
| ビジネスモデル・キャンバス …… 70, 84 | |
| ピボット ……………………… 87 | 目標・ビジョン ……………… 52 |
| 飛躍 ………………………… 110 | 模倣 …………… 121, 140, 392 |
| ひらめき …………… 111, 336 | |
| フィードバックループ ……… 443 | **ヤ行** |
| 付加価値創造 ………………… 49 | ヤヌスコーン ……………… 206 |
| ブラケティング …… 168, 187, 462 | ユーザーイノベーション ……… 385 |
| ブラックスワン ……………… 189 | ユーザーコミュニティ ………… 55 |
| ブランドアイデンティティー …… 248 | 要素 ………………………… 78 |
| ブランドキャラクター ……… 245 | 要素分解 …………………… 377 |
| ブルーオーシャン戦略 ……… 149 | 横方向の模倣 ……………… 129 |
| プレイヤー同士の関係性 …… 440 | |
| フレームワーク …… 77, 87, 94 | **ラ行** |
| プロセスイノベーション ……… 40 | ラベル付け ………………… 450 |
| プロトタイピング …………… 285 | リーンスタートアップ …… 230, 386 |
| 分析 …… 26, 101, 214, 230, 391 | 利益方程式 ………………… 81 |
| 分析・発想・試作・検証のサイクル … 100 | レンズの交換 ……………… 187 |
| 変型 ………………………… 384 | 論理的思考 ………………… 110 |
| ポジショニングマップ ……… 456 | 論理と思考のタッグ ………… 110 |
| ホワイトスペース …………… 227 | |

## 画像出所

[p.7] 早稲田大学 井上達彦研究室／小林祐司　[p.33] Wikipedia
[p.40] イグフィコーポレーション　[p.41 上] 毎日フォトバンク
[p.41 下] EPA＝時事　[p.42] 富士ゼロックス　[p.45] キヤノン
[pp.58-73] スノーピーク　[p.104] The Ocean Cleanup
[p.122] 123RF.com　[pp.134-136, 265-275] 公文教育研究会
[pp.156-157] ドラゴンゲート　[p.169] PAKUTASO
[pp.174-183] メルセデス・ベンツ日本　[pp.198-203] エムール
[pp. 222-243] ziba tokyo　[p.286] 早稲田大学 岩崎清隆
[p.306] HEROZ　[pp.329-331] JINS

## 【著者紹介】
**井上達彦**（いのうえ　たつひこ）

早稲田大学商学学術院教授。

1968年兵庫県生まれ。92年横浜国立大学経営学部卒業、97年神戸大学大学院経営学研究科博士課程修了、博士（経営学）取得。広島大学社会人大学院マネジメント専攻助教授などを経て、2008年より現職。経済産業研究所（RIETI）ファカルティフェロー、ペンシルベニア大学ウォートンスクール・シニアフェロー、早稲田大学産学官研究推進センター副センター長・インキュベーション推進室長などを歴任。「起業家養成講座Ⅱ」「ビジネスモデル・デザイン」などを担当。

主な著書に『模倣の経営学』『模倣の経営学　実践プログラム版』『ブラックスワンの経営学』（以上、日経BP社）、『収益エンジンの論理』（編著、白桃書房）、『事業システム戦略』『キャリアで語る経営組織』（以上、共著、有斐閣）などがある。

# ゼロからつくるビジネスモデル

2019 年 12 月 12 日発行

著　者——井上達彦
発行者——駒橋憲一
発行所——東洋経済新報社
　　　　〒103-8345　東京都中央区日本橋本石町 1-2-1
　　　　電話＝東洋経済コールセンター　03(6386)1040
　　　　https://toyokeizai.net/

ブックデザイン・DTP……小林祐司
イラスト………………白井　匠（白井図画室）
印　刷………………東港出版印刷
製　本………………積信堂
編集担当………………佐藤　敬

©2019 Inoue Tatsuhiko　　Printed in Japan　　ISBN 978-4-492-53417-5

　本書のコピー、スキャン、デジタル化等の無断複製は、著作権法上での例外である私的利用を除き禁じられています。本書を代行業者等の第三者に依頼してコピー、スキャンやデジタル化することは、たとえ個人や家庭内での利用であっても一切認められておりません。

　落丁・乱丁本はお取替えいたします。